散戶的
50
道難題

安納金、葉芳、金律 著

目 Contents 次

Chapter. 1 關於「選股」的難題

Chapter. 2 關於「進出時機點」的難題

Chapter. 3 關於「籌碼分析」的難題

Chapter. 4 關於「技術分析」的難題

Chapter. 5 關於「操作策略」的難題

Chapter. **6** 關於「投資心法」的難題

這是一本令人驚艷、
一讀再讀的好書！

· 「平民股神」蘇松泙（暢銷書《平民股神教你不蝕本投資術》作者）

安納金出了一本好書《高手的養成：股市新手必須知道的3個祕密》上市10天熱賣了1萬本，這記錄將不容易被打破。安納金對於財經與著作的天賦與用心，這讓他在台灣成了一位有影響力的財經大師，我很榮幸的再為他一系列的書推薦，只能說這是一本讓散戶變成高手、高手變成大師，令人驚艷、一讀再讀的好書，這本也是我的愛書。誠懇推薦給大家！

保持心中的光，因為你無法預知何時會幫助誰走出黑暗

· 安納金（本書作者）

我曾看過一篇有關沈芯菱的報導，她以20多歲的年紀獲選為台灣十大慈善家、十大傑出青年、獲選「台灣百年代表人物」，事跡載入《世界年鑑》，而《時代雜誌》稱她為「天堂掉落凡間的天使」。她有一次去鄉下，看到一對母子，母親教訓哭泣的孩子說：「你再不用功念書，以後就跟那些人一樣，沒出息！」她順著母親的手勢望過去，是一群在鷹架上揮汗工作著、皮膚曬得通紅的勞工。這讓也同樣出生於底層的沈芯菱驚覺，「連在鄉下，對底層勞工的歧視也如此嚴重」，辛勤收割的農民、生計不穩的流動攤販、佝僂著身影的拾荒者……這群被歧視的底層人們，每每遇到這樣的事，她不禁潸然淚下，忍不住質問：「他們不是失敗者，為什麼要把這些曾經赤著雙手奠基好社會基礎的人，移到金字塔的最底層，讓貧窮繼承貧窮呢？」她知道這個世界有許多或明或暗的規則，也知道有光明的地方就一定有黑暗，可是她相信，「每個人都有辦法，讓世界往美好再靠近一小步。而這世界只有兩種人，一種是do，一種是do not，真正的窮不是沒有錢，而是沒有能力去付出」。

我曾經做過默默付出而不求回報的公益，只是付出的時間和心力與沈

芯菱相比，實在微不足道、應該說完全無法相比，而這些事我仍默默地做下去，因為我相信做善事不用比較，只要做，就是對的——而人們天生在心中就有一把看不見的尺，可以判斷什麼是對的事情，那把尺就是善良的心。

過去由於學校教育而讓我接觸到了金融市場、和股市結下了不解之緣，經歷過1997年亞洲金融風暴、2000年科技泡沫、2008年金融海嘯，我自己在金融市場受過很深的傷，但我走出來了，而我許多的老戰友們並沒有走出來，他們失望的永遠與股市隔離，甚至後來我再也沒有他們的消息。

散戶投資人曾經是貢獻台灣金融市場最多、最基層的一群，然而數十年來的台灣股市並沒有回報給他們所想要的——財富，股市真正的財富集中在不到10%的贏家手裡。當我在2016年2月底開始想要寫一些無償的文章分享給散戶投資人的時候，所遇到的酸言酸語和他人的阻礙，驗證了「股市贏家是少數人」的道理，但這並沒有澆熄我對於幫助散戶投資人的熱情與渴望。

2017年5月，我完成了《高手的養成：股市新手必須知道的3個祕密》一書，儘管上市10天創下熱銷1萬本的紀錄，同時完成了對20家弱勢團體的捐助，我深信這只是一個開始，您我能夠做的事情，在寬度與廣度上比起20多歲的沈芯菱，理應更勝於她所能做的，前提是做與不做的問題而已。

我希望你可以透過學習，穩定地在市場當中獲取財富，但更希望的是在你贏得財富自由的同時，能夠無私地幫助更多需要幫助的人。保持心中的光，因你不曉得什麼時候，什麼人會藉著這道光走出黑暗！我謹以此書，獻給那些曾經和我一起走過大多頭，卻沒能走出大空頭的戰友們，也獻給那些剛進入市場而渴望尋得投資真諦的新手們，以及已經在市場打滾多年卻苦尋不到投資聖杯的你。願善良、智慧、財富與你同在！

平凡的人，
也可以有不平凡的美好

• 葉芳（本書作者）

人的一生是一連串華麗與試煉的循環，在享受華麗快樂的同時，也可能是將面對試煉挫折的開始，你不知道試煉何時會來，你只能在比別人幸福擁有光彩時，多累積福田，並將光芒也分享給處在黑暗的人。面對自己時，手心向上，珍惜所擁有的一切；面對別人時，手心向下，分享自己所能給予的。

「聰明是一種天賦，善良是一種選擇」，這是亞馬遜執行長貝佐斯（Jeff Bezos）2010年在普林斯頓大學畢業典禮的演講內容。這一句話深深的啟發著我──「選擇與決定」比「天賦」更為重要。

股市是一次又一次的財富重分配的市場，有人在股市致富，有人因股市留下一輩子的痛。在我很年輕、民國86年懵懵懂懂地進入股市時，就初嚐股市多頭亂買、亂賺的過程，即使之後再歷經多空循環，也遭受賠錢的低潮，大約快十年賺賺、賠賠的過程，始終沒有一套穩定獲利的交易聖杯，但因不服輸的個性及對金融市場充滿學習的企圖心，見證前輩（貴人）在股市致富的過程，也目睹股市險惡令很多人慘賠的一面，生性樂觀正面思考的我，深信股市是能讓人致富的天堂，了解自己的優勢及缺失，不斷的努力學習與調

整，最終親身體驗股市財富超翻倍的豐收喜悅。並整理出一套股市致勝的交易聖杯——贏在心法、贏在修正、贏在策略、贏在操作、贏在紀律，這是葉芳的「五贏聖杯」，內化了就能讓自己持續地在股市獲利。

成功絕非偶然，股市二十年的經歷，前十年的時間證明我不是天生的贏家，即使在目前的十年中，已能擁有交易聖杯，我仍對金融市場保持謙卑與尊重。股市是一條漫長的學習之路，即使你贏在起點，贏在過程，在未達終點之前，都不能高調的炫耀。股市的錢賺不完，當你準備好了，機會永遠都在，感謝在過程中陸續出現的貴人（天使），加上自己的用心努力讓我感受從股市中帶來的精彩與美好。股市已成為我一生的志業，如果有一天，我能成為別人在股市中的天使，成為別人的祝福，我會願意且快樂的做出這樣的選擇。平凡的人，也可以有不平凡的美好。

行善的方式有很多種，當你有能力無償分享是一種善行，也是一種快樂。2014年我在朋友的鼓勵下成立社團，當初訂的目標是免費幫助1萬人（因為覺得素人經營社團要有1萬人應該很難吧），估算時間大約會歷經一個多空循環，贏戰多頭與空頭，完整的幫助投資人，達成目標就離開。沒想到在很短的時間內即達成萬人社團（原來社團破萬是容易的事）。但，財經社團要有1萬個讚好像比較難，於是，我又選擇較難的事當作目標繼續努力。

也因此，無償分享並未因為達成萬人社團而停止，反而持續的一步一腳印，從每天早盤分享開始，只要股市有開盤，幾未間斷。我用堅持不放棄的態度勉勵所有進入股市遇到挫折的散戶，至今年已要邁向第四年了，截至2017年9月，臉書「葉芳的贏家世界」社團人數有3萬5000人（曾經在點名時出現過1萬多個讚），對比股市幾百萬名投資人，還有努力的空間。3萬5000

人不是什麼偉大的數字，卻是上千個用心努力及堅持的日子累積而來的，不斷的為自己訂下目標前進，如果能夠透過自己的致勝經驗幫助到散戶投資人，那會是一份快樂又有意義的事。施比受有福，因著善行而接受到散戶投資人滿滿的感謝正能量，每幫助到一位投資人，等同幫助一個家庭，結交到許多股市低調的頂尖高手及長期支持社團的好朋友。一山還有一山高，因為吸引力法則，吸引到願意一起經營社團、共襄盛舉的實戰高手，對社團的付出與支持，心中充滿無限感恩。善念相合的頂尖高手，包含本書聯合創作的作者「安納金」安大，以及年輕就擁有交易聖杯的「金律」律大。你問我經營社團得到什麼？以上這些都是經營社團凌駕於財富數字所得到的快樂與無價之寶。

邁向第四年社團免費分享，本想低調行善的我，每天貼盤的實務分享，無私分享心法、策略、操作技巧等，覺得這樣幫助投資人最快，過程中陸續也有很多人邀約出書，我都委婉的拒絕了，拒絕不是因為高傲，而是秉持對金融市場的謙卑之心，加上取之於股市、回饋於股市，只想低調的在「葉芳的贏家世界」臉書社團裡幫助投資人。直到有一天，「安納金」安大的一段話改變了我的思維與想法，他說：「很多人期待妳出書，出書的目的不是為了稿費，是為了證明自己一生中幫助過多少人，銷售1萬本、就是幫助了1萬人，平民股神蘇松泙老師的書賣了7.6萬本，就是幫助了7.6萬人。除了幫助眼前的讀者賺到錢，也要為未來的人留下值得遵循的軌跡（前人拓荒、開路、種樹、後人乘涼）這是著作的目的。即便我們消失在市場，影響力會一直在。」就是這樣的一段話，打動了我。

我做出了選擇與決定，無償參與聯合創作《散戶的50道難題》，我們一起

共襄盛舉幫助廣大的散戶投資人，珍貴的榮耀且是生命中值得記錄的美好。

人生是一連串的選擇與決定，一旦你停止了選擇、也停止了前進，你可以選擇讓自己更好，作出決定；我相信，我的決定會幫助更多人感受股市的美麗。如果，你才剛認識「葉芳的贏家世界」，好的開始，都來得及，也註定了你能感受股市美好的未來；如果，你已是長期支持社團的好朋友，我的稿費會全部捐出行善，也歡迎您將支持化為行動，一起做愛心，讓世界充滿愛與無限的正能量。

股市中，很多人想要藉此達到財富自由，你絕不能赤手空拳就茫然進場，在交易的路上，無法好高騖遠，也沒有所謂的捷徑能一步登天。站在巨人的肩膀看得更高更遠，我們將艱澀複雜的理論實務運用，洞悉主力、大戶操作的手法，以及如何克服人性弱點，化繁為簡協助你開啟股市投資致勝的操作智慧，解開「散戶的50道難題」，讓在股市遇到難題的你不孤單。誰說散戶不能成為贏家？當你做出選擇學習與決定用心時，很多的問題都能迎刃而解，操作自然能夠致勝，你也有機會能成為股市的大贏家，平凡人也可以有不平凡的美好！

解開難題之外，本書更希望
解決問題背後的問題

· 金律（本書作者）

這次非常榮幸能參與本書的撰寫，安納金大師是我的啟蒙恩師之一，在投資上的見解與視野均有相當高的境界，而葉芳老師也是我人生中相當重要的貴人，她的專業實力絕對無庸置疑，但更令我佩服的是葉芳老師的態度、熱情與滿滿的正能量，身為後輩的我希望傳承兩位前輩的精神與志向，盡我所能幫助更多需要幫助的人。

沒有人出生就是投資專家，而重要的是如何透過學習讓自己從散戶晉升成為贏家，這樣的過程被稱之為啟蒙，是個需要理解、頓悟、內化的過程，投資心法尤其重要，許多投資人追求的是如何達到高超的交易技巧，而忽略了投資心法才是致勝的根基。

本書的這50道難題，均為散戶非常普遍的困境，我過去也曾經在這些難題中掙扎許久，後來明白一切都是心法與觀念的錯誤所致，透過自己的親身經驗，不敢說教學，但我想跟各位讀者分享心路歷程與想法。我相信善的力量，我相信透過正能量的傳遞可以幫助到更多人。「聰明是一種天賦，而善良是一種選擇。」是亞馬遜創辦人貝佐斯的名言，而我也將這句話奉為座右銘，時時提醒自己取之於

社會當回饋於社會。

　　這些散戶的經典難題，每一題或許都能喚起你曾經或是現在的痛點，希望各位讀者在讀後能有所啟發，每題的解答均隱含著作者們多年的智慧，解釋的不只是表面的這些難題，而是希望解決問題背後的問題，期許各位讀者在讀完此書後能夠朝著贏家之路邁進一大步。

Chapter. 1

關於「選股」
的難題

第1道難題

如何縮小範圍，找出有機會拉出較大漲幅的個股？

每檔股票都有上漲跟下跌的循環，只是漲的時間多長？跌的時間又有多久？你能否在股價漲的時間內掌握到漲勢，並且避開未來持續下跌的風險？綜觀多種選股方式，最終仍將回歸觀察股票的三大面向：「基本面」、「技術面」及「籌碼面」，面面俱到，搭配好的進場點位，才容易獲取較大利潤。

過去台股曾創造過很多股王，會成為股王，除了它們的股價是當時最高之外，也代表它們的股價漲幅在千檔個股中名列前茅。回顧過去台股的股王，包括：1989年的國泰金（2882）、1997年的華碩（2357）、2000年的禾伸堂（3026）、2000年的威盛（2388）、2002年的聯發科（2454）、2006年與2011年的宏達電（2498）……同樣是股王，有人靠它們達到財富重分配，成就了一生的財富，有人卻因它們而落入財富悲慘世界。

就以大家熟知的前股王宏達電來說：2004年股價從100.5元漲至2006年1220元，不到2年的時間股價就翻漲超過10倍，然而，之後卻跌落到

2008年金融海嘯時的256元，即便2006年買在最高點1220元，或許還有機會在2011年股價風雲再起又漲到1300元時解套，只是高檔時懂得賣股離場的人極少，買在高點，當股價下跌卻不斷買進攤平不認賠或最後停損的人太多，所以也有人稱之為「股王的血淚史」，無獨有偶幾乎過去的每一檔股王，都背負著一段美麗與哀愁的血淚史。從過去的種種例子，讓我們學會的是：即使選到好股票，也要懂得掌握買賣點，而「心法」就成了致勝關鍵。

解題 Key Points

1476

掌握兩個選股原則，就有很大的機率挑出漲幅超越大盤的個股：

1）趨勢選股

觀察可能躍升為主流的產業如蘋果供應鏈、機器人、AI人工智慧、電動車等。

2）跟著法人買

追蹤每日法人買賣超，特別注意法人連續買超的個股。

● 前瞻國際趨勢選股法
>> 挑選即將站上浪頭的股票

台灣為科技島國，也是外貿之國，每年的出口占GDP比重高達6成（行政院主計處統計），國際趨勢的脈動儼然與台股後市息息相關，若從國際趨

勢的角度，縮小選股範圍，就能掌握到漲幅不錯的個股。

從國際股市來觀察，2017年代表美國前五大科技的FAAMG公司（Facebook臉書、Apple蘋果、Amazon亞馬遜、Microsoft微軟、Google谷歌），不僅帶動美國股市創下歷史新高，也帶動全球股市，包含台股在內的市場全面大漲創高。加上中國的阿里巴巴及騰訊、韓國三星的市值也都寫下了新高，意味著這些全球科技巨擘，正引領著世界走向一個新的趨勢、新的經濟概念。

2017年最具代表性的趨勢選股，包括了蘋果供應鏈、機器人、電動車，以及AI人工智慧相關產業，它們創造的話題及商機，都有機會延燒至2018年甚至更長遠的時間，這是趨勢選股的力量，因為趨勢的形成不會是幾天，而通常是幾個月、幾年、甚至更長的時間，因此若趨勢要轉向，也不會在短期間內發生。

· 圖1-1　創意（3443）自2017年1月至8月25日的走勢圖

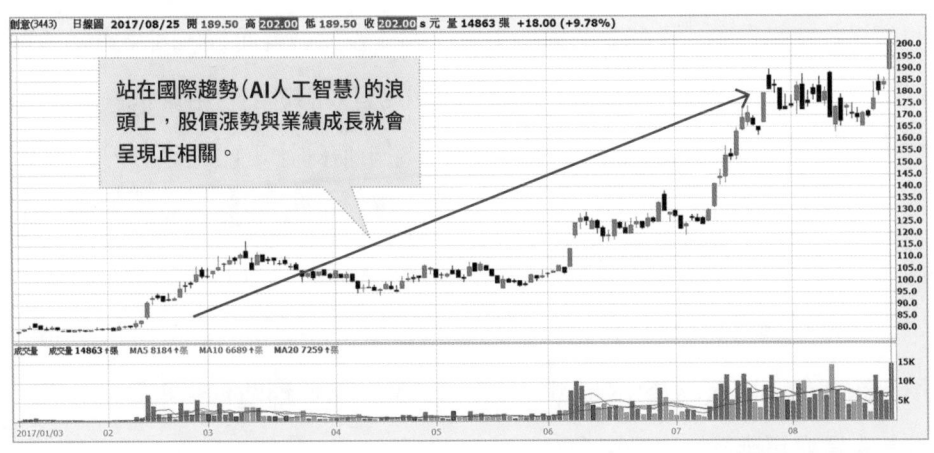

資料來源：XQ操盤高手

將上述國際趨勢的選股原則套用在台股上，受惠蘋果商機的例如：大立光（3008）、GIS-KY業成（6456）；受惠機器人趨勢的例如：鴻海（2317）、上銀（2049）；受惠AI人工智慧的例如：台積電（2330）、創意（3443）；受惠於電動車趨勢的例如：貿聯-KY（3665），這些個股的股價都在2017年出現不小的漲幅，其漲勢也與業績持續成長呈現正相關，除非未來業績不再連續成長或產業失去競爭優勢，否則這個趨勢就會一直持續下去。

● 投本比／外本比選股法
>> 挑選法人默默在買的股票

　　理解了前瞻國際趨勢與個股的產業循環之間的關係後，問題是要如何追蹤、觀察，進一步選股呢？要掌握國際趨勢，必須透過長時間的大量閱讀、貼近市場深耕研究、親自拜訪公司……或本身就是產業或金融業內人士，才有辦法較快掌握第一手訊息。對於上班族或一般投資人而言，因為資訊過量而難以整合，需要耗費好幾倍的時間，才能夠有效篩選出有用資訊。

　　由於外資與本土法人的持股，占台股總市值的比重已超過5成以上（根據證交所統計至2017年8月底止），成為影響台股盤勢最重要的力量，因此，「追蹤法人持股變化」是縮小選股範圍最直接而有效的方式之一。在此推薦大家一個可免費使用的網站：「Goodinfo!台灣股市資訊網」（網址：https://goodinfo.tw/StockInfo/index.asp），這個網站有連結證交所統計的法人買賣超排行，以及諸多好用的資訊。

- 圖1-2　透過「Goodinfo!台灣股市資訊網」
　　追蹤法人買超的相關統計數據

資料來源：Goodinfo!台灣股市資訊網

　　在此筆者先幫大家整理兩個數據，讀者可嘗試以下的方法，從外資與本土法人的持股跡象，追蹤出漲幅有很高機率超越大盤的個股。2017年以來截至7月底的統計：

- 外資買超占公司股本比重（簡稱外本比）的第一名為旺宏（2337）。股價自低點4.6元漲至6月高點18.45元，漲幅可達3倍。外資從2017年初一路買進，這個跡象從追蹤外本比就可以掌握到。

- 投信買超占公司股本比重（簡稱投本比）的第一名為宏觀（6568）。股價自低點131元漲到7月高點217元，漲幅達65%。投信從2017年初一路買進，這個跡象從追蹤投本比就可以掌握到。若對比同一期間台股大盤指

數的漲幅僅約14%，可以說，透過外本比、投本比選股，通常很容易選出超越大盤漲幅不少的個股。透過每日的追蹤，尤其是個股第一次進入外本比或投本比第一名，而且呈現連續買超三天的個股，都值得追蹤，依循此方式，就有很大的機會掌握到強勢股票起漲契機。關於「投本比」與「外本比」的原理與選股應用，讀者可參考本書的第5道難題〈如何選出能持續上漲的「飆股」或「成長股」？〉。

· 圖1-3　透過「Goodinfo!台灣股市資訊網」
　　　　追蹤外資買超占股本比的排行榜

排名	代號	名稱	成交	漲跌價	漲跌幅	法人買賣日期	當日買賣超佔股本	2日買賣超佔股本	3日買賣超佔股本	5日買賣超佔股本	10日買賣超佔股本	一個月買賣超佔股本	三個月買賣超佔股本	半年買賣超佔股本	今年買賣超佔股本	一年買賣超佔股本	三年買賣超佔股本	十年買賣超佔股本
1	2337	旺宏	16.75	+0.15	+0.9%	07/28	+0.17%	-0.23%	+0.3%	+0.89%	+1.27%	+3.9%	+13.4%	+38.8%	+43.5%	+43.9%	+37.3%	+28.6%
2	8105	凌巨	19	-0.25	-1.3%	07/28	+0.06%	+0.1%	+0.16%	+0.35%	+0.48%	+0.59%	+2.76%	+23.3%	+23%	+18.8%	+23.8%	+27.7%
3	2313	華通	27.6	-0.25	-0.9%	07/28	0%	-0.19%	-0.08%	+0.83%	+1.04%	+2.42%	+7.11%	+20.7%	+21.9%	+19.1%	+12.2%	+24.4%
4	8021	尖點	23.55	-0.2	-0.84%	07/28	-0.06%	-0.1%	-0.16%	-0.37%	-0.65%	-0.65%	-1.1%	+20.1%	+20.6%	+20.6%	+13.8%	+13.9%
5	2458	義隆	45	-1.15	-2.49%	07/28	+0.21%	+0.11%	+0.57%	+1.34%	+2.82%	+3.68%	+9.65%	+19.4%	+19.8%	+20.7%	+10.6%	+17.6%
6	2371	大同	12.7	-0.8	-5.93%	07/28	+0.01%	+0.48%	+0.69%	+0.96%	+0.89%	+1.08%	+0.92%	+8.66%	+18.2%	+25.1%	+20.9%	-12.4%
7	5483	中美晶	60.5	-1.9	-3.04%	07/28	+0.57%	+1.34%	+2.1%	+2.72%	+3.85%	+4.02%	+6.08%	+13.9%	+16.7%	+13.4%	+5.71%	+4.67%
8	2383	台光電	150	+3.5	+2.39%	07/28	+0.2%	+0.06%	-0.02%	-0.13%	-0.7%	+0.26%	+5.95%	+13.4%	+16.4%	+16.7%	+37.6%	+52.3%
9	8299	群聯	421	-8.5	-1.98%	07/28	-0.05%	-0.01%	-0.04%	+0.05%	+0.85%	+2.52%	+8.25%	+15.3%	+15.5%	+15%	+27%	+34.1%
10	2049	上銀	210.5	-5.5	-2.55%	07/28	-0.19%	-0.12%	+0.09%	-0.08%	+0.26%	+0.28%	+1.8%	+12.1%	+15.1%	+10.4%	+4.03%	

資料來源：Goodinfo!台灣股市資訊網

・圖1-4 透過「Goodinfo!台灣股市資訊網」
追蹤投信買超占股本比的排行榜

目前顯示項目：**熱門排行 – 投信買超佔股本比 (今年) (共計1198筆)**
資料顯示依據：法人累計買賣超統計-投信 ▾ 佔股本比重 ▾ (自訂欄位)
排名範圍選擇：1~300 ▾
報表匯出功能：匯出XLS 匯出CSV 匯出HTML

投本比第一名：宏觀

排名	代號	名稱	成交	漲跌價	漲跌幅	法人買賣日期	當日買賣超佔股本	2日買賣超佔股本	3日買賣超佔股本	5日買賣超佔股本	10日買賣超佔股本	一個月買賣超佔股本	三個月買賣超佔股本	半年買賣超佔股本	今年買賣超佔股本	一年買賣超佔股本	三年買賣超佔股本	十年買賣超佔股本
1	6568	宏觀	209.5	-2	-0.95%	07/28	+0.86%	+0.99%	+1.32%	+3.35%	+7.28%	+7.42%	+7.29%	+15%	+15%			
2	6138	茂達	48.45	+1.5	+3.19%	07/28	-0.13%	+0.53%	+0.53%	+0.69%	+1.26%	+2.32%	+4.55%	+10.6%	+10.4%	+10.6%	+10.8%	-14%
3	4968	立積	108.5	-1.5	-1.36%	07/28	+0.05%	-0.33%	-0.59%	-1.6%	-1.3%	-2.3%	+1.43%	+6.92%	+10.1%	+2.18%		
4	4943	康控-KY	214	-14.5	-6.35%	07/28	-0.01%	-0.05%	-0.02%	+0.01%	+0.91%	+1.47%	+4.13%	+6.01%	+8.08%			
5	3533	嘉澤	176	-4	-2.22%	07/28	+0.27%	+0.7%	+1.06%	+1.14%	+1.63%	+3.2%	+5.62%	+6.78%	+8.06%	+8.26%	+3.35%	
6	2726	雅茗-KY	100.5	-2.5	-2.43%	07/28	-0.15%	-0.32%	-0.38%	-0.36%	-0.39%	+1.28%	+6.38%	+7.02%	+7.02%	+7.03%		
7	8086	宏捷科	68	-1.9	-2.72%	07/28	0%	+0.15%	+1.19%	+2.36%	+3.07%	+3.99%	+5.87%	+6.29%	+6.23%	+5.87%	+6.82%	
8	2337	旺宏	16.75	+0.15	+0.9%	07/28	+0.23%	+0.41%	+0.75%	+1.12%	-0.75%	-2.92%	-2.58%	+6.24%	+6.22%	+6.3%	+6.26%	+2.84%
9	3491	昇達科	87.9	-3	-3.3%	07/28	-0.18%	-0.18%	-0.18%	-0.08%	+0.15%	-1.18%	+1.38%	+2.87%	+5.73%	+6.13%	+1.84%	
10	1568	倉佑	43.35	-0.85	-1.92%	07/28	0%	0%	0%	+0.11%	+0.56%	+0.95%	+5.98%	+5.66%	+5.6%	+5.99%	+5.99%	

資料來源：Goodinfo!台灣股市資訊網

・高手的叮嚀・

　　一般散戶若本身不是產業內或金融業內人士，將難以掌握股票的第一手訊息，也很難從龐雜的資訊中彙整出有效、能夠增進投資效益的有用資訊，因此借助於外資買超、投信買超的動向，是省時省力的方式之一。需要小心留意的是，倘若技術面出現帶量長黑或其他轉弱訊號，而外資或投信仍在買超，這有可能是公司派或市場主力倒貨給法人的狀況，這部分可以參考本書與主力操作手法相關的難題解說，來提早判斷與因應。

第2道難題

該如何選擇並決定標的？
哪種選股方法勝算較高呢？

對於散戶投資人來說，最常遇到的難題就是上市櫃公司合計有將近1600檔股票，怎麼挑？畢竟散戶投資人不在產業界、也不在金融圈，無法取得來自產業第一手的訊息或內部資訊的狀況下，只靠公開資訊來選股，彷彿沒有什麼勝算。由於散戶缺乏第一手訊息，所以往往會接收到來自其他人傳言的第二手、第三手、甚至最後一手消息，如何判斷該不該買賣這些標的呢？市場上也有不少人靠追蹤投信、外資、甚至一些市場主力大戶的買賣超名單，來觀察並選擇合適的買賣標的，這樣勝算高嗎？

解題 Key Points

2409

要用哪種方法選股，取決於你的心態：

中長期投資
- 利用軟體從基本面選股
- 直接買指數型基金、ETF或共同基金

短線投機
- 利用技術面、籌碼面選股
- 要完全遵循投機交易的教條和紀律

● 中長期投資
>> 基本面選股，看財報、產業及公司展望

・如果你相信基本面、喜歡做中長線投資的話

安納金在2017年5月上市的著作《高手的養成》當中提到，市場上多數失敗的投資人普遍都是因為缺乏紀律，而且把「投資」和「投機」混淆了。如果你想要找到一套能夠穩定獲利的方法，達到財富自由的理想，那麼就一定要先了解自己，到底適合「投資」還是「投機」？

市場上你多半聽到的消息、或者別人報的明牌，都是屬於短線投機的，不是投資。若想要投資，就需要以基本面（主要就是公司的財報、產業及個別公司營運展望）為主，買進並耐心持有較長的一段時間。想要成為投資高手，就一定要跟投資領域最頂尖的人學習，例如股神巴菲特，市場上有許多和巴菲特相關的投資書籍，都是教你選股的原則、正確的投資心態，以及巴菲特寫給股東的信，都是值得參考的。

投資需要耗掉很多時間來分析一家公司的基本面，不過隨著近幾年金融市場的發展，以及資訊業者的推陳出新，目前市場上已經有不少簡單好用的投資分析輔助工具，可以幫你完成選股的基本功課。

舉例而言，嘉實資訊提供的「XQ全球贏家」裡面就有內建的付費選股功能。在「選股」的功能表中，有「我的選股法」、「高手密技區」、「系統密技區」、「大師選股法」等多種選股方式可供你自行設定或套用現成的模式。其中，「我的選股法」有提供「市場面」、「基本面」、「技術面」、「籌碼面」、

「財務面」、「營收獲利面」等不同面向的篩選標準可供自行設定。

其中，「基本面」、「財務面」、「營收獲利面」這3種就是屬於中長線投資上較普遍使用的選股面向，如【圖2-1】。你可以自行選擇比較認同或個人比較重視的面向，勾選幾種選股法來進行選股、測試並追蹤你所選出來的個股績效。通常是需要有3個月的模擬投資驗證，確定這些模擬選股出來的績效真的不錯，你才能開始用真的錢去下單交易，並且累積經驗、不斷修正，成為自己一套穩定的操作模型與系統。

至於為什麼需要模擬投資3個月之後，才能用真的錢下去交易呢？因為屬於基本面的數據，例如營收、獲利，每個月只有一個數據，而財務面的數據往往是每隔一季等季報出爐之後才有辦法更新一次，因此如果只測試1個月，很難判斷究竟只是恰巧，還是穩定？

· 圖2-1　嘉實資訊「XQ全球贏家」內建的選股功能

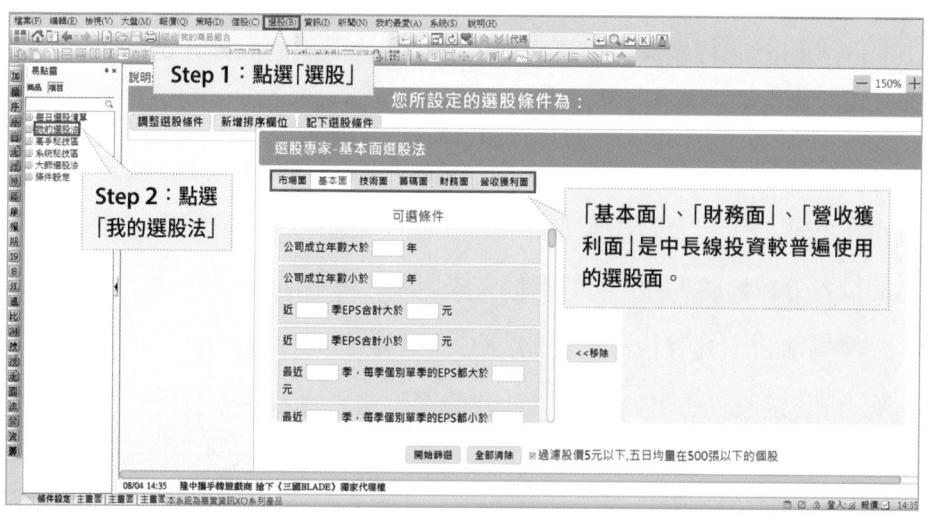

資料來源：XQ全球贏家

若需要免費的選股軟體，則推薦可使用CMoney理財寶當中的「CMoney選股網」，屬於網頁版，只需要註冊帳號密碼就能免費登入使用，無須付費或安裝套裝軟體就可以直接使用。其中，「挑績優」、「比價值」、「選成長」這3種就是屬於中長線投資上較普遍使用的基本面選股面向，如【圖2-2】。

　　如果你根本沒有時間自己去用這些軟體進行選股，以及追蹤績效，那麼最好的方法就是買進指數型基金、ETF，或績效能夠打敗大盤的共同基金，這是省時省力，且報酬率不會輸給平均表現的做法。

・ 圖2-2　「CMoney選股網」的選股功能

資料來源：CMoney選股網

● 投機交易
>> 技術面、籌碼面選股，賺短線價差

• 如果你沒耐心等待中長期投資的結果，而想做投機交易的話

　　如果上述有關「投資」的方法讓你覺得無趣、財富累積太慢了，你想要在更短時間內賺到更多錢，那麼通常就是要靠投機交易了。投機交易的領域很廣、很複雜，有千奇百怪的方式或訊息，想要賺錢的人也非常多，然而你必須想清楚：你憑什麼贏他們？你有哪些明確的優勢？過去你的投機交易紀錄有證明你真的打敗大盤嗎？如果確定這些答案你都是對的，那麼你才值得花額外的時間在投機交易上。

　　要注意，買進指數型基金、ETF、或績效能夠打敗大盤的共同基金，是幾乎不用花時間的，然後就可以獲取不輸給全市場整體表現的報酬。若你想要打敗平均以上的績效，就幾乎是要打敗所有自然人交易者了，因為台股上市公司總市值有40%為外資持有，再加上其他法人還有主力大戶，就超過總市值的50%，你很難打敗這些動見觀瞻、掌握產業內部資訊的法人，於是你就要花比一般自然人交易者更多的時間和心力，來獲取超額報酬。

　　一旦你認清了上述事實，仍然決定要進行投機交易，那麼你的選股方式、買進賣出的時機和判斷、停利停損、資金控管等，就必須整套的遵守投機交易世界的教條，而不是投資世界的教條。要留意，在很多時候，同一檔標的在投機的角度是要先賣出、甚至做空，但在投資的角度卻是逢低布局，因此投機和投資是截然不同的世界，你不能混著用，非常危險，而

且容易以賠錢收場。

投機世界的教條通常就和公司的基本面（或者說公司的價值）沒有太大關係，因為你買賣的時間太短，根本資金還沒有讓公司有足夠的時間去營運、創造出產品或服務到客戶手裡而產生獲利，也就是說，一家公司的基本面並不會在短時間內有什麼明顯改變，因此你短線交易的目的是獲取價差。

有關這方面的書籍或課程很多，多半是和技術分析、籌碼分析有關，是個百家爭鳴的市場，無論你選擇哪一套方法，你都必須有紀律的遵守該方法下的整套原則，而不是這裡學一點、那裡學一點，混搭起來用，這樣不會有好的結果，因為就如同投資和投機在很多時候是衝突的，即便在投機世界的不同派別當中，做法或觀點也可能是衝突的，你不能把一堆相互衝突的東西拼湊在一起，組成一套衝突矛盾的系統，因為還沒上路就可以知道，你的結果將是一場悲劇。

投機交易的選股，在「XQ全球贏家」以及「CMoney選股網」的選股功能當中也有，若是以技術面（股價、成交量）為篩選判斷標準的相關方法，普遍就是屬於短線投機交易領域的選股。市場上不少人以追蹤投信、外資、市場主力的買賣超來作為選股基準，屬於籌碼面選股，也是運用在偏短線投機交易的，這在上述兩個軟體當中都有提供。

至於技術面、籌碼面的選股，績效表現是否會優於基本面的選股呢？這從來沒有絕對的答案，而是端看你相信什麼？偏好做短線還是做中長線？關鍵是要你喜歡，否則選股原則換來換去，累積經驗的速度就會比較慢。

· 高手的叮嚀 ·

　　市場不缺選股方法、也不缺標的，缺的是你的紀律。因為無論是崇尚基本面和價值面的中長線投資，還是注重技術面或籌碼面的短線投機交易，它們都有各自需要遵守的教條和紀律，你一定要先清楚自己適合投資還是投機，在一開始就選定一條道路來走、進行深耕發展，只要累積足夠的經驗，或早或晚應該會找到幾套得心應手的方法，並且避免大賠。但是切記，絕不能在投資和投機之間混用，彼此間產生了各式各樣的內在矛盾，結果當然不會有好的績效。

第**3**道難題

一個產業之下有眾多類股，如何挑出漲幅相對大的股票？

台灣目前上市櫃公司合計的掛牌總家數已經接近1600家，這使得散戶在選股時面臨很大的難題，就算選定了一個自己看好的產業，卻至少有數十檔標的需要進一步去挑選，很怕即使看對了產業的前景，結果挑到弱勢股而股價根本沒表現、甚至套牢，不免令人扼腕。

　　對許多本金並不大的散戶投資人來說，如何將資金做最有效率的運用，來縮短財富倍增所需的時間，常常是散戶想要學習的，倘若可以在看好的產業或類股當中，挑到漲幅大於其他競爭者的標的，當然除了財富增值速度較快之外，同時也會獲得自我肯定，甚至得到周遭親朋好友們讚賞或欽羨的成就感。

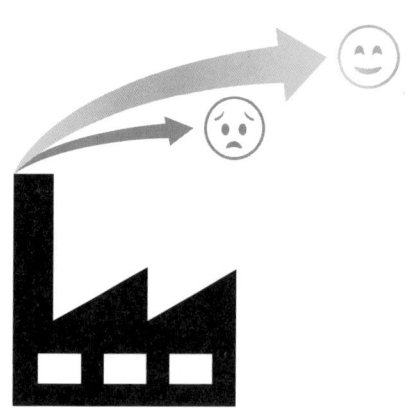

在同一產業中，漲幅較大的往往出現在中小型股且大股東持有比率高的公司。

1）籌碼愈輕愈好

佔指數權重低、股價低。

2）籌碼愈集中愈好

籌碼在大股東而非在散戶手裡。

3）營收和獲利有大幅躍升機會

通常是接到大訂單、或者有轉機出現。

● 漲幅最大的股票 >> 通常出現在中小型股

在同一個產業或類股當中，一定會有大公司和小公司之分，他們的市值大小差距可以差上好幾十倍甚至好幾百倍。由於台灣加權股價指數是完全按照市值來計算權重（它是發行量加權的股價指數，若把發行量乘以股價，就等於市值。因此單一個股在這個指數當中的權重，也就等於這一檔個股的市值占所有上市公司總市值的比重），OTC店頭市場指數也一樣。因此，你可以從這些個股的權重大小，來知道它們的籌碼是輕的、還是重的。

• 查詢上市的大盤指數權重

　http://www.taifex.com.tw/chinese/9/9_7_1.asp

• 查詢上櫃的OTC指數權重

https://www.taifex.com.tw/chinese/2/2_16.asp

　　當一個產業或類股在漲的時候，主要會由最大的權值股（產業龍頭）來貢獻漲幅，然而，一定會有漲幅大過龍頭公司、也會有漲幅小於龍頭公司的個股。通常漲幅要大過龍頭公司的股票一定會有幾個條件：<u>籌碼愈輕愈好（權重低、股價低）、籌碼愈集中愈好（籌碼最好在大股東手裡，而不是在散戶手裡）、營收和獲利有大幅躍升的機會（通常是接到大單，或者有轉機出現）。</u>

　　以光學鏡頭的相關類股為例，股王大立光（3008）是產業龍頭、也是指數權值股，因此漲幅很難像股性活潑的小型股那樣飆漲，但它卻是能夠代表整體光學鏡頭族群的中堅部隊。股價第二高的也是目前市值第二大的光學鏡頭廠玉晶光（3406），再其次是亞光（3019）。

・圖3-1　2016年10月以來，
　　　　　大立光、玉晶光、亞光股價漲跌幅比較

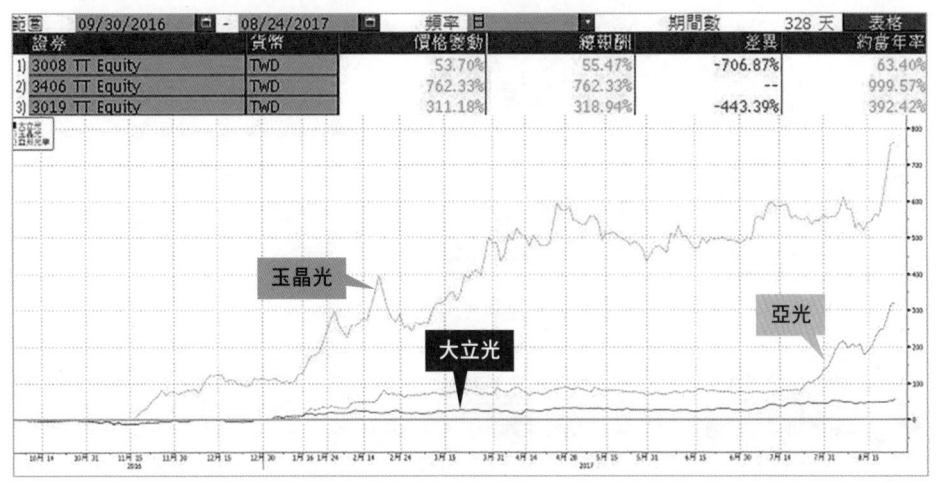

資料來源：彭博資訊

當大立光股價從2016年10月以來持續上漲到2017年2月，累積漲幅超過20%之後，玉晶光因為市場盛傳它接到蘋果iPhone的大訂單，因此發動大漲行情，從2016年10月到2017年8月24日累積漲幅高達762%；而亞光則是在2017年7月才突然急漲、短短的1個月內漲幅就超過了100%。

　　從以上這個光學產業／類股的例子中，我們可以歸納出三個重要的觀察：

　　1. 大立光股價表現最穩定，漲幅雖然落後另外兩家公司，但也在短短不到1年之內漲了將近50%。因此讓整體光學族群吸引到市場關注、認定光學類股就是台股的主流類股之一。

　　2. 玉晶光因為獲得蘋果iPhone的大訂單，營收和獲利大幅躍進。由於大立光原本就一直是蘋果iPhone的供應商，因此不會有像玉晶光出現這種「意外大利多」的狀況。通常產業中的老二、或者體質不錯的好公司，都有機會出現這種獲得國際大訂單的利多。

　　3. 當大立光、玉晶光都大漲過之後，市場會開始去比價，尋找光學鏡頭廠當中是不是還有像玉晶光這種「有題材可以炒」的股票，不論題材是否成真，至少有機會可以炒。亞光還有其他二、三線的光學鏡頭廠，就在最後一波全面狂飆。

　　因此，如果你要讓自己的資金運用有效率，買到類股中漲速最快的股票，你就必須掌握上述的個股輪動次序。

● 籌碼愈集中的股票 >> 漲幅往往愈大

　　一個產業的榮枯淡旺，照理說是愈接近消費者那一端（最下游）的廠商

最有感，但由於大型龍頭廠商往往也同時扮演了市場行銷、刺激消費者、創造新產品和新需求的角色，因此這些第一線接觸客戶的大廠，只有經營高層和行銷業務主管知道最近一次的旺季是否會旺、淡季是否可以不淡，不過他們通常也只有六、七分把握，三、四分需要賭一把。只要認為自家產品「可能」可以大賣，就會提早下訂單給最上游的原物料或設備供應商。

· 圖3-2　媒體在2016年11月22日開始露出
　　　　 iPhone 8台灣供應鏈廠商的相關報導

蘋果iPhone 8台灣供應鏈	
石英元件	晶技（3042）
連接器／沖壓件	正崴（2392）、維熹（3501）、鉅祥（2476）
光學鏡頭	大立光（3008）、玉晶光（3406）
AP代工	台積電（2330）
指紋辨識模組	日月光（2311）
壓力感測模組	TPK宸鴻（3673）
PCB	台郡（6269）、嘉聯益（6153）、華通（2313）、欣興（3037）
機殼	鴻準（2354）、可成（2474）、鎧勝（5264）
電池	新普（6121）
組裝	鴻海（2317）、和碩（4938）、緯創（3231）

資料來源：台灣蘋果日報

　　例如蘋果的iPhone8預計最早要在2017年9月才會上市，但是早在2016年11月，市場就盛傳蘋果可能會提早在2017年3月就請供應商開始

投產，美國掛牌的蘋果股價是從2016年11月一路大漲，漲到2017年6月才有回檔。而正統的蘋果iPhone供應鏈大廠，包括：台積電（2330）、大立光（3008）、鴻海（2317）、可成（2474）、TPK宸鴻（3673）、台郡（6269）、嘉聯益（6153）、華通（2313）、欣興（3037）等個股，也都是從2017年1月起就開始大漲。

要比波段漲幅的話，中小型股肯定是容易漲贏大型權值股，但是同樣在中小型股當中，誰的漲幅比較大呢？若就蘋果iPhone的印刷電路板（PCB）四家主要供應商：台郡、嘉聯益、華通、欣興來進行比較，可以發現華通的大股東持有率最高（約為74%），股價漲幅也是最高（漲超過100%）；其次是欣興和台郡的大股東持有率（分別約為61%、54%），其股價漲幅也是其次（漲幅約50%）；嘉聯益的大股東持有率最低（約為34%），股價漲幅就是最小的（僅上漲約25%，之後股價也是第一個回落的）。

所謂的「大股東持有率」是以持有1000張以上的股東所占比率來計算，相關資訊可以參閱「神秘金字塔」網站：http://norway.twsthr.info/。

因此，從【圖3-3】可以看到華通自2017年1月開始，外資持續買超，而融資使用率持續下降，股價則自2017年1月至2017年8月初之間上漲100%，若對照【圖3-4】持股超過1000張以上的大戶比重，就可以看出華通的籌碼集中度是上述幾家PCB廠商當中最高的，因此，「股價漲幅遙遙領先其他幾家公司」也就容易在事前透過籌碼面先預判了。

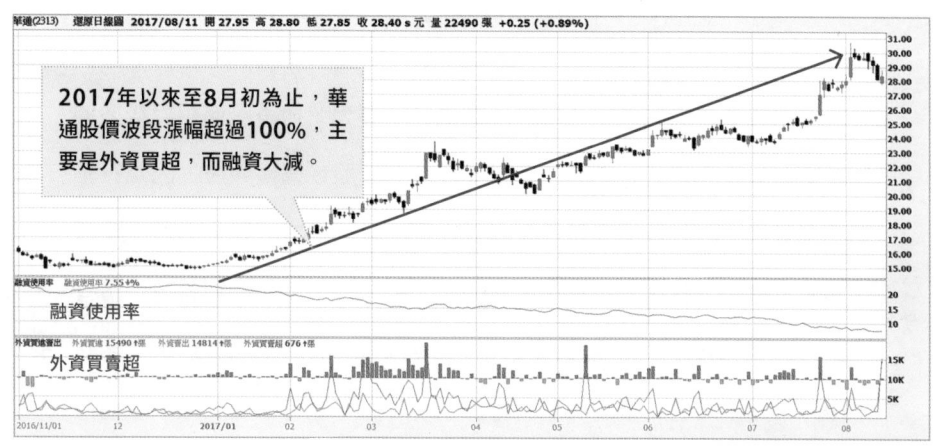

資料來源：XQ操盤高手

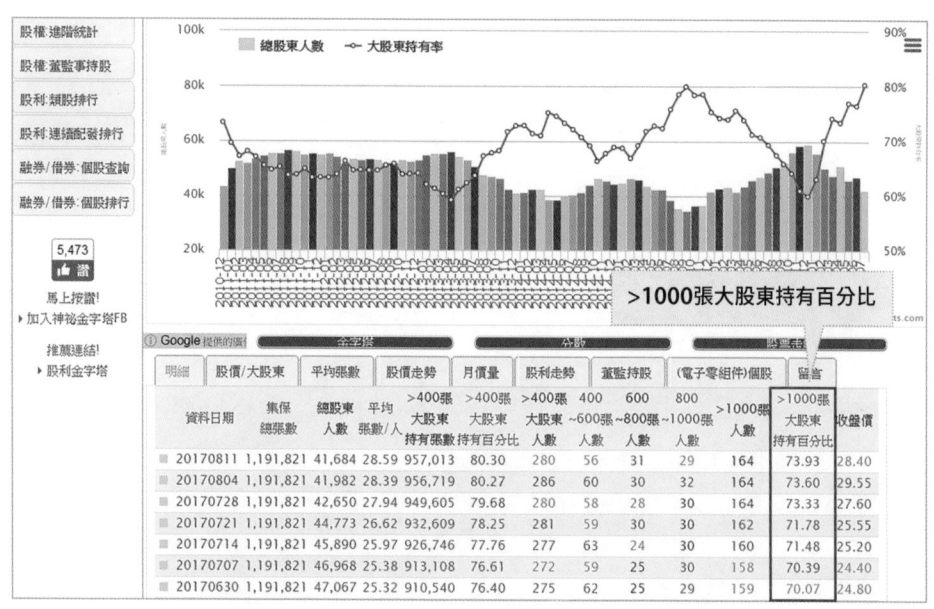

資料來源：「神秘金字塔」網站

· 高手的叮嚀 ·

上述的產業選股法，套用在產業供應鏈廣大、競爭廠商相對較多的電子業是具參考性的。然而，若是屬於金融類股或營建類股，因為行業屬性高度受到政府政策或法令管制而影響，且評價方式較偏向股價淨值比而非本益比，就比較不適用上述的方法。另外，倘若個別公司傳出有接到大訂單（例如打入國際大廠的供應鏈）或者被大廠併購的消息，雖然是事先較難預知的，但是一旦有傳言出現，就可能會出現急漲，漲幅甚至領先其他所有同業競爭者。

第4道難題

我想要做長線投資，如何 判斷一檔股票可以長抱呢？

許多散戶聽聞別人長期投資一檔股票賺了好幾倍，也希望自己能夠選出這樣的好股票、長抱好幾年，甚至最好能夠抱上1、20年，賺取倍數的利潤。不過，多數人嘗試的結果並無法如願，不是選到的標的後來大跌、禁不起時間考驗（例如10多年前的雙D：TFT-LCD及DRAM股），不然就是雖然選到了好標的，卻耐不過一次空頭（例如2008年金融海嘯）的回檔，就以虧損30%、50%認賠出場了，後來雖然隨著景氣復甦、眼見股價回升甚至創下新高，卻再也不敢回頭去買。

從以上的描述不難發覺，這個問題可由兩個層面來探討：第一層是挑選出好股票的挑戰，第二層是投資人心理素質的挑戰。投資人必須能同時通過這兩層艱難的考驗，才能夠獲取長線投資的豐厚利潤，雖然不容易，卻是可透過循序漸進的訓練來達成的。

在股票投資領域獲得財富自由的高手們，都不是靠天賦（沒有人天生就會操盤），而是一步一腳印，學習正確的投資方法，並靠著自我修練心理素

質與調整操作模式，透過不斷地改良與進步，達到屬於贏家的層次。

透過以下兩個選股法，就能找到值得長抱、經得起景氣循環考驗的好股票：

大型股或產業龍頭

- 台灣50指數成分股
- 市值較大的上市櫃公司

外資持股比率高

- 外資持股比率30%以上
- 避開代碼KY由海外
  回台掛牌及由假外
  資投資的公司

● 從產業鏈的類股中
>> 挑選規模大、體質好的領導者

　　若要能夠長抱一檔好股票超過10年以上，勢必會經歷過整體股市的多空循環，若是小型股，可能會因為產業的興衰而導致被淘汰，或者在景氣不好時因為大幅虧損而倒閉（就算沒有倒閉，股價也可能大跌超過8成以上），因此在選股的邏輯上，首先要把握一個原則：中大型股的存活率高，

也比較能夠避免成為地雷股或遭到淘汰的命運。

　　再者，如果是產業的領導廠商，不僅僅在景氣衰退的過程當中存活率最高，甚至景氣谷底出現時反而有機會用便宜的價錢去併購其他中小型的競爭對手，而在景氣復甦之後壯大了自己的實力、成為市占率又更高的巨人。這種大者恆大的現象，在歐、美、日這些成熟國家是相當顯著的，這也是為什麼百年企業多半可以屹立不搖、撐過每一次景氣寒冬的原因（因為如果連產業龍頭都撐不過寒冬的話，其他競爭力更差的中小型廠商也就更難存續經營了）。

　　在美國，道瓊工業指數的30檔成分股幾乎都符合規模大、體質好、屬於產業領導者的條件，也因此，道瓊工業指數自1896年成立至今超過120年的時間，還原權息的總報酬率已經超過了1000倍（統計截至2017年8月31日）。即便道瓊工業指數每年都會檢視、並可能替換其成分股，然而實際上的汰換率很低，這也代表著能夠成為產業龍頭，往往就可以維持很長一段時間的競爭優勢。

　　在台灣，若要找到可以長抱、不會出大問題的公司，最好的方式就從「台灣50指數」的成分股當中來選，或者從上市櫃公司當中，挑選市值比較大的公司。讀者可透過以下兩個網址，查詢上市、上櫃指數的成分股權重排名，排名愈前面的就代表市值愈大，而由於上市公司的條件門檻較高、上櫃公司較寬鬆一些，因此，那些能夠穩穩長抱的大型股或產業龍頭，通常會出現在上市公司中居多。

• 查詢上市的大盤指數權重：

http://www.taifex.com.tw/chinese/9/9_7_1.asp

• 查詢上櫃的OTC指數權重：

https://www.taifex.com.tw/chinese/2/2_16.asp

● 透過上市櫃公開資訊
>> 挑選外資持股比率高的公司

　　除了挑選大公司之外，另一個可參考的就是外資的持股比率。如果外資投資於某一家公司股票的持股比率已經超過50%，則代表外資擁有營運上的絕對主導權，而通常只要外資持股比率超過30%，就有相對主導權了（董監席次應該足以多到可以決定公司的營運方向）。要能夠讓外資放心把資金投入到台灣來、且投入這麼大的比例在一家公司上，勢必該公司無論在財報透明度或者營運前景上，都有足以說服外資的原因。

　　證交所與櫃檯買賣中心（OTC）的網站上，都分別可以查詢到所有上市、上櫃公司的外資持股比重，而且有排序的功能。

• 查詢上市公司的外資持股比率：

http://www.twse.com.tw/zh/page/trading/fund/MI_QFIIS.html

• 查詢上櫃公司的外資持股比率：

http://www.tpex.org.tw/web/stock/3insti/qfii/qfii.php?l=zh-tw

· 圖4-1 查詢所有上市公司的外資持股比率

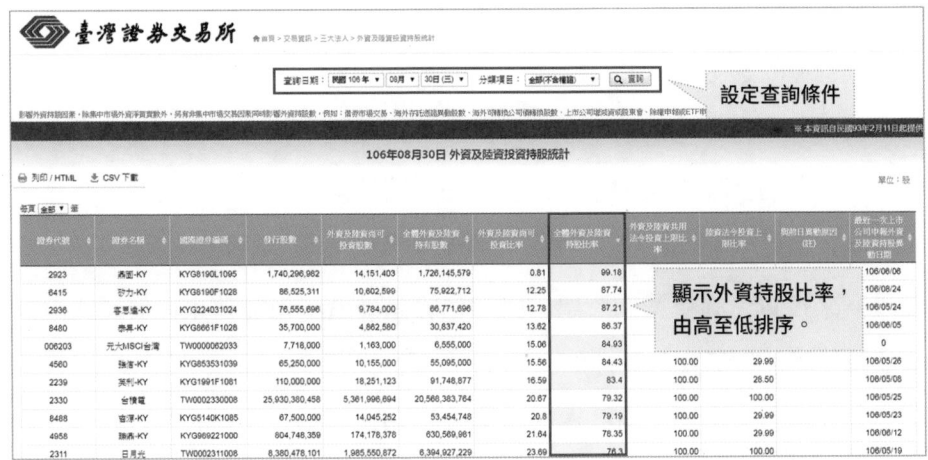

資料來源：臺灣證交所

· 圖4-2 查詢所有上櫃公司的外資持股比率

資料來源：櫃檯買賣中心

不過，需要留意的是，股票代碼當中有「KY」的公司，代表是在海外設立、回台掛牌的公司，因此外資持股的比重通常都會比較高，然而這並不代表其營運的透明度相對較好。

　　另外，上櫃公司的股本小，外資就算持股比率很高，也不需要花很多資金，因此有些在產業中不算是很強的公司卻擁有很高的外資持股比率，有可能是屬於「假外資」持有（公司經營者或大股東透過在海外設立公司，從海外回來投資台灣掛牌的股票，雖然也算是外資，但並非來自於真正外國人的錢，因此俗稱為假外資）。

　　整體來說，選擇上市公司當中市值前50大的公司、而且外資持股比率高的，通常都是能夠禁得起時間考驗、耐得過景氣寒冬的好公司。如果你不想花太多時間選股或賭運氣，那麼選擇投資於元大台灣50ETF（股票代碼0050），或者國泰台灣低波動30ETF（股票代碼00701）就是一種簡單又能夠安穩長抱的選股方式。

　　要提醒大家的是，就算你選對了一家值得長抱的好公司，但現實是往往許多散戶投資人「並沒有抱很久」，而是遇到一、兩次股價的大幅波動，就被嚇出場了，沒有參與到後面股價漲升的大行情。投資人必須清楚一件事情：再好的公司，股價都會有大跌的時候，因此，光是學會選股，也未必能夠賺到大錢，因為投資者自己的心理素質往往才是能否成為贏家的關鍵。

　　有關投資人心理素質的強化方法，可參見《高手的養成：股市新手必須知道的3個祕密》一書，而本書的其他難題，也多會提到相關的論述，讀者們可自行參考並且勤加練習。

 ## · 高手的叮嚀 ·

　　馬和牛不一樣，想要在場上拚速度、又要載重物，兩者是不可兼得的。此題主要是寫給無法常常追蹤股市行情，也沒時間做功課自己選股的投資人，因為對這類型的人來說，就不應該期待買飆股、賺取短線的高報酬率，因為飆股可以在短時間內向上衝，就代表也可能在短時間內向下重挫，飆股通常較難禁得起時間考驗，也不適合大部位持有；相反的，大型的產業龍頭股雖然短時間內的股價相對牛皮，漲的速度慢，但可抱得久、抱得穩、買得多，即使大部位的持有也不用提心吊膽。

第**5**道難題

如何選出能持續上漲的「飆股」或「成長股」？

看到別人大賺1倍、2倍的飆股，好想自己也能買到那樣的股票，然而每當你發現這種股票時，往往是股價已經大漲過後，這時反而不敢買進⋯⋯

由於「飆股」往往是因為短期有大利多，包括營收方面的大幅跳升（例如打入蘋果iPhone手機的供應鏈、或打入其他國際大廠的供應鏈），或者公司出現可能被收購、借殼等重要財務方面的轉機，消息都來得很突然，而股價也可能連續漲停好幾天，若沒有一看到消息就馬上出手買進，往往連續漲停板買不到，等買到時它已經漲完了。

上述這種連續漲停的股票，最恐怖的就是等你買到時股價已經漲完、行情停了。過去許多散戶投資人會出現大賠，都是因為追逐這類「飆股」所造成的，因為飆股能夠在短時間內往上飆，就也可能「往下飆」，例如2016年的樂陞（3662）、2017年的大宇資（6111）就是這種典型案例。較安全的作法是尋找雖然沒有漲停，但是能夠持續上漲、漲不停的成長股。

相較於容易暴起暴落的飆股，散戶該聚焦的
是「漲不停的成長股」，選股把握兩個原則：

1) 符合未來高成長性的趨勢產業，
如機器人、電動車、人工智慧等。

2) 從籌碼流向如「投本比」、「外本比」，
找投信、外資持續買超的個股。

● 業績持續成長 >> 從產業的發展趨勢尋找

以目前（2017年）往未來看一、兩年為例，機器人與人工智慧的應用，屬於快速發展、應用廣泛的主流科技，而無論應用在哪一個領域，都需要使用到快速處理的高階晶片（相當於人的腦）、光學感測與光學元件（相當於人的眼睛）、聲音感測（相當於人的耳朵），因此在這個產業供應鏈當中具有技術領先地位的大廠，例如晶圓代工的台積電（2330）、光學鏡頭的大立光（3008）、光學感測晶片相關的穩懋（3105）與頎邦（6147）就成為了高營收成長動能的受惠者，股價表現也相對強勢。只要機器人與人工智慧的應用還沒有充分實現之前，它們的業績成長性就會持續存在。

以上只是一個實例，符合未來高成長性的趨勢產業例子很多，一般新聞媒體、雜誌或周刊、投顧公司都不斷地在找尋這些產業發展題材，而券商的研究單位、投信基金公司也是。

· 圖5-1　光學感測晶片供應商穩懋(3105)最近一年走勢圖

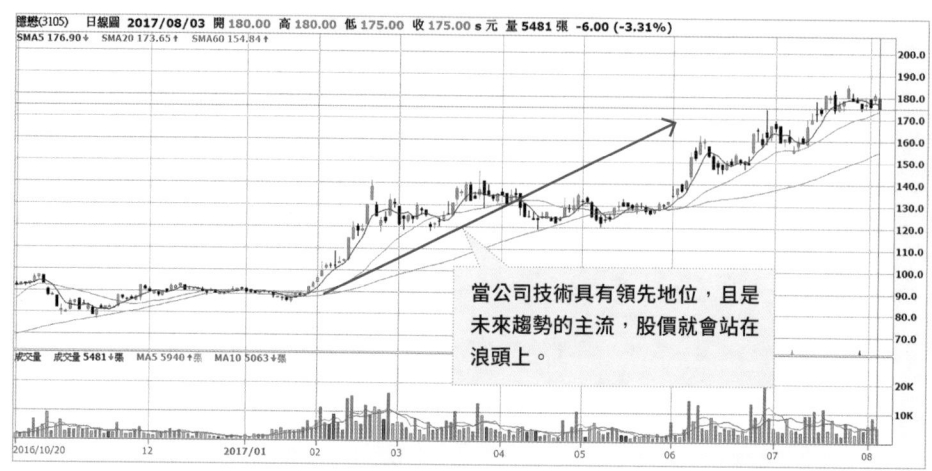

資料來源：XQ操盤高手

在投資人無法自己拜訪上市櫃公司、第一線追蹤產業發展的情況下，適度的購買一些有產業研究分析的資訊來源(例如《先探投資週刊》、《萬寶週刊》等)，會比單純只聽市場消息或盲目跟單更具備基本面的支持，挑選到真正成長股的機率會較高，踩到地雷股的機率會較低。

● 法人連續買超 >> 從籌碼的流向發掘

過去市場上常用的方法，就是追蹤每一天「投信買超前30名個股」、「外資買超前30名個股」。因為投信基金經理人不能從事短線交易，而且買進任何股票一定要先有《買進評估分析報告》才可以下單，而買進股票之後，通常也會持有一段時間，不能迅速又做賣出動作。

因此，若被投信基金經理人大幅度且連續買超，那麼就代表基金經理人

對於這些標的很有把握、禁得起被驗證（金管會的金融檢查局特別愛檢驗這些基金買進賣出報告的確實性，以及即時性），而且投信基金經理人通常認為自己的績效有機會打敗同業，所以才敢這樣大幅買進一家公司的股票。

「外資買賣超」也是類似的道理，雖然外資買超並不代表該外資自己用錢買進，而是客戶（通常都是法人客戶為主）透過外資券商來下單買進，但是由於金額很大，所以對於一家公司的股價也會有影響力。

· 圖5-2 「葉芳的贏家世界」有關「投本比」、「外本比」的統計

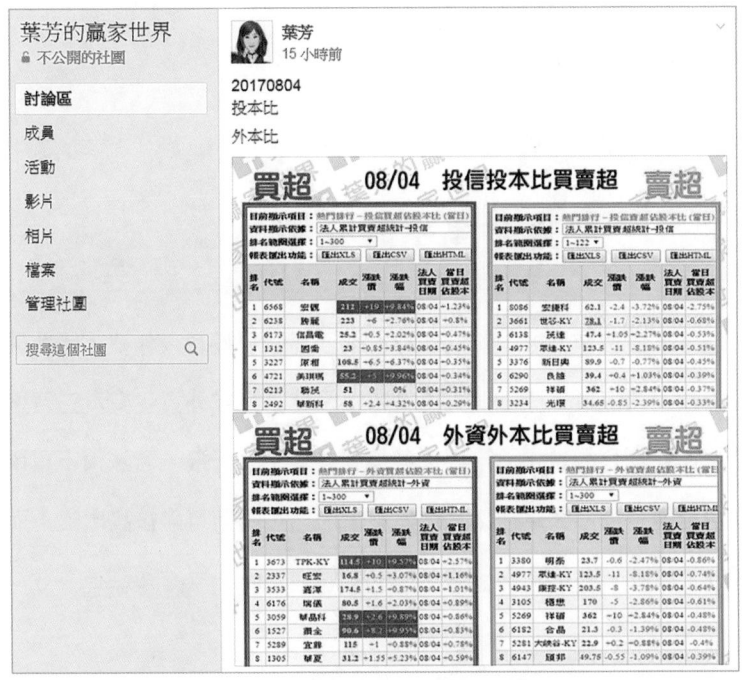

資料來源：葉芳的贏家世界（Facebook社團）

在Facebook「葉芳的贏家世界」(不公開的社團)每天都會統計「投信買超金額占股本的前15名個股」(簡稱投本比)、「外資買超金額占股本的前15名個股」(簡稱外本比)，是進階版的應用。因為傳統的「投信買超前15名個股」、「外資買超前15名個股」是以股票張數來計算，忽略了股價高低，也不管股本大小，代表性不足。

例如10元的低價股被買超1萬張，所需的金額還小於股價5000多元的大立光被買超20張，因此，光以股票被買超的張數來排名，容易扭曲。而股本只有5億元的小型股若被買超1000萬，股價就會大漲，但對於大型權值股來說，被買超1000萬根本沒有影響力。由於「投本比」、「外本比」已經是進一步解決了上述的問題，因此參考價值較高。

● 高手的叮嚀 ●

通常來自產業發展趨勢的題材，很容易吸引投資人作夢，因此最好搭配籌碼面的追蹤，確定法人機構包括投信基金或外資也有真正買進，才算是比較安全的做法。市場上各種利多消息滿天飛，若法人不買單，那麼可能僅是主力大戶在刻意炒作股價而已，隨時可能拉高出貨，而散戶就成了最後一隻老鼠。

第6道難題

如何挑出「隔天會漲停」的股票呢？

這是一個大家都想知道答案的問題，因為如果可以知道哪一檔股票隔天一定會漲停，那今天就趕快把所有錢買下去、明天馬上大賺，可說是人生一大樂事！

如果有一個方法，可以做到百分之百準確地抓出隔天會漲停的股票，那麼這個人應該是不上班的、而且不會輕易透露這個方法。不上班是因為不需要靠領別人的薪水賺錢，而不會輕易透露則是因為如果太多人同時在前一天買進，股價前一天就會先大漲、提早反應了，所謂的「隔天」反而未必能夠再次漲停。

平民股神蘇松泙就可以找出隔天會漲停的股票，他當專職投資人40多年了，沒有在上班，而他也不公開透露這個方法。不過，長年和他一起在股市征戰的學生們，陸續已經有人漸漸可以理解抓出隔天會漲停股票的方法。

安納金自2001年從Y教授那邊學得籌碼分析的技巧之後（請見《高手的養成》一書），搭配技術面的觀察，也有長達數年的時間，可以預判隔天會

漲停的股票，但準確率並不是百分之百，而是五檔股票當中有三檔可以在盤中觸及漲停、一檔會漲但無法漲停、而一檔可能不漲反跌。這代表著，「抓出隔天會漲停的股票」並不是天天有，若要天天測試，準確率會降低，所以不要期待有這套功夫的頂尖高手，可以每天向你證明「他可以做到」，但是當這種機會出現的時候，「他確實可以做到」。

解題 Key Points

漲停板

只要符合以下**4**個條件，就算你買進的隔天沒有漲停板，那麼漲停板也將在不遠處！

1）屬於業績成長股

2）技術線型呈現多頭排列

3）大漲後股價經過整理，進入收斂三角形尾端

4）成交量萎縮到之前大量的十分之一

● **從技術面尋找** >> 線型「多頭排列」、「整理接近尾聲」的股票

股價的走勢有其慣性，若是多頭趨勢的股票，往往也是在一段連續的上漲之後，進入橫盤整理或者小幅回檔，之後再繼續一段連續的上漲……而股價能夠有如此走勢的股票，通常多半是該產業在快速成長，或公司營運成長動能很強的股票，也就是所謂的「業績成長股」。

這種股票該怎麼買呢？你可以尋找已經漲過一段之後，技術線型呈現多頭排列，然後股價有經過一段時間的整理（即「籌碼沉澱」過程，也就是「籌碼換手」過程，讓賺很多但是抱不住的人獲利了結出場，而實力較強的投資者吸納了他們的籌碼，因此股價要再度拉抬時，阻力會較小），通常在成交量持續縮小到之前單日最大量的五分之一以下、甚至十分之一時，而且股價也來到收斂三角形的尾端，就可能是下一波漲勢發動前的起漲點。

　　在收斂三角形的尾端，要嘛不是向上突破、大漲一段，不然就是向下突破、大跌一段，而對於「業績成長股」來說，這種股價壓縮整理之後的突破，十之八九會是向上突破。以數位鏡頭的製造商玉晶光（3406）為例，可以觀察到它漲停板出現的地方，有4次發生在上述的狀態下，如【圖6-1】。

・ 圖6-1　玉晶光（3406）自2016年10月以來的日K線圖

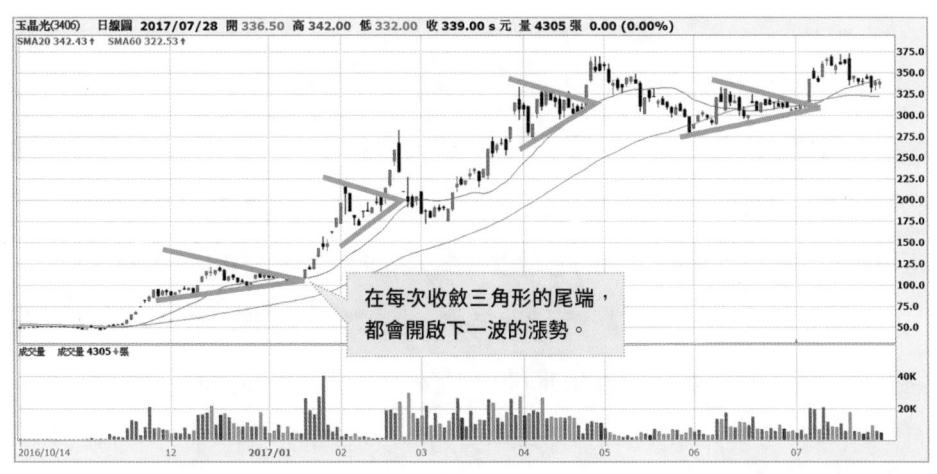

資料來源：XQ操盤高手

● 從籌碼變動研判 >> 股價大漲前的發動點

　　除了技術面是最容易抓出未來股票漲停的前兆外，籌碼面也是另一個最常用的方法。不過由於現在股價的漲停板是10%，而不是以前的7%，因此個股要出現漲停板的機率已經比以前要低，更何況是大型權值股，例如：台積電、鴻海、大立光、中華電、國泰金、台塑化，甚至可以說在台灣50（0050）成分股之中能夠看到漲停的大型股票，幾乎已經快絕跡了，因此，你只能靠中小型股才比較有機會。

　　但就算是中小型股，也有股性比較活潑的類股，以及股性比較不活潑的類股。例如太陽能類股、生技類股、遊戲類股，這些都是股性活潑、一漲就可能連續漲停、或沒漲停卻漲不停，直到超過1、2倍漲幅才休息。這部分你可以善用前面所介紹的Facebook「葉芳的贏家世界」社團，每天對「投本比」、「外本比」前幾名個股的統計表。倘若是股本比較小的公司，遇到投信或外資連續大買，等於是籌碼在短時間內迅速的集中到少數大戶手裡，股價很容易出現大漲，因為短線籌碼已經集中到強力做多者的手裡，在散戶沒有持股的狀態下，就算股價瞬間拉高也不會有散戶賣出來，當然很容易漲停板，而市場觀察到這個狀況，惜售的心理就會造成隔天也很容易再出現漲停板。

　　以矽晶圓上游的中美晶（5483）為例，股價自2017年2月份開始進入橫盤整理之後，有長達5個多月的時間，成交量持續萎縮。然而，自2017年7月下旬開始，從「投本比」可以發現中美晶持續名列前幾名，股價一開始沒有漲，而投信連續大買1週之後，短線籌碼快速集中到了投信基金手中（它們是很穩定的投資者，不會在短期間內馬上賣出來），於是股價就在7月25日大

漲9.24%逼近漲停板，突破了長達5個多月的橫盤整理，7月26日股價漲停板。因此在7月25日大漲當天，我們就可以預知隔天漲停的機率非常高！

· 圖6-2　中美晶(5483)自2016年10月以來的日K線圖

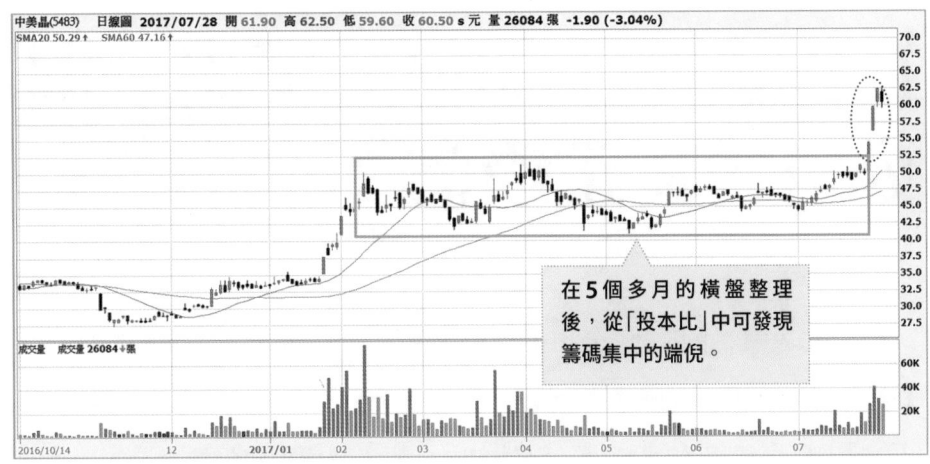

在5個多月的橫盤整理後，從「投本比」中可發現籌碼集中的端倪。

資料來源：XQ操盤高手

· 高手的叮嚀 ·

　　如果有一個方法，可以做到百分之百準確的抓出隔天會漲停的股票，那麼根本就直接拿房子做抵押貸款幾千萬出來一次重押，一天賺10%的就是好幾百萬，幾次就可以收手退休了。然而，實際上這種抓到隔天漲停股票是可遇不可求的，而且通常出現在多頭市場的尾聲，也就是各大類股全面噴出上漲的時候。風險往往伴隨在報酬之後而來，踏踏實實的分散投資在沒有漲停卻持續漲不停的業績成長股上，或許才是更好的方法。

第**7**道難題

在投資時，如何計算出一間公司的真正價值？

常聽人家說「某一家公司很有投資價值」，一家公司真正的價值是可以計算出來的嗎？如何計算？

　　此處以中長線的「投資」為探討方向，暫不考慮短線投機交易，因此有關「價值」的定義就採取股神巴菲特，以及他的啟蒙老師，也是華爾街公認的證券分析之父──班傑明·葛拉漢（Benjamin Graham）所定義的「公司內在價值」為準。如此一來所謂的內在價值就是指長遠來說，這一家公司的股份總值應該值多少市值（或者是除以發行股數後，每一股的股價應該值多少錢）？而不是純粹一種感覺（例如有人說這一家公司很有投資價值，卻無法明確用數字衡量）。

　　在探討這個議題之前，你必須先有一個基本的認知：一家公司真正的價值，是包含未來的營運展望在內的，而不是純粹看當下或過去歷史，因此，一定會涉及對未來的看法在內。一旦涉及「未來」以及「看法」，每個人就會有不同的觀點和想法，也就不會是一個所有人都一致認同的數字，

而是會出現幾種不同版本的數字，而各有認同族群。也是因為這樣，反映於股價上才會有所跳動啊！否則全市場認定的價值完全一樣時，沒人想買貴、也沒人想便宜賣了，股價就停在那個價格上不會動了！

 解題 Key Points 2408

一家公司的價值，不同人、不同方法計算出來的結果會不同：

內在價值估算法
- 葛拉漢、巴菲特、蒙格使用的方法
- 有根據清算價值、現金流量折現、終值乘數3種常用方法

券商估算的合理目標價
- 產業研究員拜訪公司取得第一手資訊
- 可收集各家數據做判斷，不用自行計算

要持續追蹤，調整估計值

● 公司內在價值估算法
>> 價值投資高手所奉行

「股感知識庫(STOCKFEEL)」是一個相當值得推薦的金融投資以及產業個股分析相關的網站，其中有兩篇文章闡述了有關如何計算一家公司內在價值的方法，用的就是葛拉漢、巴菲特以及他的合夥人查理‧蒙格(Charles

T. Munger）所使用的方法。讀者可以自行到股感知識庫網站，右上角有「站內搜尋」的功能，直接尋找這兩篇文章的標題就可以找到。

- https://www.stockfeel.com.tw/內在價值的簡單概念/
- https://www.stockfeel.com.tw/內在價值的簡單概念ii-2/

· 圖7-1 股感知識庫（STOCKFEEL）有關公司內在價值的估算

資料來源：股感知識庫

市場上較常用的3種內在價值計算方式：1.根據當前的清算價值、2.現金流量折現法、3.終值乘數（Terminal Multiple）法，在股感知識庫的另一篇文章「價值投資達人告訴你內在價值的真正意涵」已經有做說明以及優缺點比較，讀者可自行前往研讀與參考。

● 各家券商的合理目標價估算
>> 善用別人做好的功課

若讀者有在股感知識庫閱讀完前述的幾篇文章，應該就會了解市場上主流的計算方法和原則，但事實上，你不需要自己親自計算，因為各家券商的產業研究員也是用這些方法估算出每一家公司的合理價值以及未來1年的目標價。

你可以直接參考各家券商估算出來的結果，通常大同小異，這會比你自己去計算來得有意義。因為你不是產業研究員，無法拜訪公司取得第一手資訊，所以很難取得公司未來營運展望並估算可能的現金流量，而這些券商的研究員都可以直接拜訪公司，於是只好借助他們已經做好的功課，你再來判斷是否接受他們計算出來的結果即可。

以下用嘉實資訊的「XQ全球贏家」為例，選取功能表當中「個股」→「基本分析」→「機構評等」，以台積電（2330）為例，就可以看到畫面右側顯示出最近各家國內外券商對於該公司的未來1年目標價以及投資評等。免費版的「XQ操盤高手」也有相同功能，選取功能表當中「資訊」→「台股個股分析」→「基本分析」→「機構評等」，也會查詢到相同的內容。

· 圖7-2 「XQ全球贏家」當中有關個股的評等以及目標價

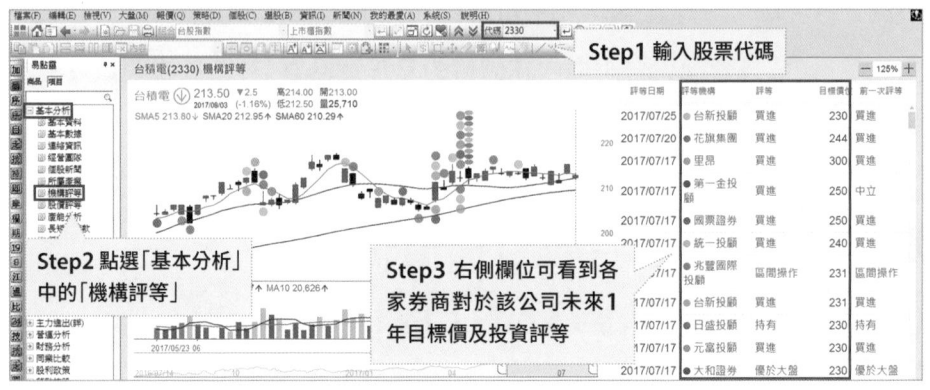

資料來源：XQ全球贏家

高手的叮嚀

一家公司的真正價值，就像一個人的體質，是難以精準衡量的，而是不同的人會有不同的觀點，用不同測量工具檢定出來的結論也會有所不同。你只要固定、恆常使用某幾種衡量工具，時間久了，自然而然可以累積到足夠經驗來做判斷，怕的是樣樣都學、樣樣不精，反而是浪費時間在原地打轉。此外，當你衡量出一家公司的內在價值之後，要長時間追蹤、調整估計值，因為內在價值包含了對未來的營運展望，因此不會是固定一個值，而是會隨著時間改變。你也要去觀察，市價和你所估計出來的內在價值之間，偏差有多大？多久兩者才收斂？透過這樣的觀察，你便能熟悉一檔股票的「股性」，也因此較能夠掌握股價的偏差（也就是巴菲特強調的「安全邊際」有多大？），而提高自己的勝算以及報酬率。

第 8 道難題

想要跟進飆股的漲勢，但要如何避免踩到地雷股呢？

投資人都希望自己選到飆股賺取倍數獲利，無論是賺到大錢，還是在選股眼光的自我肯定上，都是一大樂事！不過市場上幾乎每年都會出現幾檔「地雷股」，而這些地雷股往往在股價飆漲一大段之後，伴隨而來的諸如：爆發內線交易案、被爆出財報不實、被掏空等其他重大弊案，或者純粹只是主力倒貨、坑殺散戶，導致股價一落千丈，最終讓投資人被迫將原本賺取的利潤全部回吐、甚至倒賠收場還真屢見不鮮！

如何確保自己買到的飆股不會成為地雷股呢？通常籌碼面是最好的照妖鏡，然而，無論你是否能從籌碼面當中看出端倪，至少善用技術面的幾個重要賣出訊號，無論該個股事後被驗證是不是真為地雷，至少讓自己明哲保身先避開了踩到地雷的機會。

要避免踩到地雷股，可留意以下訊號：

地雷股的空頭訊號	買法人背書的飆股
● 主力大戶連續賣超	● 投信基金持股5%以上
● 技術面跌破帶量長(紅)黑K低點	● 投信近期有買超
● 跌破上升趨勢線、季線、年線	● 外資出具研究報告且建議買進
● 基本面營收獲利連續性的衰退	

● 籌碼面 >> 地雷股最好的照妖鏡

　　2016年最知名的地雷股，就是遊戲類股的樂陞(3662)案。一家日商「百尺竿頭」於2016年5月31日宣布以每股128元公開收購樂陞3.8萬張股票，總價48.6億元，卻在8月30日以「市場各種謠言與投機行為等，導致其股價波動與後期的大幅下跌」為由，無法完成交割，讓這個併購案成為台灣證券史上首次公開收購成功卻付不出錢的案例。檢調因此發動33路大搜索查案，還曾約談樂陞前獨立董事陳文茜、尹啟銘、李永萍作證，偵結起訴許金龍、國票案「百億大盜」楊瑞仁等人。

　　樂陞董事長許金龍被控證券詐欺罪，自2017年1月24日被起訴並且羈押，法官裁定以2億元人保加上6000萬元現金交保，許稱無法籌足，一直到本書截稿日(2017年9月底)都仍被羈押當中。

由於此案相當複雜，受害的投資人數也相當多，在此不贅談細節。然而，若要避免踩到這一檔地雷股，籌碼面和技術面是最簡單、最客觀的一個判斷方法。

· 圖8-1　樂陞（3662）自2016年1月至11月16日期間的日K線

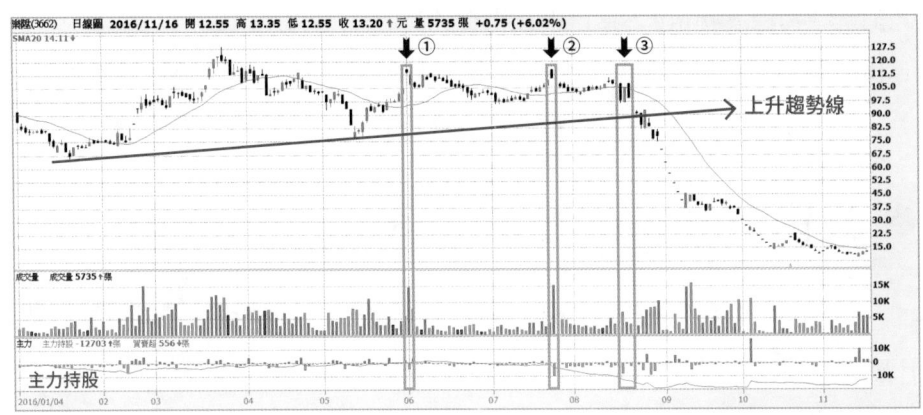

資料來源：XQ操盤高手

【圖8-1】為樂陞自2016年1月至11月16日（之後停止交易）的日K線圖，我們可以看出在8月中旬之前都是橫向大區間整理的格局，然而相當異常的是，在①2016年6月1日股價帶量跳空大漲時，出現主力站在「賣超」的一方、日線收「黑K線」；在②2016年7月25日股價再度帶量跳空上漲，結果主力又是大賣、日K線收一根長黑。

後來在③2016年8月17日股價帶量長黑出現，主力再度大賣，日K線收一根長黑；隔天反彈，主力還是賣超；第三天再收長黑K線，主力繼續賣超；第四天就帶量下殺、跌破了上升趨勢線，從原本的100元以上跌到

後來剩下10元，之後在2016年11月17日起停止交易。

從以上幾個關鍵大量的交易日，主力都是站在賣方來看，顯然大戶是在逢高出脫、而散戶在承接，對於這種跡象的股票，你就必須非常小心，不管後來證明是否為地雷股，只要技術面出現「重要賣訊」就必須斷然離場，如同2016年8月17日股價帶量長黑出現、緊接著又出現長黑、跳空跌破上升趨勢線，就是一個明顯的空頭訊號。

● 投信與外資買超 >> 飆股最好的背書

在2016年的「樂陞案」當中，投信基金是完全沒有踩到這檔地雷的，為什麼呢？因為在2012年發生了「盈正案」，已經讓投信業者經歷過一次天翻地覆的教訓。

盈正（3628）在2012年被舉發疑似有投信的經理人不當收賄，和公司派聯手炒作股票，經主管機關介入調查，發現多檔基金、政府委託投信代操的經理人均涉入其中。

後來總計有38家投信業者主動清查旗下近1500位經理人，同時也隨之建立相當嚴格的規範與內控機制，使得投信基金要再像過去一樣，由特定基金經理人收賄、炒股、鎖籌碼的案例發生率，相較於以往已降低許多。

對於2016年樂陞公司這種體質不算健全，經營管理階層靠財務面操作對股價上下其手、謀取私利的狀況，在投信基金被嚴格規範監管後，他們是不太會再選擇這類型股票了。

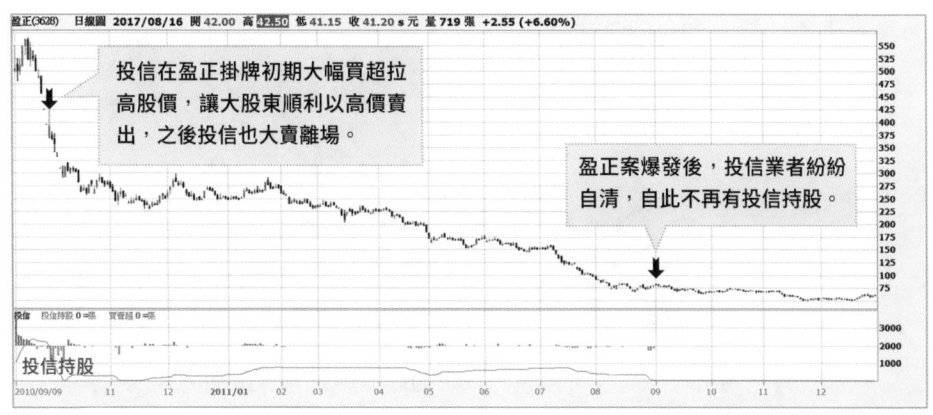

・圖8-2　盈正（3628）自2010年9月9日上市
　　　　至2011年底的日K線及投信持股

投信在盈正掛牌初期大幅買超拉高股價，讓大股東順利以高價賣出，之後投信也大賣離場。

盈正案爆發後，投信業者紛紛自清，自此不再有投信持股。

投信持股

資料來源：XQ操盤高手

目前各家投信普遍都有建立所謂「追蹤標的」（Watching List）或「候選股票池」（Selected Stock Pool）的機制，也就是說，基金經理人原則上只能夠在該投信公司所選定的大約200至300檔候選標的當中來選股、買賣，若要去投資上述範圍以外的股票，就必須要另外撰寫研究分析報告與買進報告說明原因，而且部位也相對受到限制，所以，基金經理人寧可不買也省得麻煩。

也因此，只要你買到的「飆股」是有投信基金持股超過5%以上、而且才剛買超不久的話，基本上就不太容易淪為地雷股了，因為這些基金經理人對於疑似地雷股絕對是比你更緊張、更謹慎應對的。

至於外資的買超是不是也像投信一樣，有基本面支撐呢？這方面比較難確定，因為現在許多上市櫃公司的老闆或大股東，普遍都在境外設有投

資公司，以外資的身分回來台灣買進持有自家公司股票的狀況很普遍。除非是外資券商有出具研究分析報告並且建議買進的，這樣出現在外資買超名單當中才比較具有基本面的依據。

高手的叮嚀

通常一檔股票會成為地雷股，在股價預先飆漲一大段的過程中普遍都會有徵兆出現，而在可預見的未來因爆發經營管理上的問題或者弊案，造成股價重挫、甚至停止交易或下市。如果要確保你買的飆股不會淪為地雷股的話，可以查詢一下該股票的最新投信持股率，至少要在5% 以上，而且近期投信還有出現買超的，通常就代表它具有基本面的支撐，不太容易成為地雷。

第**9**道難題

減資股會比較容易上漲／下跌嗎？那麼增資股呢？

有時候投資人會看到上市櫃公司「即將進行減資、或增資」的新聞，究竟這對公司的股價來說是好消息還是壞消息呢？減資，對於個別公司未來的股價表現是利多？還是利空？並沒有絕對好壞，必須看公司減資的目的是什麼而定，通常不外乎有3種常見的原因：改善財務、減資後再增資（以利引進外部大股東）、不堪長期虧損而縮減股本。

 解題 Key Points   1216

先弄清楚公司增資／減資的目的是什麼？再決定是否要買進這類股票。

現金減資	公司獲利提升的減資 →有利股價	欲借殼上市的減資 →有利股價	不堪長期虧損不得不減 →不利股價

現金增資	股權被稀釋 →EPS會下降	股本變大 →容易變牛皮股

● 公司獲利提升的減資 >> 會放大每股盈餘

第一種跟改善財務有關的減資案例，2017年最知名的就是DRAM大廠旺宏（2337）進行大幅減資，且減資幅度高達50.8%，該公司的股票於2017年8月14日為減資前最後交易日，並於8月28日減資後以新股重新掛牌，同時也取得信用交易資格，一開盤就跳空以漲停37元開出，漲停鎖住、一價到底，成交量1378張，且仍有高達44萬6282張的漲停追價買單，相當於有165.12億元的資金排隊等著買它。

· 圖9-1 旺宏（2337）減資後新股重新掛牌後股價大漲的新聞

旺宏減資猛虎出閘 里昂喊到外資圈最高

| f 分享 | 留言 | 列印 | 存新聞 | | A- | A+ |

2017-08-28 21:54 經濟日報 記者簡威瑟／即時報導   讚 0 分享 傳送

記憶體大廠旺宏今（28）日為完成減資、恢復交易首日，股價漲停一價鎖死歡慶。包括里昂、麥格理、摩根士丹利證券都將旺宏納入研究範圍，全數看好旺宏後市，其中，里昂依據減資後股本調整財務預測，推測合理股價高達54元、是外資圈最高。

里昂證券半導體產業分析師侯明孝，是第一位將旺宏納入研究範圍的外資分析師，他在旺宏5月中脫離全額交割股之際，便開啟旺宏投資評等，且給予高度正向展望，顯示對旺宏後市信心度極高，股價走勢也如他所料，持續強勢。

旺宏此次減資比率50.8%，減資後資本額降至180.5億元，在換發新股停止買賣期間，也重新獲得信用交易資格，法人研判，一般投資人對旺宏投資意願可望更高，有助買盤進駐推升股價。

資料來源：聯合新聞網

旺宏在2017年第2季的毛利率衝上34%，創下自2012年以來22個季度的新高，而且單季稅後純益6.16億元，每股純益0.35元，是連續四個季度獲利，顯然旺宏的減資屬於「營運狀況好轉後」的減資。由於減資會讓公司的股本變小、流通在外的籌碼變少，因此相同的獲利數字在較少的股本之下，每股盈餘就會放大。因此，在公司獲利好轉的趨勢下進行減資，會放大每股盈餘，股價容易上漲，屬於利多消息。

· 圖9-2　旺宏（2337）2017年1月3日
　　　　至2017年8月31日期間的股價走勢

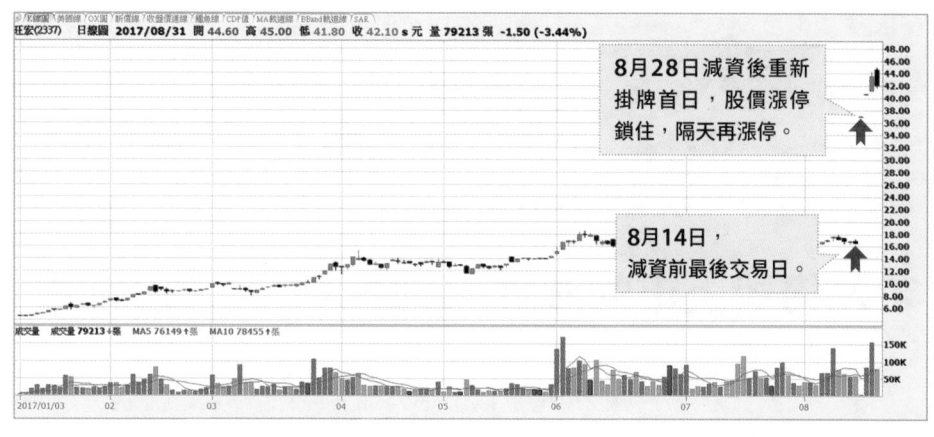

資料來源：XQ操盤高手

2017年另一個減資的大型股案例，是被動元件的國巨（2327），它和旺宏減資的時間、背景、理由都是雷同的，同樣都是在公司營運轉好、獲利提升的情形下辦理減資，因而使得公司每股盈餘上升、股價上漲。雖然國巨在減資後掛牌的第一天沒有漲停，但是股價也在重新掛牌後兩週之內上漲超過了10%。更重要的是，在國巨減資之前，股價就已經從2017年1

月3日60元附近,一路盤旋而上漲到8月4日減資,最後交易日站上120元價位,足足先漲了1倍!

· 圖9-3　國巨(2327)自2017年1月3日
　　　　　至2017年8月31日期間股價走勢

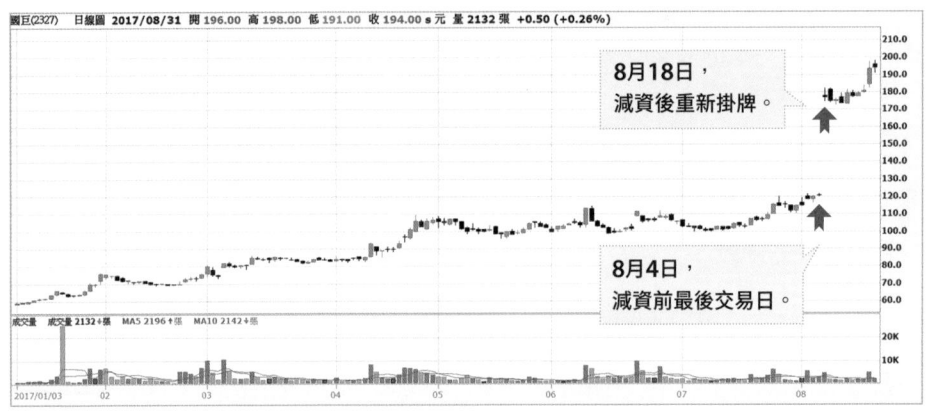

資料來源：XQ操盤高手

● 為借殼上市的減資 >> 股價常有一波行情

第二種減資是為了之後再增資以引進外部大股東,等於是讓現有的股東所持有的股份變少、讓新的大股東進入。既然會有新的大股東願意拿出這麼多錢來認購增資的新股,那麼通常不會是賠錢生意,而是公司未來可能有轉機出現。一般來說,通常就是「借殼」,因為一家公司若要申請上市所需耗費的時間和成本太高,如果從現有已經掛牌的公司來借殼,就可以減少許多繁雜程序。

· 圖9-4　卓越(2496)自2016年1月4日
　　　　 至2017年8月31日期間的股價走勢

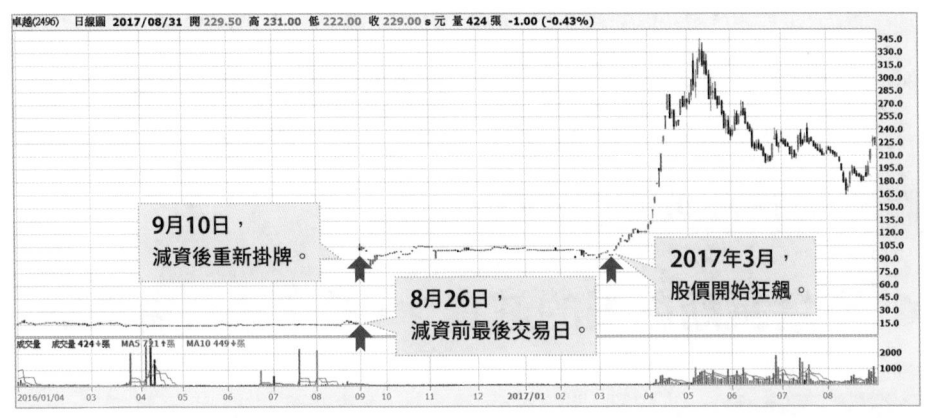

9月10日，
減資後重新掛牌。

8月26日，
減資前最後交易日。

2017年3月，
股價開始狂飆。

資料來源：XQ操盤高手

　　2017年借殼的知名案例，以上市公司卓越(2496)為代表，原本屬於
光通訊類股的卓越，長期經營績效不佳，連年虧損，股價也列在5至10元的
「雞蛋水餃股」行列長達多年而乏人問津，幾乎已經被市場遺忘了。

　　然而，就在2016年7月28日公司公告：董事會通過將大幅減資
83.88663901%，減資後新股預計於9月10日重新掛牌。卓越在減
資前的最後交易日為8月26日，股價收盤為16.3元，而9月10日重新
掛牌後首日的收盤價為101.5元，這與減資後的合理價格16.3元除以
(1−0.8388663901)等於101.2元近似，因此看不出有任何端倪。直到
後來在2017年3月，市場上投資人逐漸了解到，卓越在減資的同時，也透
過私募所引進的大股東為補教界知名的「陳立數學」，顯然是透過借殼上市
的方式來入主公司，因此，卓越的股價自2017年3月9日的低點95元開始
一路飆漲，到2017年5月10日來到盤中高點346元，短短兩個月大漲超過

200%。

由於補教界一向是高毛利率、高本益比，以陳立數學如此知名的升學補習班來說，每年招收的學生總數達3萬名，若以平均收費2萬元推估，營收可達6億元，而一年淨利挑戰4億元是大有機會的，若以卓越的股本為1.65億元來看（截至2017年8月31日），每股盈餘可能超過20元，也因此，股價能夠維持在200元以上的水準。

● 不堪長期虧損的減資 >> 股價未必有轉機

第三種減資，純粹只是因為公司累積的長期虧損很大，而經營管理階層也不堪長期虧損，認為沒有必要維持那麼多的股本（也就是資金的投入），因而辦理現金減資，在公司獲利並沒有起色、也沒有借殼消息的狀況下，這類公司的股價在減資之後就不見得會有什麼轉機出現。以前述卓越的例子來看，它的股價在減資後的重新掛牌日（2016年9月10日）收盤價為101.5元，一直到2017年3月9日的股價還在95元，有長達半年的時間股價完全沒有表現，若不是後來確定由陳立數學入主，一般投資人是不會願意以高價（股價將近百元）買進沒有未來展望的公司。因此，借殼入主的公司究竟是什麼樣的公司？屬於哪一種行業？有多少的營收和獲利可估計出來？這些都是借殼上市股最重要的判斷標準。

● 現金增資的股票 >> 容易稀釋每股盈餘

對於一家營運「獲利中」的公司，每股盈餘（EPS）是正值，若採用現金

增資發行新股的話，等於是稀釋了股權，每股盈餘等於「公司淨利」除以「普通股股數」，在分子不變而分母變大的狀況下，EPS會因此下降。而且隨著投入的資本額變多，除非這些新投入的資本，能夠幫助公司取得更好的競爭優勢，或者在擴大營運規模後，確定可以獲得更高額的營收和獲利，否則可能只是讓過去的黑馬股，因股本變大、籌碼變重，而慢慢成為牛皮股。

如果是營運績效良好的公司（黑馬）進行現金增資，說不定還有機會維持與過去相同的獲利速度、繼續成長，不過經由學術界和實務界的實證研究普遍顯示，會需要現金增資的公司，大多可能是營運績效比較不佳、才需要再向股東籌措更多錢來維持現有的營運（並非在市場上攻城掠地，所戰皆捷的公司），因為對於營運績效良好的公司來說，普遍都會有創造穩定現金流量的能力，或者有夠大的保留盈餘來轉增資，通常是不需要辦理現金增資，要股東再拿出更多錢來支持。

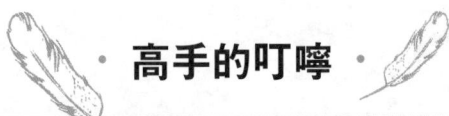

高手的叮嚀

通常辦理「現金減資」的公司，往往伴隨著出現財務面的轉機，或者是為了借殼的目的，在這兩種情形下，減資幅度都會很大，因此股價漲幅也相對可觀。無論減資後是否真有轉機出現，至少每股的股價變高，就容易擺脫雞蛋水餃股的宿命，由於小資族或小散戶通常買不起或不願意買百元以上高價股，因此籌碼就更集中在大戶或中實戶手中，因籌碼的安定，對其股價後市往往是偏向正面的。

Chapter. 2

關於
「進出時機點」
的難題

我已經選好標的了，該如何找到最優的買賣價位呢？

有 時候好不容易鎖定了一檔標的，想要進場，結果因為太急著買進而買到貴的價位，會先小賠一陣子，或者短期套牢一陣子之後才慢慢由虧轉盈、開始獲利。在這種情況下，由於已經被套了一陣子，往往初期會懷疑自己的選股和判斷，後來股價稍微有漲一些，小賺就出場了。

相反的，有時候則是因為怕買貴，所以一直用限價單低掛買進，遲遲沒有成交，就算後來有刪單改價，願意用更高的價位買進，結果還是沒有成交（因為股價又漲得更高了，也沒有回到改價單的價位），結果就這樣空手目送股價漲上去！

在這種情況下，通常散戶會有點不甘願、賭氣，而不願意再追價，因此，接續而來的大漲行情就與他無關了！

決定買什麼股票後，要怎麼買？多少價位買？
可參考「金字塔型」掛單買進法。

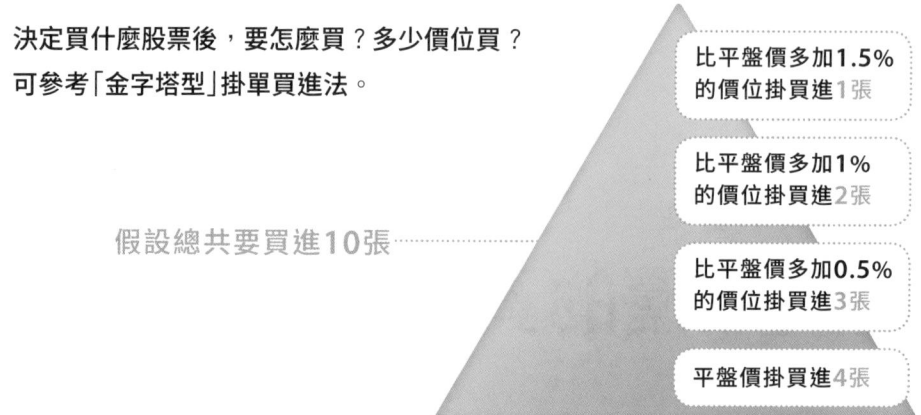

比平盤價多加1.5%
的價位掛買進1張

比平盤價多加1%
的價位掛買進2張

假設總共要買進10張

比平盤價多加0.5%
的價位掛買進3張

平盤價掛買進4張

● 高手的做法 >> 優先控制部位、其次才是價位

倰若是大型權值股，例如台積電（2330）、大立光（3008）、鴻海（2317）、國泰金（2882）等股票，或牛皮股如中華電（2412）、台塑化（6505）等，比較不會有這種價位上猶豫難定的問題，但是在中小型股或股性活潑的股票上，就很容易一個猶豫就錯失了買進機會。面對後者，一定要認清一個事實：你不是主力，無法控價位，只能控部位。

中小型股相對受到大盤的影響性較低，而受個別公司的好壞消息影響則較大，尤其市場主力大戶們喜歡操作中小型股，因為股本小、流通在外的籌碼較少，只要使用1、2億的資金就可以大幅度的影響一檔個股的短期股價，再加上小型股的股價漲跌波段幅度大、獲利比較可觀，因此往往具有題材、利多消息的中小型公司，很容易為主力大戶進駐以謀取利益。

在上述這種情形下，你不是主力，就無法控價位，因為你不知道主力何時要吃貨、何時要倒貨、何時要洗盤、何時要拉抬，因此，你能做的是控制好自己手上的部位。

高手如果要買一檔股票買10%的部位，就會先以市價單買進其中的一半（5%），然後觀察買進之後的股價是持續再上漲，還是陷入盤整？再決定剩下的5%是要盡速補到滿，還是有時間可以慢慢布局到滿？

許多散戶掛單是只有一個價位，結果不是全部成交，不然就是全部沒成交。如果全部有成交，容易買貴了而略感遺憾；如果全部沒成交，又會有因不甘心而不願追價，結果空手目送股價上去而賺不到錢的風險。倘若把想買的部位先用市價單買進一半，自然心就會穩；穩，才能做出理性的判斷。

● 安納金的做法 >> 盤前掛「金字塔型」買單

另外一種掛單方法，是安納金較常用的做法，是在開盤之前，分散在不同價位掛「金字塔型」的買單，例如總共想要買進10張，那就在平盤價掛買進4張，比平盤價多加0.5%的價位掛買進3張，比平盤價多加1%的價位掛買進2張，比平盤價多加1.5%的價位掛買進1張。

若實際開盤後股價非常強勢直接往上衝，以至於成交太少甚至完全沒成交到，那麼就要在當天尾盤敲進、一次買足。因為能夠開高走高的強勢股，若當天你不買進，通常之後會沿著5日均線或10日均線持續上漲，你就會買不下手、追不到。

如果當天股價只是在平盤附近震盪，也就是非強勢股的話，那麼你的「金字塔型」的買單會讓你成交的平均成本比別人還低。至於為什麼是每隔0.5%掛單？這只是舉例，你要以該股的「股性」為準，如果是股性很活潑、波動度很大的股票，你的掛單價格間距就要拉開一點，例如每隔1%的價位才掛一批買單，而且最低買單的價格也未必一定要設定在平盤價；如果股價很強勢，你可能要把所有買單的價位往上移2%。

以2017年5月份的大宇資（6111）為例，當股價向上突破140元之後，股價有長達1個月的時間都沿著5日均線向上攻，你未必能夠在平盤價附近成交，因此掛的買單價位就必須比前一天收盤價還要高一些，而且盡快把想買的部位買齊。反過來說，當股價在6月中旬跌破230元的月均線支撐時，你就要盡快把賣單敲出（把部位控制到零持股），不能想要控制價位慢慢賣（因為你不是主力）。

因此，買賣掛單的價格設定，取決於該股票的股性活潑與否，遇到股價沿著5日線連續強攻的狀態下（或沿著5日線連續下挫），用市價單來控制自己的部位才是最好的方法。

· 圖10-1 大宇資(6111)自2016年10月以來的日K線圖

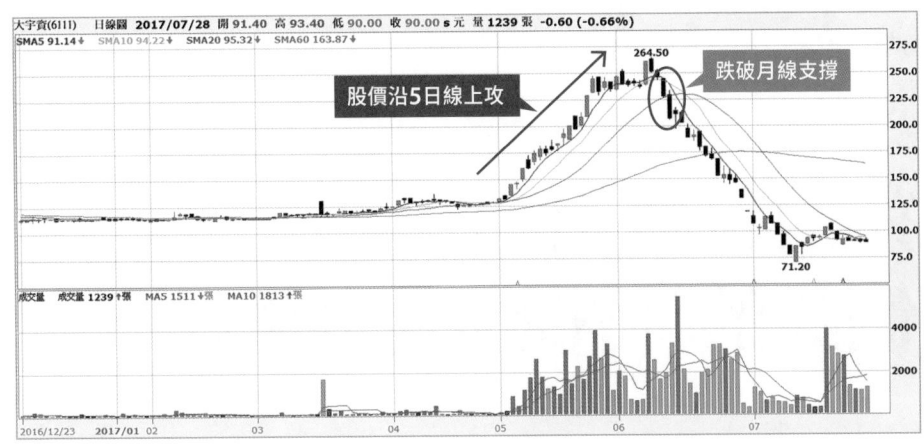

資料來源：XQ操盤高手

· 高手的叮嚀 ·

　　倘若是大型權值股，基本上要買進時就以平盤價位附近的「金字塔型」結構來掛買單即可，賣出亦同。但若是中小型股，或者股性活潑而股價波動很大的股票，往往背後會有主力在操盤，你不是主力，就無法控制價位，但可優先控制部位，股價在多頭趨勢時就要盡快買好、買齊，而一旦帶量跌破月線就要盡快出清持股。也就是「部位先決」而非「價格先決」。

第**11**道難題

如何推算出
個股的「目標價位」呢？

在專業投資機構當中，「本益比法」是最被廣泛使用，也是最被普遍認同的目標價位估算方法。這個方法的原理是：先預估這一家公司未來一年的「每股盈餘(EPS)」，再乘上一個「合理的目標本益比」，來求得未來目標股價。

解題 Key Points   1303

預估個股未來目標股價，公式如下：

ex.
台積電2018年目標股價
=預估2018年每股盈餘×
目標本益比18倍
=13.75元×18倍
=247.5元

「預估每股盈餘」可參考券商、投顧出具的個股研究報告；
「目標本益比」要看近5年的數字較具參考性。

● 借助公開資訊
>> 輕鬆算出「預估每股盈餘」

不少國內外券商、證券投顧的研究單位都會有研究員或分析師，拜訪上市櫃公司、追蹤各家公司未來的營收狀況、毛利率等財務數字，據以估算出未來幾個季度以及年度的每股盈餘，並且撰寫個股或產業研究報告給客戶做為參考。這些出具個股及產業研究報告的機構，俗稱為「Sell-side」，也就是推薦客戶進行投資的一方。

有「Sell-side」當然就會有「Buy-side」，這是指有資金也有投資需求的一方，例如保險公司、投信基金公司、政府基金等。保險公司和投信基金公司通常也會有研究員，同樣也會拜訪公司、追蹤營收、估計財務數據等等，但Buy-side並不會對外提供研究報告，而是把研究的成果給內部的操盤者或基金經理人參考。因此，投資人並無法取得Buy-side的個股研究報告。

散戶投資人因為無法直接去拜訪公司，在缺乏第一手資訊的狀況下，要等每一季財報的公布，往往時間上已經落後了1、2個月。因此，不建議散戶投資人自己預估EPS，而是借助前述Sell-side的預估，較省時省力，並且可靠度比自己瞎子摸象還要好。

由於Sell-side的工作就是提供更多資訊以利客戶參考、進行投資下單買賣，因此目前在網路上就可以搜尋到不少的研究報告，只要用Google搜尋關鍵字「XXX EPS預估」（XXX是股票名稱），就可以參考幾家比較大的機構對個別公司未來EPS的預估，或者取各家預估的平均數（俗稱為共識Consensus）。

● 借助免費軟體 >> 輕鬆算出「目標本益比」

目前嘉實資訊提供網路版的「XQ操盤高手」軟體供投資人免費下載使用，這是一套功能齊全，而且數據資料相當即時、可靠的一套系統（下載網址為：https://www.xq.com.tw）

請對照【圖11-1】，這裡我們以「XQ操盤高手」為例：開啟頁面上方「資訊」下拉式選單的「台股個股分析」、選取左側「基本分析」欄位當中的「基本資料」，就可以查詢到每一家上市櫃公司的各種基本資訊。

· 圖11-1　查詢台灣上市櫃個股的基本分析資料

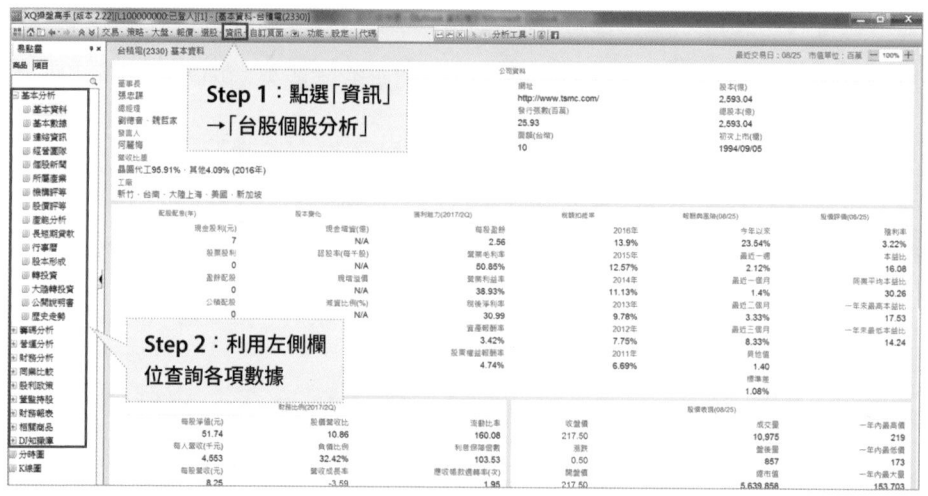

資料來源：XQ操盤高手

例如過去每一個年度的最高本益比、最低本益比、股票股利、現金股利等等，都可以在這個功能中查詢到。【圖11-2】就是台積電（2330）過去10

年的數據，若將捲軸往右拉，還可以看到更早年度的，從1994年以來的資料都有。

· 圖11-2　查詢台灣上市櫃個股的歷史本益比

	2017	2016	2015	2014	2013	2012	2011	2010	2009	2008
最高總市值	5,652,823	5,004,563	4,006,088	3,669,006	2,994,272	2,571,334	2,020,773	1,888,476	1,683,263	1,781,126
最低總市值	4,654,503	3,409,845	2,981,994	2,605,803	2,447,625	1,925,575	1,640,368	1,481,518	1,014,761	953,214
最高本益比	16.08	17.53	17.12	18.01	18.11	17.53	13.85	24.40	24.34	16.73
最低本益比	14.24	10.87	9.47	14.10	13.43	13.56	9.98	10.62	8.32	7.81
股票股利	N/A	0.00	0.00	0.00	0.00	0.00	0.00	0.00	0.00	0.05
現金股利	N/A	7.00	6.00	4.50	3.00	3.00	3.00	3.00	3.00	3.00
稅額扣抵率	N/A	13.90	12.57	11.13	9.78	7.75	6.69	4.96	9.85	9.10

資料來源：XQ操盤高手

● 實戰 >> 推算台積電2018年的目標價

以台積電為例，2018年的預估目標價可以這樣推算：

2018年目標股價=預估2018年每股盈餘×目標本益比18倍

=13.75元×18倍

=247.5元

為什麼2018年的每股盈餘要以13.75元為目標呢？按照前述Google搜尋關鍵字「台積電EPS預估」的方式，可以查詢到《財訊》雜誌預估的2017年EPS為13.75元、各家外資預估的2017年EPS大約在12元至13.88元不等，至於2018年EPS照理說會比2017年再稍微成長0～10%，這就要觀察台積電每一季法人說明會（簡稱法說會）釋出的未來營運展望而定，此處我們先抓最保守的，也就是零成長。

通常若有《財訊》的預估，就參考財訊的預估即可，因為《財訊》有較完整的研究團隊且長期追蹤大多數的上市櫃公司，預估值相對中性，不會出現

太誇張的數字。此外，《財訊》讀者廣泛，因此也代表著它的預估是較普遍被投資人看到、認知的，較有代表性。無關準不準，而是你要盡量透過「市場共識」來知道市場上大多數人們普遍的認知水準在哪裡。這樣如果你想要看得比市場共識還要樂觀、或悲觀，才會有一個可以比較的基準。

至於為何本益比要以18倍為目標呢？因為2008年發生金融海嘯，2009年、2010年股價從谷底大漲而EPS還沒跟上，所以本益比會很高，2011年以後才比較正常，所以在使用本益比來估算目標價時，盡可能要看最近5年的水準，會比較有參考價值。

對於已經掛牌很久的上市櫃公司，當然很容易查到過去歷史的本益比，以及歷史的EPS，然而對於較新掛牌的公司，就比較缺乏歷史資料可供參考比較，於是要用「產業平均本益比」來參考，或找同質性最高的競爭對手公司，拿它的歷史資料來作為比較。

高手的叮嚀

「本益比法」最大的缺陷，在於景氣反轉時，由於股價領先基本面，可能股價已經從高點摔下來了，市場預估的EPS卻還沒下修，這樣就可能出現用本益比來看股價很便宜但「不應該進場」的狀況。所以，用「本益比法」估算目標價，在多頭市場時適用，在空頭市場時就不適合用，而應該改用技術面來觀測，讀者可以參考《高手的養成：股市新手必須知道的3個祕密》這本書的第五章。

第12道難題

買到「漲1倍」的股票，
為什麼我只賺到了10％？

漲 10%最快要1天，漲1倍最快也要8至10天，時間，會是你只賺10%或1倍的最大關鍵。你是習慣短線投機操作？還是願意用較長時間的投資眼光？習慣盯著「漣漪」起伏，自然感受不到「潮汐」的變化，當你願意給予較長的時間等待，接下來的考驗就是選股了。

儘管大家都知道「小賠大賺」才是正確的獲利模式，卻也知易行難，就算買到了會漲1倍的股票，事後卻往往發現實際只賺到了蠅頭小利，若深刻探討其背後原因，便可解析一般散戶在操作上的盲點，主要在於多數人在交易上往往追求高超的技巧，而忽略了「交易心法」才是其根本之道，這就好比習武之人只學會了武功招式卻沒練內功心法，招式雖絢麗卻無實質威力。

一檔好的股票，在上漲過程中總是重複著上漲、修正整理、上漲、修正整理……而散戶最常犯的錯誤就是遇到股價修正時，便急急忙忙地賣出；遇到盤整而失去耐心被洗出場，而現實中，好的股票總是一賣出便再也追不回來，最後讓人怨嘆的不是股價表現，而是懊悔自己多餘的衝動。

要克服盤整期及修正期就急著賣股的心理障礙，只要以下條件沒改變，就堅定抱股。

1) 基本面
符合營收持續成長、營業利益率提升、EPS提升
2) 技術面
股價維持多方趨勢、股價沒有跌破季均線

● 成長性、轉機性高的個股
>> 容易出現倍數漲幅

　　首先，分清楚你是哪種類型的交易者，是投機型？還是投資型？通常，長線投資或波段操作者，願意用較長的時間等待，不常看盤的投資人，比較不會受到股價波動影響，較容易掌握到波段及股價翻倍的獲利；相對的，短線或極短線投機操作者，追求賺取股價價差，容易受到股價波動影響，往往一個大洗盤震盪，就會被洗出場，落入主力大戶手法的陷阱，就算真的買到翻倍股，也會抱不住，或不停的墊高成本，進進出出，只能賺到小錢，不容易賺到大波段。

　　當你很清楚自己是哪種類型的交易者，接下來就是專注選股了。在多頭的趨勢行情裡，常會聽到「這檔股票漲1倍」、「那檔股票漲2倍、漲3倍……

超過倍數的上漲」，偏偏這些翻倍上漲的股票，可能都是短線投機操作者曾經買過的，但為何會抱不住呢？明明股價漲1倍，你卻只賺10％？早知道會漲1倍，你一定會好好抱住，對吧？偏偏沒有任何人敢告訴你，這檔股票百分百一定會漲1倍，或許主力大戶、公司派大股東具有影響股價漲跌的能力，可是他也不會直接告訴你答案。

· 圖12-1　大立光（3008）自2015年第三季
　　　　　　至2017年第一季的獲利能力分析

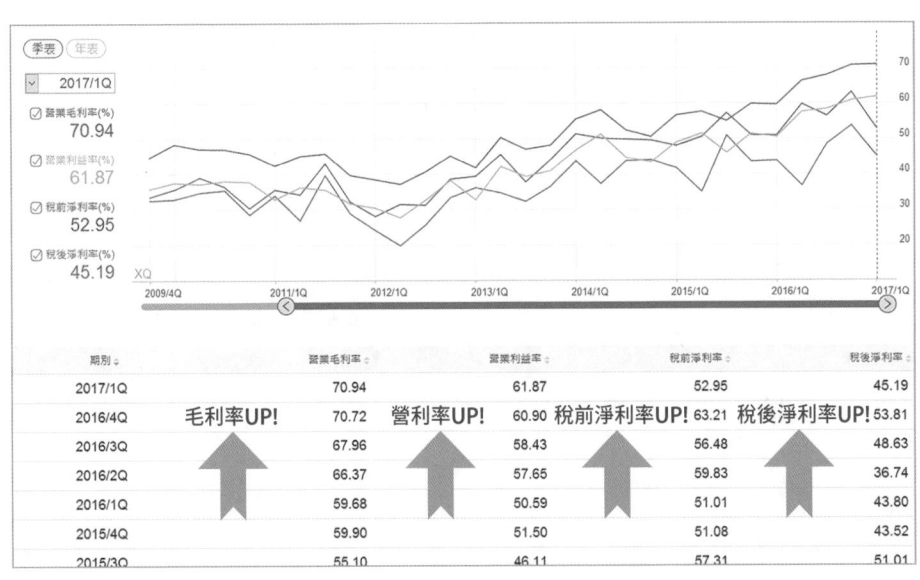

資料來源：XQ操盤高手

　　股價會漲到哪裡？是市場的供需決定。德國股神安德烈·科斯托蘭尼曾經提出一個公式：行情＝資金＋心理。如果股價會漲翻倍，你要研究的是——什麼樣的股票具有上漲翻倍的機會？若從股神巴菲特過去的投資經驗及

角度著眼，選擇成長型或價值股票的投資方式，透過時間的等待，較能賺到股價翻倍上漲；但在多頭行情時，具有題材及轉機性的股票同樣也具有股價翻倍的能力，只是你有沒有能力找到而已。

股價較具翻倍能力的條件：成長性高、轉機性高，而股價被低估。若從基本面的分析方法，可以從(1)營收持續成長、(2)營業利益率提升、(3) EPS提升，來篩選符合條件的公司。若以全球科技業產業發展的趨勢來觀察，晶圓代工龍頭台積電(2330)、光學鏡頭龍頭大立光(3008)，無論是過去或者未來，就是最典型符合此條件的個股。

· 圖12-2　大立光(3008)自2016年1月
　　　　　 至2017年7月的波段漲幅超過200%

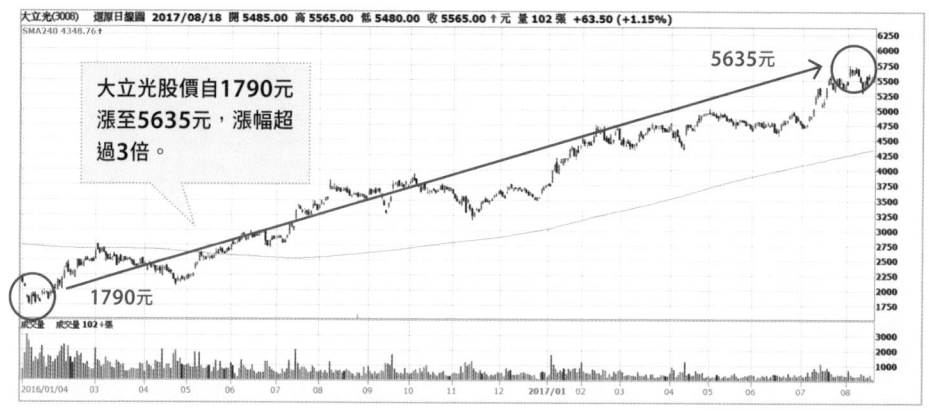

資料來源：XQ操盤高手

· 圖12-3　大立光（3008）自2008年11月低點
　　　　　至2017年7月的波段漲幅超過32倍

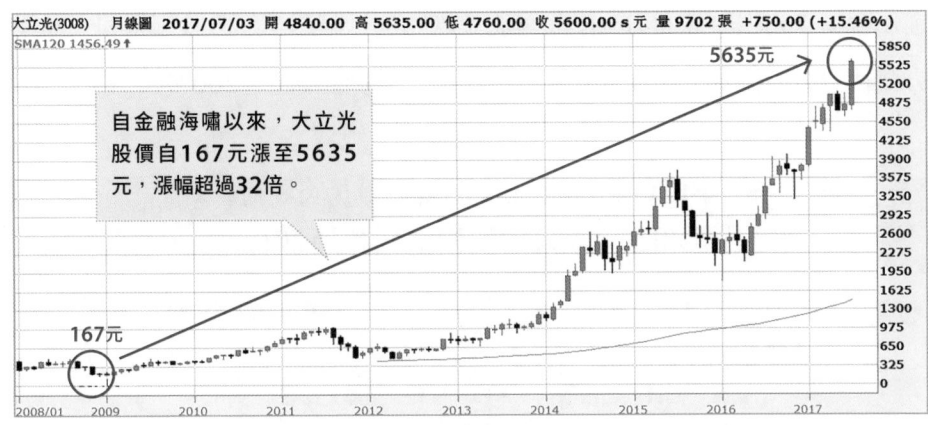

資料來源：XQ操盤高手

· 圖12-4　業成GIS-KY（6456）自2015年第3季
　　　　　至2017年第1季的營收成長力分析

期別	營收（百萬）	月增率	年增率
2017/06	8,466	7.13%	178.87%
2017/05	7,903	12.69%	206.90%
2017/04	7,013	6.16%	50.09%
2017/03	6,606	6.84%	19.89%
2017/02	6,183	14.17%	23.06%
2017/01	5,416	-43.04%	-40.22%
2016/12	9,507	7.21%	-0.75%

資料來源：XQ操盤高手

另一個典型範例，就是具有**轉機與成長**題材，例如2017年股價最具爆發力的個股之一：業成GIS-KY（6456）。該公司營收在2016年第二季衰退並出現單季虧損，然而第三季起營收止跌回穩、第四季起營收和獲利大幅躍升，使得股價自2017年1月至2017年7月的波段漲幅超過200%。

・**圖12-5　業成GIS-KY（6456）自2017年1月至2017年7月的波段漲幅超過200%**

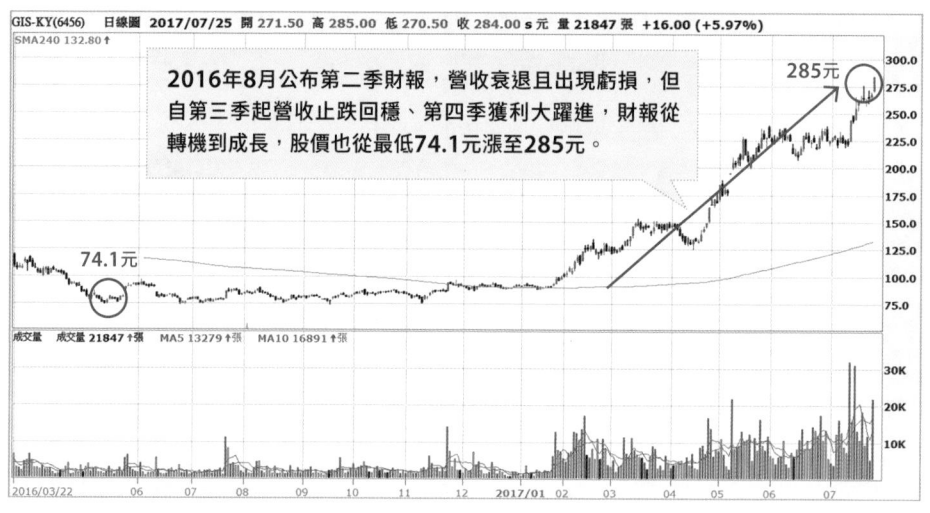

2016年8月公布第二季財報，營收衰退且出現虧損，但自第三季起營收止跌回穩、第四季獲利大躍進，財報從轉機到成長，股價也從最低74.1元漲至285元。

285元

74.1元

資料來源：XQ操盤高手

● 持續沿季線支撐向上走的個股
>> 務必堅定續抱

　　技術面仍是最簡單、最實用的輔助分析方法，如果想要賺取超過1倍的獲利，那麼這樣的股票通常會呈現出「愈墊愈高」的走勢，通常是沿著季均線

的支撐持續向上走高(漲勢比較快的股票則可能是沿著月均線的支撐上攻)，通常這種體質好的公司股價，在多頭行情當中是不太會跌破季均線的。

也因此，如果你的選股符合具有基本面改善的趨勢，而股價持續在季均線之上的話，你就一直續抱即可，不太需要每天去看它。時間，會是你最好的獲利放大因子。

· 圖12-7　旺宏(2337)自2017年1月
　　　　　至2017年7月的波段漲幅超過200%

自2017年1月開始，在外資連買的帶動下，旺宏在7月到達波段高點，漲幅超過200%。

資料來源：XQ操盤高手

舉例來說，旺宏(2337)在2015年至2016年上半前期間營運狀況不佳，連續好幾季的財報都呈現虧損，然而，終於在2016年第三季起轉虧為盈、營收也大幅成長，這個基本面改善的狀況一直延續到了2017年上半年都沒有改變，而股價從2017年1月開始在外資的大舉買超之下，讓股價沿著季均線之上持續走高，一直到2017年7月下旬為止，季均線都沒有被正式跌

破（要連續三個交易日收在季均線之下，才算是正式跌破）。

累計2017年1月至2017年7月期間，旺宏的波段漲幅已超過200%，雖然過程是漲一段、休息一段、再漲、再休息……然而只要你謹守上述的原則，自然容易賺到大波段的利潤。

高手的叮嚀

一般的散戶最難克服的莫過於「盤整」或是「修正」，他們會擔心帳上的獲利減少，要知道：恐懼是績效最大的敵人，至於要如何克服恐懼呢？建議大家理性客觀的檢視你的持股，如果符合：(1)營收持續成長、(2)營業利益率提升、(3)EPS提升，這三個條件，而股價都沒有跌破季均線之前，你就堅定續抱，讓股價沿著均線持續上揚，獲利持續放大。有時候，這樣的股票可以抱上1年、2年，甚至更久，獲利也往往是以倍數計算。

第13道難題

營收與財報還沒公布，為什麼那麼多高手早就知道了？

為 什麼玉晶光(3406)在2017年7月7日晚間才公布6月份營收，但是有些高手在7月6日就已經知道營收大概數字、提早卡位，股價在7月6日就已經漲停板鎖住？

· 圖13-1　玉晶光(3406)在2017年7月7日晚間公布6月份營收

玉晶光6月營收月增25% 下半年看iPhone訂單

2017/07/07 20:20:31

（中央社記者田裕斌台北2017年7月7日電）玉晶光(3406)自結6月合併營收新台幣4.9億元，月增率達25.8%，年增率14.3%；累計上半年合併營收29.01億元，年增率5.7%，下半年營收表現與iPhone出貨連動性高。

玉晶光原本就是iPhone前置鏡頭的供應商，並積極嘗試打入後置6P鏡頭供應鏈。市場傳出，玉晶光本週已經獲得蘋果(Apple)認證，若與大立光(3008)分食iPhone後置6P鏡頭訂單，下半年業績可望大爆發。

資料來源：中央社

散戶沒有辦法去拜訪上市櫃公司(俗稱call公司)取得第一手訊息，因此多半只能從公司對外公布的資訊來了解這家公司的營運狀況。然而，包括證券公司的研究單位、投顧公司、投信基金、保險公司的投資單位……都會有研究員隨時拜訪上市櫃公司、追蹤營收、估計財務數據等。

　　因此，即便上市櫃公司還沒對外公布營收，沒有直接跟上述的研究員透露確切的月營收數據，但是長期有在追蹤產業動態的研究分析人員，普遍都可以透過間接地旁敲側擊、詢問上下游供應商，或者從同業競爭者那邊估出一家公司的營收，而且八九不離十。這對大型企業或營運比較透明的公司來說，是很容易估計得出來的，除非是中小型公司、財務不透明、較不願意被研究員拜訪的公司，才會無法估計，或者意外出現大增或大減。

解題 Key Points　　　　　　　　　　　　　　　2890

想要跟高手一樣提前獲得公司營運訊息，早一步動作，你可以這樣做：

1）網路搜尋機構法人對上市櫃公司營收或獲利的估計。

2）透明度不高的公司投資比重不宜過高，以免受傷。

3）觀察市場對公司財報數據的反應，順勢操作。

● 借助機構法人的估計
>> 好公司營收相對穩定

不少國內外券商、證券投顧會撰寫個股或產業研究報告給客戶做為參考，因此即便上市櫃公司尚未公布月營收，你就可以透過網路搜尋的方式看到一些機構對於某幾家上市櫃公司營收的估計，通常誤差都不會太大。

倘若你對某一家公司的月營收很關注，但怎麼也搜尋不到市場上對於這家公司未公布營收數據的估計，那麼最好的方法就是尊重趨勢的力量。因為一家體質好的公司，每月營收的數字會相對穩定，較不易出現意外的大幅下滑或者跳升，頂多只是季節性的淡季、旺季之分，以及遇農曆過年當月份營收較少。

例如台積電（2330）、大立光（3008）的營收，都是非常穩定的。你可以透過嘉實資訊提供網路版的「XQ操盤高手」查詢到每一家上市櫃公司的過去歷史營收及趨勢圖，【圖13-2】就是玉晶光（3406）的例子。

如果你買進的公司並不是透明度高的，而且營收會出現意料外大好或大壞的跳動，那麼這一類公司就不適合占你個人投資組合的比重太高，因為你總是會在意料外大壞、股價大跌時受傷，但在意料外大好之前你也未必知道該加碼，永遠贏不過公司派或者市場主力，你的勝算微乎其微。

・ 圖13-2　玉晶光(3406)自2012年7月起
　　　　　至2017年6月的月營收趨勢圖

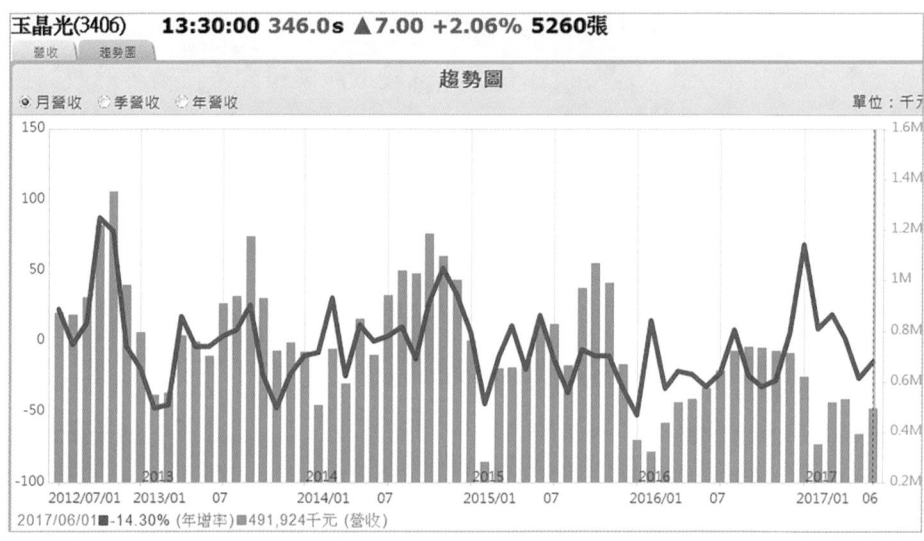

資料來源：XQ操盤高手

● 營收數據不是重點
>> 市場如何解讀才是關鍵

　　事實上，在市場上打滾比較久的老手們應該都理解，月營收的公布不見得一定會影響到股價。因為基於以下幾個原因，你永遠不會知道市場「這一次」對月營收的數據會作何反應：

1. 市場往往提前反應

　　華爾街的諺語：「買在耳語時，賣在確認時。」就是指這個現象。舉例而言，要是市場上的那些研究機構或操盤手們普遍對於玉晶光的6月營收認

為「應該會不錯」，那麼勢必會在利多還沒公布之前就先進場布局，才能夠以較低的價位切入，而不會等待利多消息公布之後，股價已經漲上去了才追。

就以2017年7月31日玉晶光的收盤價346元，跟7月6日漲停板的價位342.5元相較之下差不多而已，也就是說，7月6日大致已經對於利多反應完畢，之後一直到7月底就沒太大行情了。所以一個利多的出現，有時候反而變成利多出盡、不漲反跌；反之，一個利空也可能因為市場都提前反應完畢了，反而利空出盡而開始上漲。

· 圖13-3　玉晶光（3406）2016年10月14日
　　　　　至2017年7月28日的日K線圖

2. 個別公司的好消息可能被大環境的壞消息給抵消

一家公司的股價漲跌，都可以區分為「個別公司因素」以及「市場風險」

（又稱為系統性風險），「個別公司因素」通常簡稱為alpha，而系統性風險通常簡稱為beta risk，而後者就是有被大盤表現不好時給拖累（或者是被大盤拉上去）的風險。也就是說，有時beta risk大過了alpha。

你可能會好奇，若是一檔個股被大盤拉上去，那不是很好嗎？為何還要叫做風險？其實你若站在做空者（或者剛剛賣光持股的人）的角度來看，就絕對會很嘔，因為你覺得股價未來要跌所以才去做空或賣光，結果大盤意料外的大漲把個股的股價拉上去了，由於你不會知道來自大盤的影響到底會上？還是會下？所以也屬於一種風險。

股票做久了，你就會理解，有時候某一家公司有好消息出來，以過去經驗來說股價理應要上漲，不過恰好碰到整個大盤當天大跌，或者該產業類股集體下挫，個股股價因此被拖下去了，並非為真正利空而下跌。

·高手的叮嚀·

現在網路以及即時通訊軟體相當發達，因此不少的產業研究員還有公司內部管理階層，都很容易在月營收尚未正式公布前，就已經讓周遭想知道的人獲得大致八九不離十的數據。但是數據並不是重點，而是市場如何解讀這個數據才是關鍵，你不能過度依賴營收數據來做為買賣依據，否則反而容易因偏執而受傷。

第14道難題

利空要跌不跌、利多要漲不漲，該如何事先判斷？

這個問題和第13道難題〈營收與財報還沒公佈，為什麼那麼多高手早就知道了？〉有關。

倘若你看著新聞訊息來操作股票，通常會在利多公布後才買而買貴了，或在利空出現後賣出而賣在低點。因為個股的投資就像是「打資訊戰」，比的是誰取得資訊的速度快、出手快，當新聞公開報導時，就代表全市場都已經知道了，那時候再動作，往往就是最後一批動作的人。

相反的，有些時候利空出現（或利多發布），股價確實接著出現重挫（或大漲），並非利空不跌（或利多不漲）。由於你無法預知到底一個利空出現之後，股價會呈現出哪一種反應，所以並不會有一個百分之百準確的方法去應對每一次的利空或利多消息，這也使得新手感到非常的惶恐與混淆，不知怎麼做才好。

投資股票像打資訊戰，利多、利空出現前，要觀察股價有沒有提前先反應了。

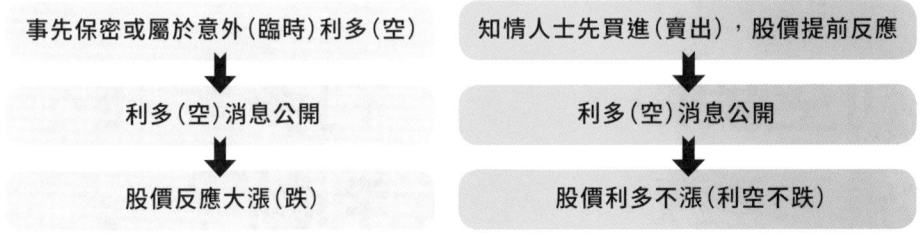

● 觀察利多、利空消息前
>> 股價是否已經出現異常

倘若在利多出現之前，股價已經先漲了一段不小的漲幅，那麼往往就代表這一次的利多消息在公開發布前，已有不少知情人士率先買進，因此股價可能已經提早反應。倘若利多出現前的股價完全沒有任何跡象顯示有重大消息會出現，那就代表這個利多消息保密相當好，完全沒有走漏風聲，或者這是一次非常意外（臨時）出現的利多，這種情形下出現的利多消息，當然股價就會以大漲來反應。

舉例來說，2017年4月5日在清晨7點多，彭博資訊引述日本朝日電視台報導，鴻海（2317）提出逾2兆日圓價碼，競標東芝晶片事業，算是鴻海跨入國際半導體產業的一項重大利多消息。這個消息震驚了國際市場，並在當天一早傳回台灣，引發當日台股開盤後鴻海直接跳空開高上漲5.5%，

終場以17多萬張的大量上漲了7.69%。

從【圖14-1】來看，鴻海股價在2017年4月5日之前已經橫盤整理了1個半月，完全沒有表現，而在4月5日當天利多消息出現，一次帶量大漲反應完畢，之後又接著橫盤整理了將近1個月。因此，這個例子就是利多消息事前被保密到家，而且是非常重大的利多，所以是在消息公布當天一次開高反應完畢，投資人無法從這個利多當中來賺取利潤。

· 圖14-1　鴻海（2317）2016年10月20日
　　　　　至2017年8月3日的日K線圖

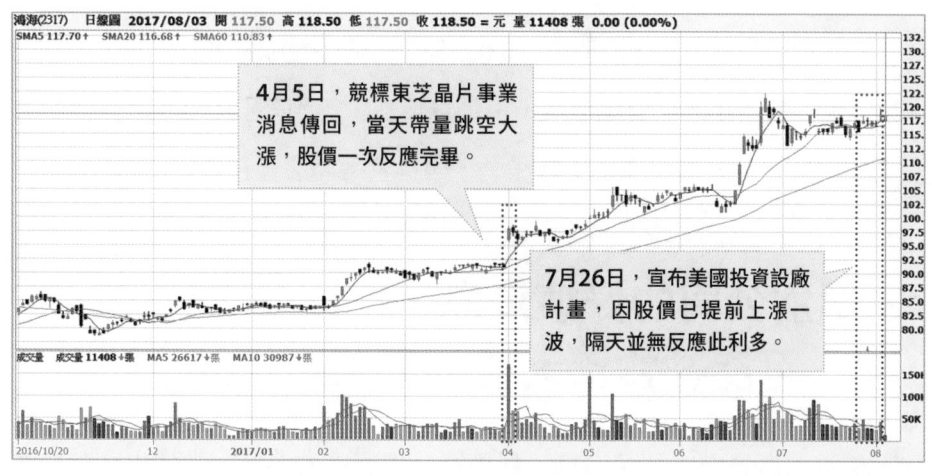

資料來源：XQ操盤高手

另外一種典型的狀況，就是利多不漲。美國白宮在2017年7月26日宣布，台灣的鴻海集團將在美國投資100億美元（約新台幣3千億元），並在威斯康辛州設面板廠生產，白宮資深官員指出，美國總統川普和鴻海集團董事長郭台銘已見面多次，對富士康的投資計畫已討論數月，川普也相當重

視，並在2017年7月26日郭台銘宣布投資計畫後，上台公開發言歡迎鴻海此一投資計畫。

然而，從鴻海2017年7月27日的股價來看，完全沒有什麼反應，為什麼這麼重要的利多，無論從股價或成交量上，完全看不出有影響呢？關鍵就在於這個投資案從6月中旬傳出郭台銘前往白宮與川普會面，股價就先大漲了一波，雖然當時市場還不確定到底郭台銘是要投資什麼、金額多少？但就如同華爾街的諺語所說的：「買在耳語時，賣在確認時。」老手們總是在市場有傳言可能會有利多時，就先買進了，等到事實被確認之後，股價也漲得差不多了，反手獲利了結出場。

因此，自6月中旬鴻海股價從102.5元，短短不到兩個禮拜的時間漲到122.5元，就是在提前反應這個市場消息傳言，等到7月26日正式公開宣布投資案內容時，股價反而就不會漲了，因為老手們已經在獲利了結出場。

● 個別公司的好壞消息
>> 可能被當天大盤的氣氛所抵銷

前述鴻海集團的利多消息，都是屬於國際重大消息，當然也是對於鴻海股價影響很大的事件，然而，多半時候個別公司的利多或利空，只算是小利多或小利空，未必能夠影響股價到很大的程度，在這種情形下，倘若大盤當天恰好有很大的漲跌幅度，那麼個別公司的股價被大盤所牽動的程度，甚至可能大過該公司個別的因素。

同理，有時候台灣有利多消息，按理說台股大盤指數應該要上漲

反應，然而倘若前一天晚上的美股大跌，或者和台股連動性較高的美國NASDAQ指數、費城半導體指數，甚至重量級個股如蘋果的股價大跌，那麼隔天的台股勢必會被拖累。就算台灣本身有利多消息，也難敵國際股市整體大環境的賣壓。畢竟台灣加權股價指數的總市值當中，已經有40%被外資持有，因此當國際市場的動盪，影響到外資的樂觀或悲觀立場時，是一定多少會牽動到台股的。

高手的叮嚀

有關一個利多或利空消息的出現，到底股價會如何來反應？最好的判斷依據還是來自技術面的價、量，也就是先查看看在利多（或利空）消息出現時，股價是否已經有大漲（或大跌）過了，若是的話，那麼很高的機率應該是反應得差不多了，你就不能再因為這個利多（或利空）去追價（或追殺），否則可能成為最後一隻老鼠。

到底該不該去追「盤中快要漲停」的股票？

往往有些盤中快漲停的股票，會吸引到散戶的目光，而猶豫到底該不該追進？因為有時候買了，結果鎖不住漲停、甚至尾盤下殺；就算當天有漲停，隔天卻沒表現，跳進去買反而被套牢。當然，最理想的狀況是當天買進之後，能收盤在漲停價、隔天又再度漲停，這樣等於是短短一天就賺了10%以上，豈不是很讚！

由於早期台股的單一個股漲跌幅限制為7%，因此遇到一個利多消息出現時，有時候漲不只7%，所以第一天漲停，隔天仍有機會再漲停或者至少半根漲停。現在漲跌幅限制放寬到10%以後，要看到連續兩天漲停的機率已經降低了，這也使得以前喜歡追盤中強勢股、拉上漲停、隔天第二根漲停的快感，漸漸難以享受到了。

不須執著漲停股票，以免成為被主力坑殺的對象，而是要找尋能持續上漲的股票。

- 出現在外資或投信買超前**30**名的名單、
  當天又能強勢上攻

- 橫盤整理後出現帶量長紅K線
  突破原本的壓力區

股價續漲
機率高

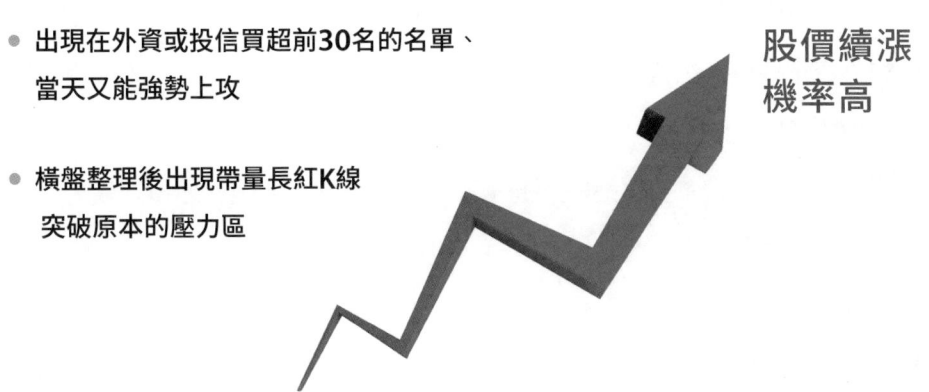

● 從籌碼面觀察
>> 個股是否為近期投信外資的買超標的

　　在台灣上市櫃合計將近1600檔股票當中，每天一定會有不少漲停板的股票，然而隔天要能夠再出現第二根漲停，機率並不是很高，除非是有主力刻意在炒作，否則兩天兩根漲停板等於是20%的漲幅，在一般大型權值股中（例如台灣50指數的成分股）幾乎是看不到的，要中小型股比較有機會。

　　如果是主力刻意炒作的小股票，你要非常小心謹慎，因為如果不是在初期就進場，而是在大漲之後才進場，風險很高，由於你無法得知主力打算在哪裡出場，甚至你會買到的原因，說不定是主力刻意倒貨給你的，所以要操

作這種主力股，就一定要在每天盤後追蹤主力在券商分點的進出狀況，或者出現大量下殺就要馬上出清持股，過去不少散戶都是在這種主力股被坑殺，造成大賠慘況。

比較安全的做法，是觀察它們是否屬於投信或外資的買進標的，因為投信或外資這些機構法人需要遵守很多法規和內規、內控，基本上不會對毫無基本面的妖股亂炒，而多半會是至少有營收和獲利的實質支撐，也由於投信和外資的資金龐大，要買進的話通常不會只買一天，而是會連續好幾天分批買進，因此，不管第一天股價有沒有漲停，至少後續再上漲的機率是高的。

你不需要執著於漲停，而是要買到能夠持續上漲（漲不停的）的股票。如果是前一天出現在外資或投信買超前30名的名單、當天又能夠強勢上攻的個股，基本上不管有沒有漲停，它們在未來幾天內續漲的機率是非常高的。

● 從技術面觀察
>> 個股是否為壓縮整理後的向上突破

如果是經過一段長時間的橫盤整理之後，出現一根帶量的長紅K線去突破原本的壓力區，往往是因為有重大的利多或大舉的資金進入，容易在未來幾天再繼續上漲。

舉例來說，亞光（3019）在2017年1月16日出現大量紅K線向上突破，第二天就出現漲停板、第三天再大漲8.37%。之後，從2月下旬到7月下旬橫盤整理長達5個月之後，在2017年7月25日再度出現大量紅K線向上突破，第二天雖然沒有漲停板，但是後續卻在兩周之內連續大漲超過了50%。

· 圖15-1　亞光（3019）自2016年10月以來的股價走勢

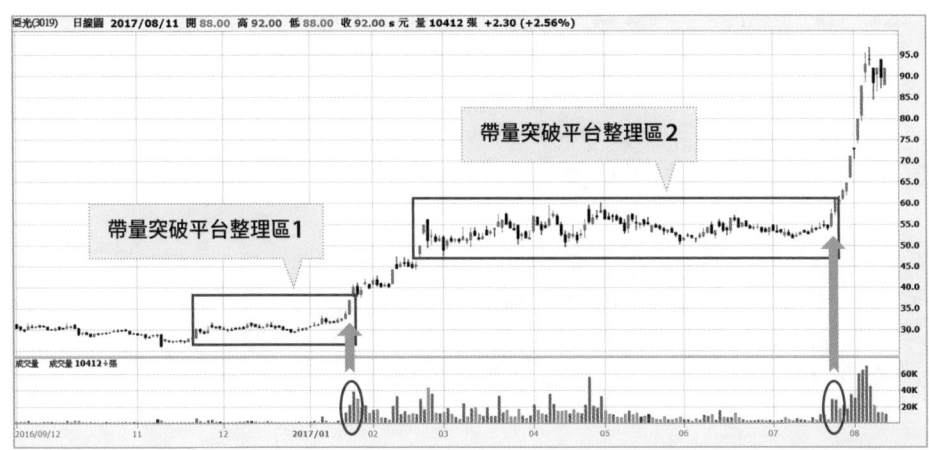

資料來源：XQ操盤高手

　　另外，倘若搭配前述的投信或外資買超，加上技術面的向上突破，那麼往往勝率會更高，股價的波段漲幅也就更可觀。

　　例如從2016年11月11日掛牌交易的康控-KY（4943）至今的走勢圖，可以發現有三次的帶量突破平台整理區，而每一次的向上突破，都是由投信大幅買超所推動的。之後投信連續買超一直到了2017年7月19日，將股價推升到了突破200元大關，之後投信開始獲利了結出場、轉為賣超，股價也就從最高點234元跌下來、一度跌破180元，可見技術面搭配籌碼面一起看，更能夠精準掌握一檔股票該進該出與否。

· 圖15-2　康控-KY(4943)自2016年11月掛牌以來的股價走勢

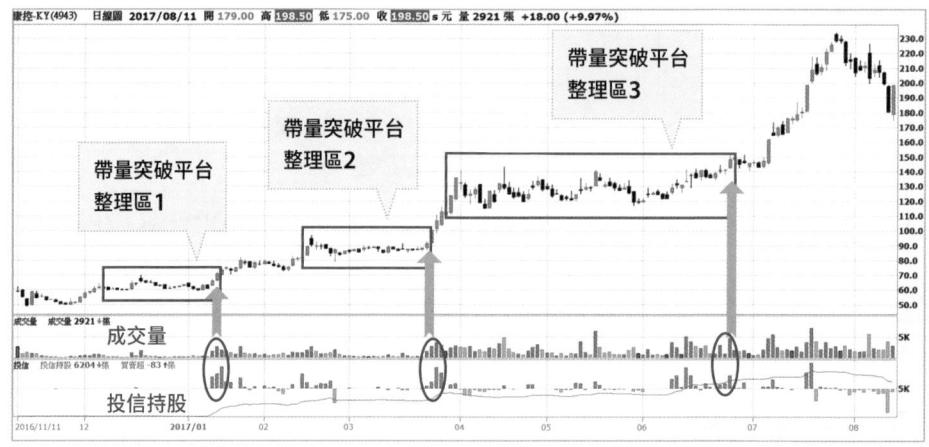

資料來源：XQ操盤高手

高手的叮嚀

個股的單日漲跌幅限制從7%改為10%以後，現在要看到連續兩天漲停的機率已經降低了，這也使得以前喜歡追盤中強勢股、拉上漲停、隔天第二根漲停的快感，漸漸難以享受到了。事實上，你不需要執著於漲停，依據本篇所述的方法，就能大大提高買到能持續上漲(漲不停的)股票的機率。

可以搶進連續跌停多日、突然「爆量反彈」的股票嗎？

會 出現連續大跌或是跌停多日的股票，通常都是發生了重大利空事件所致，但似乎每年都能看到這樣的故事發生。連續無量跌停鎖死的景象，每次發生時都令人怵目驚心。

導致股價量縮、連續跌停的原因，主要是因為市場恐慌而買方無人敢出價買進，賣方也因為恐慌急於賣出股票，而不計價位地拋售。通常這樣的現象必須等到股價跌得很深，或是市場主力覺得跌過頭了、願意進場買進，才有辦法終止連續跌停的恐慌現象。

連續跌停的股票，若有一天突然爆量打開跌停，是否代表可以安全買進了呢？其實不盡然，有時候只是市場主力覺得短線跌得太深，進場搶短線反彈的行情，而許多散戶往往誤以為是一個千載難逢的抄底機會，殊不知在短線反彈後還有更深的谷底在等你。因此，就算是爆量打開跌停的股票，也不見得就能買進，特別是無法時時盯盤的上班族，更不適合買進。倘若你真的要嘗試操作此類型股票，可以參考本篇所提的幾個重要技巧。

買進跌停多日的股票是高風險的投機行為，要確實把握以下原則，以避免受傷。

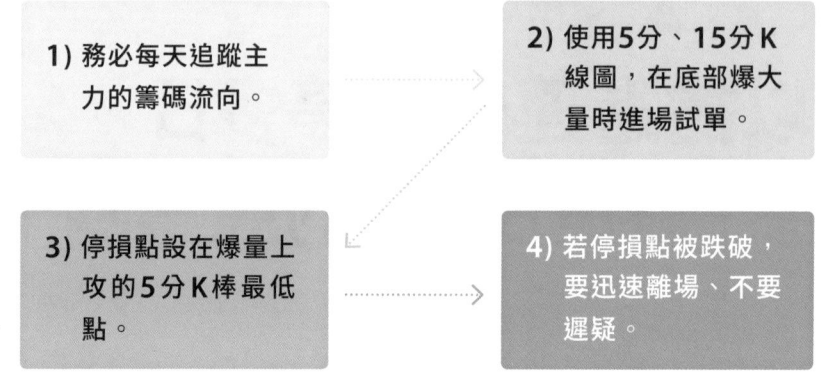

1) 務必每天追蹤主力的籌碼流向。

2) 使用5分、15分K線圖，在底部爆大量時進場試單。

3) 停損點設在爆量上攻的5分K棒最低點。

4) 若停損點被跌破，要迅速離場、不要遲疑。

● 先以「短線反彈」視之
>> 每日追蹤籌碼流向、且戰且走

　　遇到連續跌停鎖死的股票，之後有一天爆量打開跌停時，我們可先假設有主力進場搶短線行情，先以「短線跌深反彈」視之。當天盤後要進一步檢視籌碼狀況，了解買進的主力是哪一間，每天追蹤該主力之後的籌碼流向，並且就該股票的股價觀察後續追價的買盤力道強不強。既然是以反彈視之則切莫貪心，以免搶反彈不成反住套房，而被這類型股票套牢，通常就要長期抗戰，甚至股價會一去不復返。

　　【圖16-1】由基亞（3176）在2014年4月30日至2015年6月30日期間的走勢圖，可以看見在2014年7月至8月期間，股價連續19根跳空跌停鎖死的

慘狀，終於在8月22日開低後爆量上攻，開啟了跌深反彈。

　　但從圖中也能清楚看見，這只會是個跌深反彈而已，關鍵在於當股價還在400元以上高檔區時，「控盤者」(定義為每日券商分公司單一價格買進，或賣出成交值大於100萬元的交易)是連續站在賣方的(也就是指大單都是敲出的，而買進的一方都是散單)，而連續19根跳空跌停板打開之後，股價雖有反彈，但是控盤者仍是利用反彈繼續大賣，根本沒有夠大的主力想要再回頭做多這一檔。時至今日(本書截稿時的2017年9月)來看，基亞自2014年的高點股價接近500元大關，跌至目前不到50元，實在是相當震撼。

　　對於操作這種主力色彩濃厚的小型飆股來說，「XQ操盤高手」內建的「控盤者買賣盤」或「主力持股」功能，還有網路上可以查詢到「券商單一分點進出統計」的網站，都是你每天必要去追蹤的。

　　　・圖16-1　基亞(3176)在2014年4月30日
　　　　　　　　至2015年6月30日期間的走勢圖

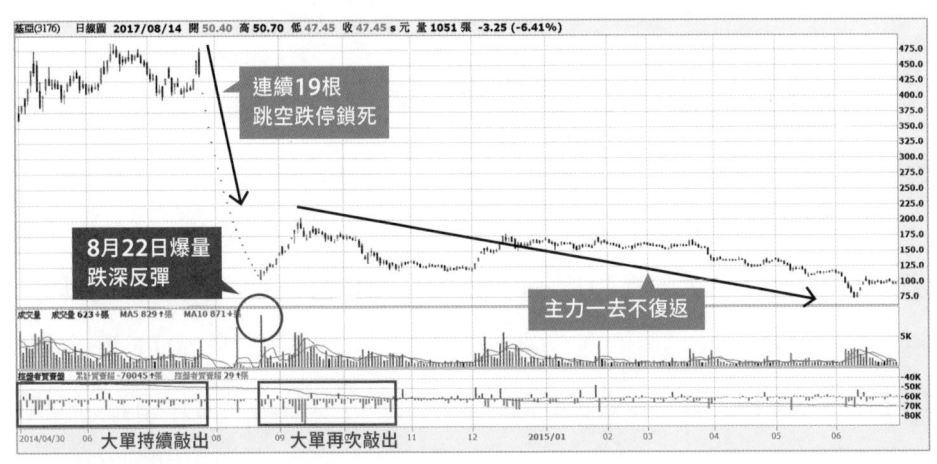

資料來源：XQ操盤高手

● 若跌破「爆量K棒」的最低點
>> 要迅速出場、控制風險

　　有許多投資人會問，在從事這類高風險投機搶短時，該如何搶進並控制風險？

　　遇到這種股價走勢呈現爆量反轉的股票時，可以把日K線圖調成「5分K線圖」或「15分K線圖」，正常情況下都會看到底部有5分K線或15分K線爆大量上攻的情況，而搶進的點，就可在看見上述情形發生當下進場試單，停損點就設在該根爆量上攻的5分K棒最低點，如果被跌破，則可能宣告遇到更強大的賣壓導致主力搶短失敗，後續則可能再延續跌勢而股價破底，此處須切記停損手腳要快，因為通常遇到具有關鍵大量的K棒被跌破時，往往會引爆另一波的下殺。

　　2017年上半年的經典案例，就是遊戲類股的大宇資（6111），股價從5月初的130元飆漲到6月上旬突破260元，漲幅超過100%，然而之後卻因為主力出場而股價大跌、跌破80元。

　　由【圖16-2】可以看到6月底時，股價已經連續大跌近1個月，而在6月29、30日出現連續兩天無量跌停的狀態；7月3日早上9點開盤時出現相對的大量，代表有人想要逢低承接。

　　【圖16-3】由大宇資2017年6月27日至7月11日期間的15分鐘K線圖，可以看到從6月29日開始的K線圖，已經不是一般我們常見的紅K線或黑K線，而是水平線，這代表它已經屬於證交所的「處置股」，而且每隔15分鐘才會撮合一次，也因此，每隔15分鐘才會看到一個價格，是不連續的。

股價由2017年5月初的130元飆漲至6月突破260元，漲幅超過100%。

6月29、30日，無量跌停兩天，7月3日出量，代表有人試圖進場承接。

資料來源：XQ操盤高手

・圖16-3　大宇資(6111)在2017年6月27日
　　　　　至7月11日期間的15分鐘K線圖

2017年7月3日開盤15分鐘內，爆出477張大量，卻在10:30後跌破開盤大量價位，此時就應該迅速停損出場。

資料來源：XQ操盤高手

2017年7月3日週一早上9:00，大宇資開盤15分鐘內爆出477張大量，開盤價115元，9:15至9:30又出現172張追價買單，把股價拉高到119.5元。這個現象表示有人試圖在這個價位逢低承接「撿便宜」，然而當天10:30之後，股價卻跌破開盤大量價位115元，使得這些搶短的人也都出現虧損了，這清楚交代賣壓還是很大，光憑這些買單不足以扭轉空頭趨勢，此時，最佳選擇是迅速停損出場。

事後來看，2017年7月3日早盤的119.5元，在之後的1個多月（至本書截稿的9月15日）都沒有再出現過了，原本以為可以「撿便宜」的價位，對照此時（9月15日）股價不到80元來說，反而當初被套在高點。

高手的叮嚀

「搶進連續跌停的股票」本身是一種非常高風險的投機行為，而從事投機要比中長線投資難上許多，無論在風險大小或是心理層面所需承受的壓力上，更是考驗操作者的反應與紀律，若是想要嘗試這類狀況的投機者，永遠都要謹記風險控管的重要，千萬不要因為一時的貪心而造成自身大幅度的虧損，否則就得不償失了。

第17道難題

為什麼我買的「強勢股」不強勢，還經常被套在高點？

買進強勢股卻經常被套牢在高點的原因主要有兩種：第一種是看見強勢股每天上漲、不斷創新高，最後終於忍不住跳進去買進時，卻未察覺已經來到漲勢的末端；第二種是看見一檔強勢股的強漲表現後，規劃等待它回檔時再買進，但現實卻是它一路上漲、創新高，等到真的回檔下來，你買到了，但行情卻也可能結束了。

上述兩種情況，在茫茫股海中每天都在上演著。導致操作強勢股失敗、被套牢，最根本的原因就在於心法的誤用，舉凡操作強勢股，就該使用強勢股的操作手法。

強勢股顧名思義，即為股價（技術面）強勢表態的個股，但弔詭的是，散戶想買的雖然是強勢股，卻期待股價出現「不強勢」的表現（心想等拉回再買），往往等到股價展開波段回檔時才開始買進，這看似很安全的買進時機，然而投資人該思考的是：股價若真的有明顯的拉回了，請問它是否還會被稱為「強勢股」呢？

強勢股要依技術面操作，捨棄中長期投資的心態及技巧：

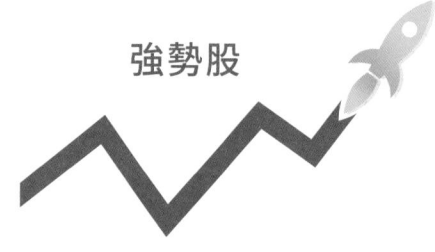

強勢股

- 沿著「5/10日均線」操作。
- 跌破5/10日線後會陷入盤整或回檔修正。
- 盤整期過後，帶量突破的第一天先把部位買滿或至少買一半，不能等回落到月線或季線才逢低買進。

● 賺到最甜美的那一段
>> 緊抓5日均線的上漲慣性

　　一檔強勢股無論在上漲或者是轉弱的過程中，在技術面上均有一定慣性。正常來說，強勢股常常沿著5日均線上漲一段時間，而後橫盤整理一段時間(或者快速地回測到10日均線)，緊接著再次發動攻勢向上創高、繼續沿著5日均線上漲，像這樣的循環常常出現在強勢股的走勢中。

　　但一般散戶總喜歡等待股價回檔至月線、甚至季線位置才「逢低承接」，而現實的狀況是，等股價回落後就已變得不再強勢，在期待股價有較大幅度回檔的同時，其實已錯過強勢股「強勢上漲」過程當中最甜美的一段走勢。

　　【圖17-1】為業成光電GIS-KY(6456)在2017年1月至2017年8月16日走勢圖，該公司隸屬於鴻海集團，為2017年相當出名的強勢股。由圖中顯示每當股價發動攻勢時，股價都是沿著5日均線上漲、收盤都不會收在5

日均線之下。倘若收盤跌落5日均線之下，往往就會陷入一段時間的橫盤整理、甚至回檔修正，直到再次出現帶量紅K線展開下一波的攻勢，再度沿著5日均線上漲，如此一而再地反覆進行。

因此，經過一段盤整時期後、再次出現帶量紅K棒往上突破的第一天，你就必須直接把想買的部位買到滿（謹慎一點的作法可以先買一半，隔天再漲就必須買滿）；當股價接近收盤時已經跌破5日均線，就可以在當天收盤前最後5分鐘直接出場（謹慎一點的作法可以先賣出一半，隔天再跌就必須全數出場）。

· 圖17-1　業成光電GIS-KY（6456）在2017年1月
　　　　　　 至2017年8月16日走勢圖與5日均線

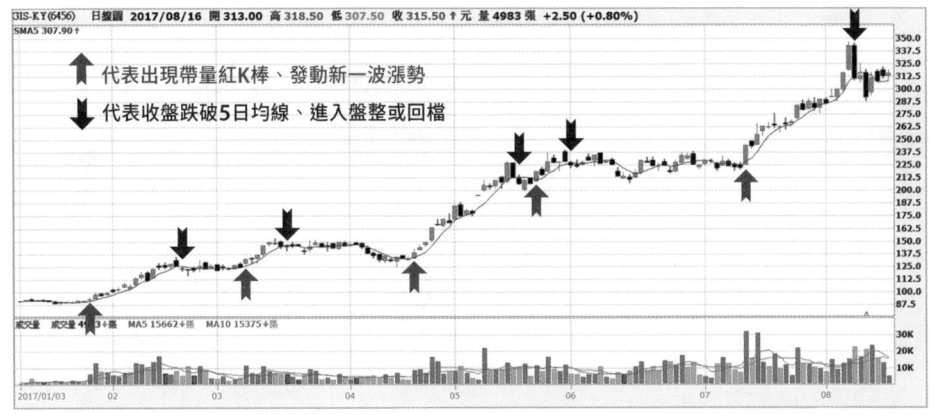

資料來源：XQ操盤高手

● 最佳買賣點的訊號

>> 在股價向上突破、主力持股大增時

【圖17-2】由業成光電GIS-KY（6456）在2017年1月至2017年8月16日期間的日K線走勢圖以及主力持股（此為「XQ操盤高手」內建的免費功能），可以明顯看出這段期間出現過好幾次的橫向整理區間，而每一次以長紅K棒向上突破時，若主力持股也是大幅買超，往往會發動一波明顯的漲幅。至於賣出的時機點，通常是在大漲之後出現長黑K棒，且主力持股大幅減少時，雖然在這個例子當中，賣出訊號出現之後並沒有出現連續地大幅回檔，但至少都陷入了一段為期不短的橫盤整理。

· 圖17-2　業成光電GIS-KY（6456）在2017年1月
　　　　　至2017年8月16日走勢圖與主力買賣超

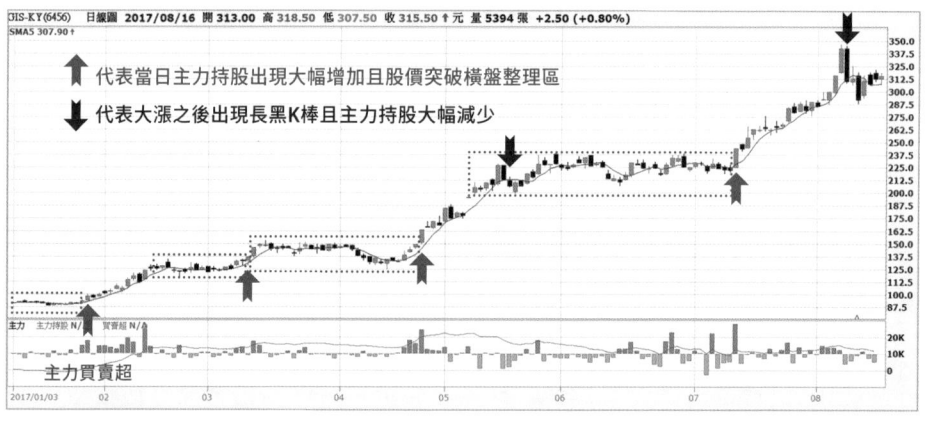

資料來源：XQ操盤高手

 **高手的叮嚀**

　　做什麼就得像什麼，如果要做投資就要使用投資的心法，若想要投機則該使用投機的心法。所謂的「強勢股」，就表示是在股價（技術面）上不斷創高的股票，此時必須按照技術面來進行操作，倘若操作時卻抱持著一般的中長線「投資」心態及技巧，在實盤交易中將會突顯出綁手綁腳的狀況，往往目送著股價大漲1倍、2倍漲幅，卻抱怨說一直沒有拉回的機會可以介入，殊不知心態的錯用將導致縱使強勢股有著可觀的漲幅，卻終究無法嘗到甜美的果實。

第 **18** 道難題

3、6、9、12月都會有 「集團／投信作帳行情」嗎？

每年的3、6、9、12月，台股盤面會環繞在集團法人的作帳行情，第一季的作帳搭上農曆年紅包行情、半年作帳搭上股東會旺季、年底的作帳則是集團法人美化財報的最後衝刺，也是一年作帳的重頭大戲。常見的作帳行情分為以下兩大類：

• 集團作帳行情：集團公司透過拉高股價，提高企業價值、美化財務報表、增加金融授信借貸額度，拉高股價的過程，也造成市場資金追捧，所營造出來的行情稱為集團作帳行情。

• 投信作帳、結帳行情：投信公司基金經理人有績效評比的壓力，精選個股拚操作績效，買進個股後，引來市場追逐的買盤，伺機推升股價的過程，稱為投信作帳行情。投信也會因為持股過高調節出脫股票實現獲利，稱為結帳行情。

3、6、9、12月投信法人、集團都有作帳的動機,因此衍生出作帳行情:

集團作帳

- 美化財報、拉高股價
- 通常為旗下公司個股輪流發動
- 年底是較多集團公司作帳時機

投信作帳

- 拼「每季績效」或「年度績效」的評比
- 買進盤面主流股、大型人氣股及股本 100億元以下的中小型股

● 集團作帳 >> 年底是較多集團作帳時機

集團係由主要的母公司與多家有股權關係的公司所形成的「關係企業」,這些公司通常在產業當中具有上、中、下游垂直整合,或者水平整合,或者委外策略性整合等關係,或者少數是純粹以財務投資為主,屬於「多角化經營」來分散單一產業風險。通常在集團之內相互支援運作,有利於集團版圖擴增,提高市占率,讓整體的營運發展更為順暢、財務運作也更為方便。在台股當中的集團公司眾多,最為熟知的如鴻海集團、台塑集團等。每個集團運作模式不同,也跟產業景氣循環的淡旺季有關,集團作帳拉高股價的方式通常為旗下公司個股輪流發動,觀察傳統產業較多在年底(第四季)展開作帳行情,電子業就不會侷限在年底,3、6、9、12月都

可見到不同的集團個股股價輪流表現，其中鴻海集團個股更是每一季都可見到作帳的蹤影。整體而言，年底（第四季）會是較多集團公司作帳時機，也較受市場注目，為了當年度的財務報表數字較為好看，所做的最後的衝刺，也稱為「年底集團作帳行情」。

· 圖18-1 輕原油期貨價格自2015年12月24日
至2017年7月31日的走勢

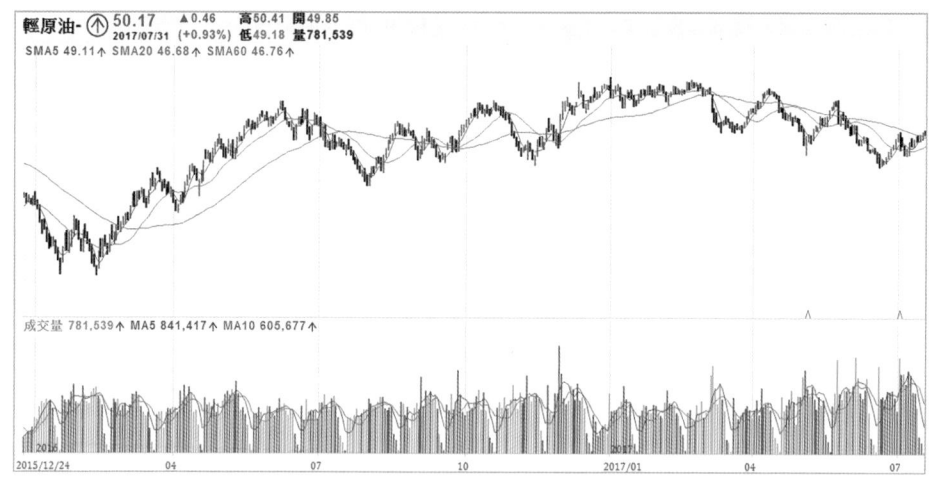

資料來源：XQ操盤高手

集團個股是否都有作帳表現，與集團母公司與各子公司大股東的企圖心成正比。若適逢集團產業旺季也能借力使力，例如2016年台塑集團受惠於油價上漲，帶動相關個股的股價，集團個股順勢做出一波大漲行情。

以2016年台塑集團在年底（第四季）的作帳行情為例，台塑集團主要包含：台塑（1301）、南亞（1303）、台化（1326）、台勝科（3532）、南科（2408）、台塑化（6505）、南電（8046）、福懋（1434）、福懋科（8131）

等。這些公司的股價在2016年第四季期間都出現了一波大漲行情，而且漲幅皆大過大盤指數的表現甚多，如下表所示。

個股	第四季低點價位	年底收盤價	波段漲幅
加權指數	11月14日8879點	9253點	+4%
台塑（1301）	10月03日77.5元	89.2元	+15%
南亞（1303）	10月03日61.5元	71.2元	+15%
台化（1326）	10月03日83.6元	96.3元	+15%
台塑化（6505）	10月03日93.6元	112元	+19%
南亞科（2408）	11月09日38.4元	48.3元	+25%
台勝科（3532）	11月09日34.55元	65元	+88%
福懋科（8131）	11月09日21.85元	23.55元	+7%
南電（8046）	11月11日22.4元	24.65元	+10%
福懋（1434）	11月14日27.75元	29.5元	+6%

資料來源：XQ操盤高手

· 圖18-2 台股大盤指數自2016年3月30日
　　　　至2017年8月25日的股價走勢

資料來源：XQ操盤高手

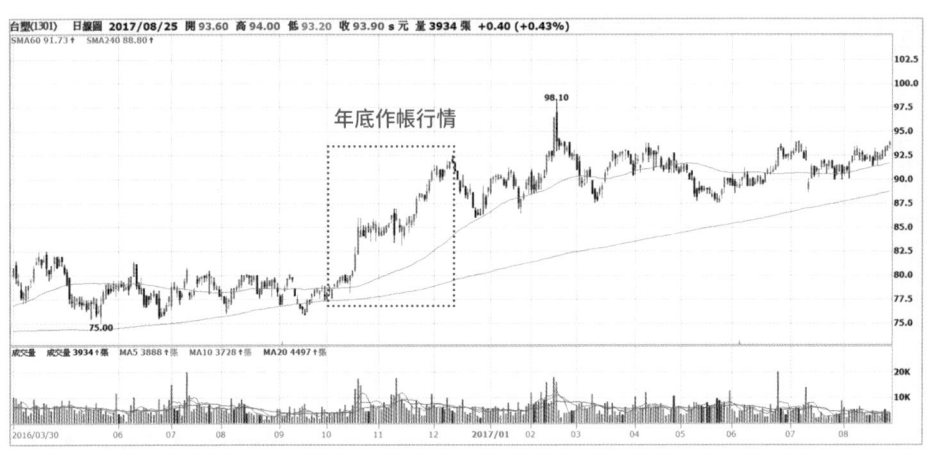

· 圖18-3 台塑（1301）自2016年3月30日
至2017年8月25日的股價走勢

資料來源：XQ操盤高手

2016年台塑集團在第四季出現的集團作帳行情，發動方式約分兩個階段：第一批個股在10月初發動、第二批個股在11月中上旬發動。

● 投信作帳 >> 每季拼績效的作帳時機

證券投資信託公司是結合眾多投資人的資金，組成「證券投資信託基金（俗稱共同基金）」，委由基金經理人進行證券商品投資買賣，投資所得利益由投資人共享。投信主要收入為基金管理費及申購手續費，倘若基金管理績效良好，信譽口碑受到市場肯定，那麼管理基金的規模自然隨之擴大，收入因此增加。基金規模會隨著績效的好壞、行情的漲跌及投資人對基金的申購或贖回產生變動，若規模萎縮就會影響投信公司生存的空間。

根據中華民國投信投顧公會統計，截至2017年8月底止，國內共有39家投信，台股基金含台股相關ETF共有171檔。投資人選擇基金的方式，多半依照基金績效排名選擇，投信公司為了提高基金規模，對基金經理人做出績效評比與獎懲，評比的方式大約分成三種：第一種以「年度績效」為主；第二種以「基金規模」大小、成長幅度作為衡量；第三種以「每季績效」來檢視。多數投信公司採取第一種方式，而部分投信則是採取第一種方式再加上第二種或第三種，進行雙重評比。

　　任何一種獎懲方式只要績效表現好、獎金自然高，也有晉升的機會，若績效表現不好，會面臨被淘汰的命運。若是以「每季績效」或「年度績效」的評比，自然會衍生出3、6、9、12月的投信作帳動機。

　　投信基金經理人透過研究員拜訪公司，寫出研究報告，基金經理人從中精選股票。法規規定，股票型基金持股至少要有7成，也就是不管行情好與不好都要有基本持股，並創造出相對績效，至少要戰勝大盤，更需與同業之間績效競爭排名，有時間上的壓力，因此，要在績效上勝出就必須在選股配置上持有一部份能夠打敗大盤的個股。

　　這些個股大約分成兩種：第一種是盤面的主流股、大型人氣股；第二種是股本100億元以下的中小型股，因籌碼較輕、股性活潑，多頭行情下資金容易追逐而造成連續大漲表現。倘若投信買進個股後，引來市場追逐「跟單」的買盤，陸續推升股價的過程，稱為「投信作帳行情」；投信也會因為持股過高而賣出股票實現獲利，稱為「結帳行情」。

　　以麗清（3346）為例，在2017年第一季末有投信作帳行情的跡象。該公司於2016年12月19日掛牌上市，股本為6.8億元，屬於小型股。

投信持股變動	2017年1月3日：投信持股403張，投信持股比率0.59% 2017年3月31日：投信持股5329張，投信持股比7.84%
股價變動	2017年1月3日股價60元至3月31日股價127元， 波段漲幅為111%
加權指數變動	2017年1月3日9272點至3月31日9811點， 指數波段漲幅僅有5.8%
小結	當投信連續買進，容易推升股價上漲；當投信連續賣出，股價 易跌難漲。麗清為2017年第一季投信作帳個股，績效不只戰勝 大盤，更是創造了短短一季之內翻倍的獲利。

· 圖18-4 麗清（3346）自2017年1月3日
至2017年8月25日的股價走勢

資料來源：XQ操盤高手

·高手的叮嚀·

　　集團作帳或投信作帳個股非百分百一定上漲，仍要考量國際環境局勢與大盤多空趨勢。倘若大盤為多頭趨勢時，容易因搶搭作帳行情的順風車，看到立即的績效；反觀覆巢之下無完卵的空頭趨勢時，未必就有作帳行情。投信連續買超的個股，若股價上漲，代表投信容易成為此檔股票的造勢者，可作為選股標的參考；投信連續賣出超過3天則股價易跌難漲，做多要避開投信連續賣出的個股。

▪ 中華民國投信投顧公會網站每個月會公布各家投信基金報酬率及每季持股明細供投資人查詢：http://www.sitca.org.tw/ROC/Industry/IN2307.aspx?pid=IN2232_02。路徑：首頁（www.sitca.org.tw）統計資料→境內基金各項資料→明細資料→基金週轉率／基金報酬率

▪ 每月基金績效排名可查詢Funddj網站：https://www.moneydj.com/funddj/ya/yp401002.djhtm?a=ET001004&b=901

當金融股成為漲勢主流時，為什麼代表多頭即將結束？

有經歷過一次完整多空循環的股市老手們，普遍都會同意，如果盤面上的主流輪到金融類股大漲時，通常是多頭行情接近尾聲的徵兆之一。為什麼會有這種現象呢？只要你了解金融類股的主要獲利來源，包括：銀行類股的存放款利差、手續費收入，以及保險股及證券類股的投資收益，你自然就會對這個現象了然於心。

至於是不是看到金融類股大漲，就一定是股市多頭即將結束、要步入空頭了呢？若從上述的幾個金融類股的主要獲利來源做分析，也就不難判斷答案了。

但是你必須了解，金融保險類股當中，還要區分出銀行股（以銀行為主體的金控公司，例如第一金、兆豐金）、保險股（以保險公司為主體的金控公司，例如國泰金、富邦金）、證券或票券類股（以證券或票券為主體的金控公司，例如元大金、國票金），先弄清楚各個標的的本質是什麼，才能接著做以下的進一步判斷。

弄懂股市、景氣、通膨的三角關係，就能了解為什麼金融股大漲是多頭尾聲的徵兆。

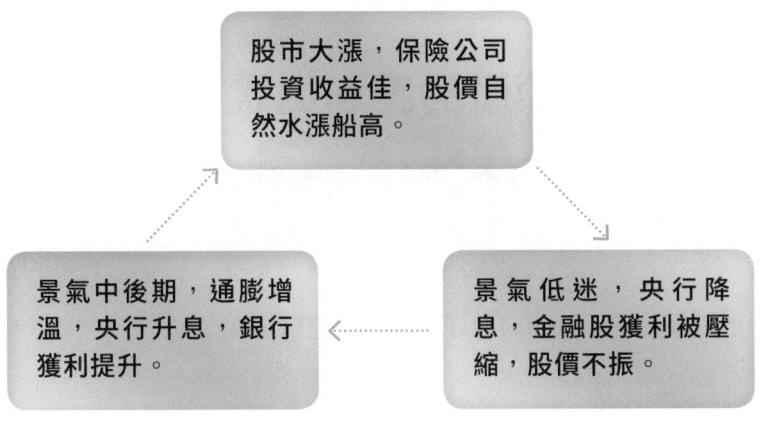

● 銀行類股的獲利循環
>> 就是「利率高低」的循環

　　通常在景氣不好的時候，央行會降息，各家銀行也會調降存款及放款利率。由於景氣不好，銀行業的存放款利差很小，也就是其獲利會被壓縮到很微薄，那麼銀行股的股價當然也就不會太強。

　　相反的，隨著景氣逐步升溫，當通貨膨脹已經蠢蠢欲動的時候，央行會開始升息來壓抑通膨，此時各家銀行的存款及放款利率也都會調高，而銀行業的存放款利差擴大，將有助於獲利提升。由於股市是「領先」基本面（景氣），而通膨是「落後」於景氣（到了景氣中後段通膨才會增溫、央行也才會升

息），因此股市往往已經大漲了好一段之後，到了景氣後段，才會輪到金融類股的表現。在景氣循環初期，通常還是一些景氣循環類股，例如電子類股的表現居多。

● 證券、保險類股的獲利循環
>> 就是「股市榮枯」的循環

證券業的獲利好壞，受到台股成交量的高度影響，這是最直接的，不需要多說，但是保險業跟股市表現好壞又有什麼關係呢？

由於保險業所銷售的保單，早期都是以固定利率的保單為主，也就是在保單賣出的當下，已經和保戶約定好了一個「保證利率」或「保障金額」，而將來保險公司給付給保戶的資金，就是在保單售出當下成為了保險公司的負債或者說是責任（Liability）。

保險公司必須把保戶所繳交的保險金，盡可能的去投資、發揮效益，當然最簡單的做法，就是直接去買進長天期公債，讓資產和負債相互對稱、相互抵消風險，來鎖住保險公司應得的利潤。

不過由於2008年金融海嘯之後，全球央行頻頻降息，使得低風險的政府公債殖利率變得非常低，在歐洲和日本，有許多公債甚至都變成了負利率，保險公司根本不可能去買這些收益率比對保戶約定利率更低的債券，不然保險公司就會賠錢賠定了、甚至大虧。

在這些能夠鎖定利率的債券收益率太低的狀況下，保險公司一定需要把保險資金投資在其他能夠產生更高收益的地方，例如台股、全球股市、不動

產等等，因此，當全球景氣好轉，台股和全球股市大漲，保險公司的獲利也會跟著水漲船高（因為投資收益超過約定好要給保戶的水準之上，就是保險公司自己多賺的）。也因為如此，2016年台股、全球股市大漲，台灣的國泰金（2882）、富邦金（2881）的獲利也就跟著大幅成長，兩家金控公司的股價雙雙從35元左右大漲到50元，漲幅都超過了40％！

　　不過根據國內的法規，保險業投資海外的比重上限為40％，若幾乎都用到滿檔，一旦新臺幣大幅升值的話，這些海外投資倘若沒有做好匯率避險，就會產生匯兌損失（簡稱匯損）。

　　保險業的海外投資多半是以美元計價，包括美國債券、美國股票是其大宗，因此，2017年上半年新臺幣兌美元狂升超過6％，保險業的海外投資獲利幾乎被匯損給吃掉了大半以上，這也使得2017年以來雖然有些銀行股漲幅不小，但是反觀國泰金、富邦金，股價就沒有表現。

· 圖19-1　國泰金（2882）自2016年1月以來的股價走勢

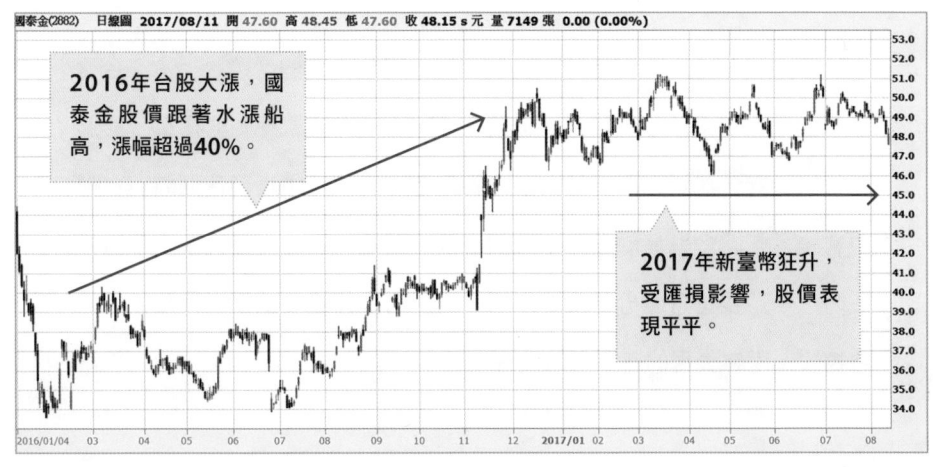

資料來源：XQ操盤高手

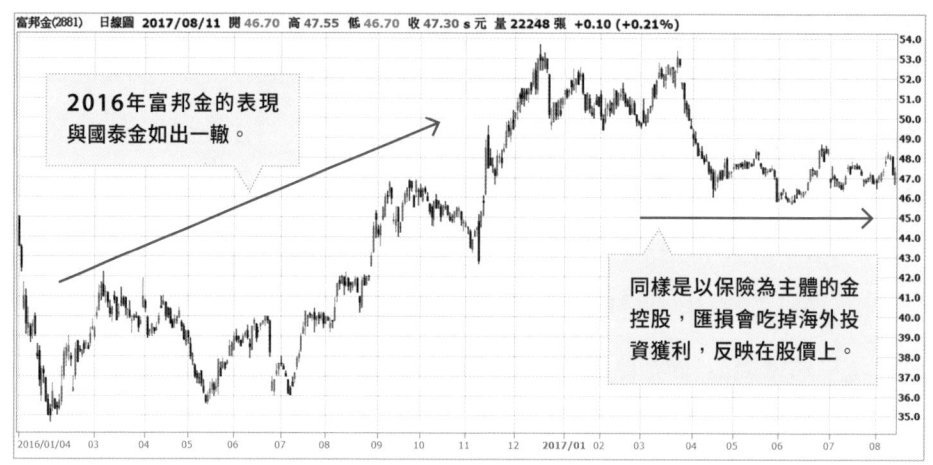

2016年富邦金的表現
與國泰金如出一轍。

同樣是以保險為主體的金
控股,匯損會吃掉海外投
資獲利,反映在股價上。

資料來源:XQ操盤高手

高手的叮嚀

　　由於國泰金、富邦金這兩大以保險公司為主體的金控股,占了台灣
上市金融保險類股指數中最大的權重(兩檔合計超過28%的權重,最新
數據請參閱台灣證交所網站)。當這兩家金控股的股價表現疲弱時,自然
也會拖累整體金融保險類股指數的表現,因此,當你在投資金融保險類
股時,一定要留意區分它們是以銀行為主的金控股,還是以保險為主的
金控股,兩者表現的差異有時候會很巨大。

Chapter.3

關於「籌碼分析」的難題

第20道難題

大家常說「主力在控盤」，所謂的「主力」是誰呢？

主力通常是指一檔股票背後，有一個或多個足以影響短期股價的人或機構，使得這一檔股票的價格走勢讓投資人覺得彷彿背後有人在刻意操縱。這個現象通常會出現在股本相對較小或成交量相對小的中小型股，往往有主力在操作的時候，會出現初期刻意壓低股價進貨，過程中甩轎洗掉散戶籌碼而再度吃貨，最後利用利多消息拉高股價出貨、賣給進場追價的散戶。

不只是個股，大盤指數也可能存在主力，會讓投資人覺得「太誇張了！這個位階怎麼還有辦法這樣一直漲上去？」或者覺得「為什麼這個點位都跌不破？」、「為什麼漲到這裡，就會一直被刻意打壓下來？」……

到底市場背後的主力是誰？他們的意圖是什麼？如果要用最簡單的一句話來歸納，我會說：不管主力是誰，他（或他們）的目的只是為了獲利，若你覺得自己被主力坑殺了，那都是來自於散戶的貪婪與恐懼所造成。經驗豐富的老手們，未必會被主力所害，反而可以搭上主力的順風車享受獲利。

透過以下辨別方法，可以對於主力的意圖與藏身處更有概念：

操控個股的主力
- 通常是三大法人與股市大戶
- 多著墨於小股本股票
- 可透過券商分點買賣超追蹤

影響大盤的主力
- 通常是外資、券商、政府基金
- 在特殊情況中才會出現，例如外資參與績優權值股除息；黑天鵝事件發生時，政府基金進場護盤

● 主力在這裡
>> 追蹤籌碼分析、券商分點買賣超

　　如何洞悉一檔股票是否有主力介入呢？最直接、實用的判斷方式就是進行籌碼分析。廣為一般散戶運用的是每天追蹤三大法人（外資、投信、自營商）的買賣超資訊，不過那是代表「整體」法人的買賣超張數，老手或高手們會深入去追蹤「券商分點的買賣超」，及更進一步整理及分析以透過籌碼流向來掌握主力的資金動態，藉以輔助自己的交易決策。

　　畢竟基本面分析是個在時間上落後的指標，而技術面分析存在著「騙線」的風險，只有籌碼分析往往才是這些有主力著墨的中小型股最真實的分析判斷依據。目前坊間已經有許多軟體及網站可以查詢個股當天的主力券商分點買賣超，只要用Google搜尋「主力券商分點買賣超」就可以找到數個實

用的查詢網站，在臺灣證交所網站也可以查詢到基本資訊。

主力最喜歡著墨於小股本的公司，因其股價較容易控制及拉抬。許多投資人會追蹤三大法人買賣超前幾名的個股，此做法並非不正確，但是過於籠統，若能分析其買賣超「金額」占個股「股本」的比例，將會顯得更具有意義。

舉例說明：買超1000萬的台積電（2330）跟買超1000萬的業成光電（6456），兩者的意義是否相同？台積電股本超過2500億元，而業成光電股本卻只有33億元左右，雖然買超的金額相同，但占其股本的比重卻是天差地遠，因此，同樣的買超金額所造成的股價推升能力也會差異很大。這也是為什麼主力喜歡進出股本小的公司，正因為這樣才容易取得股價的主控權。

除了追蹤籌碼流向之外，進行個股分析時也應同時注意籌碼的集中度。當籌碼集中度高且集中於一些特定人士的手中時，這樣的股票就容易上漲；而籌碼分散凌亂時，往往不容易上漲。正所謂「十個散戶十條心，而十個主力一條心」，這句市場名言最能深刻解釋「籌碼集中度」對於股價表現的重要性。

舉一個主力操作個股的例子來觀察籌碼對於股價的影響。【圖20-1】為大宇資（6111）在康和證券永和分公司（簡稱康和永和）的分點買賣超圖。從這張圖示中發現，康和永和從2016年7月開始有慢慢吃貨的現象，到了2017年5月初，大宇資發佈第一季營收大幅成長6成以及進軍大陸市場的利多消息，於5月4日當天股價正式發動，在1個月內，股價一口氣狂飆了超過1倍，但隨即在6月遭到獲利了結賣壓的快速倒貨，從此股價一瀉千里。由這個2017年知名的案例可以清楚瞭解到，主力對於小股本的股票具有相當巨大的影響力。

· 圖20-1　康和-永和分點，大宇資（6111）買賣超圖

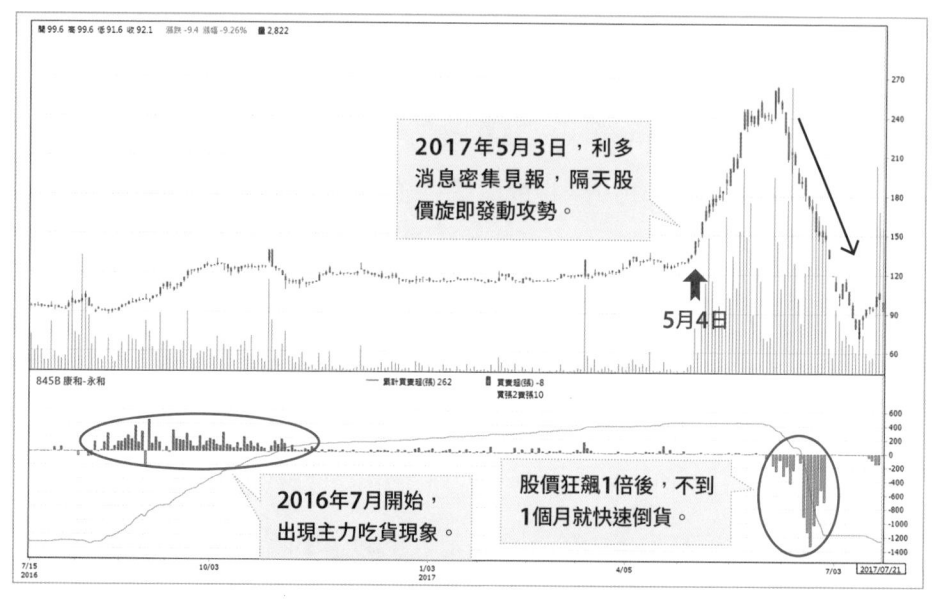

2017年5月3日，利多消息密集見報，隔天股價旋即發動攻勢。

5月4日

845B 康和-永和

2016年7月開始，出現主力吃貨現象。

股價狂飆1倍後，不到1個月就快速倒貨。

資料來源：CMONEY理財寶籌碼K線

● 影響大盤的主力
>> 通常是外資、券商、政府基金

　　相對於中小型個股容易被市場主力操控股價，大盤指數顯然就很難被單一人士所控制，只有在某些特殊時間點與特殊狀況下，某些資金部位較大的交易者才可能會對「大盤的方向」具有較大的影響力，但若說要控制指數，其實是做不到的。

　　以台股2017年的走勢為例，雖然在突破萬點大關之前整理了很久，後來突破萬點，市場上許多投資人都臆測萬點無法站得穩、站得久，於是紛紛

降低持股，甚至放空期指或買進台股的反向ETF，偏偏大盤指數站上萬點後並沒有快速回落，反而是以進三步、退兩步的方式，持續創下新高。這其中的關鍵就在於外資的持續買超，從新臺幣在2017年上半年大幅度升值超過6%，驗證了外資把錢持續匯入台灣、加碼台股。

尤其，美國科技股在2017年上半年的表現非常強勁，漲幅將近20%，而和美國科技股高度連動的台灣電子股，當然也同樣會受到外資青睞。特別是晶圓代工龍頭廠台積電（2330），還有蘋果iPhone 8的概念股鴻海（2317）、大立光（3008），這三家公司占台股大盤指數的總市值超過了25%，也就是說，外資只要連續大買這三檔股票，就將同時拉升大盤指數。

從【圖20-2】顯示，外資從2016年12月下旬開始，持續買超台股，到2017年6月26日當天大買171.44億元，加權指數來到10513點，而外資總持股也攀升至歷史新高。

其中原因在於美國總統川普（Donald Trump）2017年1月上任後，欲維持美元的弱勢，也因此使得國際資金流向新興市場，以及其他非美元的國家尋找投資機會，而台股的平均股息殖利率高達4%，同時對外資抱持開放的態度，成了吸引外資匯入資金買超台股的關鍵因素。

台積電除息日正是6月26日，其外資持股比重已經逼近80%，顯見晶圓代工龍頭台積電為國際資金最愛的持股標的之一，它在今年所配發的7元現金股利也相當吸引外資目光。

因此在台積電除息之前，外資不斷地買進，造成對大盤指數的推升力道，而持有台積電股票的散戶比例相當少，造成大多數散戶對於大盤萬點創高無感。

· 圖20-2　台股大盤指數自2016年10月以來
　　　　　 的走勢與外資買賣超

資料來源：XQ操盤高手

· 為什麼大盤在整數時容易卡關？學問藏在選擇權市場中

有時候指數在整數關卡的價位上，往往容易遇到反壓或者支撐，為什麼呢？通常是因為台灣選擇權市場的交易量相當龐大，而其中最大的「莊家」（也就是選擇權賣方）通常是本土券商的期貨自營部，例如他們在2017年3、4月期間大量賣出10000點整數關卡價位的買權（Call Option），若在選擇權結算日當天指數沒有超過10000點，那麼他們賣出買權所收到的權利金就會全數安全入袋了。

因此，在每個月的選擇權結算日之前，若能動用一些資金部位，把指數盡量壓抑在他們大量賣出的價位之內，就可以有大獲利。故買權的最大未平倉量，往往是指數的壓力所在（莊家不想見到該價位被突破，若價位被突破

稱為倒莊）；同理，賣權的最大未平倉量，往往會是指數的支撐所在。

‧當黑天鵝出現，政府基金就是穩盤主力

如果遇到像是2004年總統大選的兩顆子彈槍擊事件，以及2008年金融海嘯，整體股市遇到信心脆弱的龐大賣壓，導致系統性風險產生，不管好股票、爛股票通通被拋售的時候，政府基金就會出面穩定盤勢，通常會透過「國安基金」直接在市場上買進大型權值股穩盤，並且通知有接政府基金代操的投信公司要積極增加持股。

因此，在這種特殊情勢下，政府就會扮演台股大盤的主力，等到市場信心回穩之後，才會逐步地退場。然而在承平時期，政府基金是不會影響或干預大盤的，你也幾乎感覺不到他們的存在。

 **高手的叮嚀**

在飆股出現時，可以透過追蹤主力籌碼、搭主力的順風車，輕鬆跟單獲利，但別忘了，水能載舟亦能覆舟，主力在倒貨時通常是毫不留情的，可能連續跌停板，讓你根本沒有機會可以下車。因此搭順風車務必適可而止，懂得停利，當股價第一天重挫時，追蹤籌碼發現主力所在的券商分點有賣超現象，隔天宜將手上部位全數出場，因為等到你能夠完全確認主力要出場時，往往已經來不及了。

跟著「外資／投信」買賣超的
名單操作，勝算較高嗎？

數學家牛頓（Isaac Newton）曾說：「如果說我看得比別人遠，那是因為我站在巨人的肩膀上。」在台股，站在大戶的肩膀上，跟著大戶進出，確實比較有機會成為贏家。

根據台灣證交所最新的統計數據（2017年8月底），在台股的籌碼結構當中，外資及本土法人合計持有的占比已超過5成，倘若把一檔股票的籌碼結構，區分為「大戶」與「散戶」，那麼兩方對決的結果，通常大戶是贏的一方，而大戶又主要可為公司派大股東、三大法人、業內、中實戶……等，其中，外資及投信正是在籌碼結構當中扮演大戶的角色。

跟著外資或投信買賣超的個股名單來操作，確實會比散戶獨自在茫茫股海中選股勝算來得較高。勝算高不代表獲利就一定會高，當選股範圍縮小後，仍要搭配較佳的進出場點，才能提高獲利，達到進入股市實現財富成長的真正目的。

追蹤三大法人買賣超排名與進階的「投本比」、「外本比」排名，都能挖掘出具潛力的個股。

大盤為多頭時，參考投信及外資連續買超前幾名的個股→做多

大盤為空頭時，參考投信及外資連續賣超前幾名的個股→做空

● 從買賣超名單淘金

>> 先觀察累積買超前三名的個股

　　外資的類型分為好幾種，包括：外資主動型基金、外資被動型基金、外資避險基金，有擅長股票操作的，或是精通期權摩台指數操作的，還有專攻匯率的，且又區分為美系、歐系、日系、港系⋯⋯等種種外資，依其交易週期習慣，可再細分為做長線的、做波段的、做短線的，更有真的外資與假的外資（台灣的老闆或大戶繞道國外註冊投資公司，再將資金匯回國內投資，俗稱為假外資）。光是外資跟投信的類型及各自不同的選股模式與思維就差別迥異，或許他們的選股勝算比散戶高，但面對如此眾多的標的該怎麼挑？怎麼跟？對散戶來說也是一個艱難的挑戰。

　　筆者建議大家可以把範圍縮小，先鎖定觀察證交所在每個交易日下午5點所公布的「三大法人買賣超個股」，此外，在Facebook的「葉芳的贏家世界」（不公開社團）中，每日亦會整理分享「投本比」、「外本比」的個股排名，這

是「三大法人買賣超」進階版的運用，資料來源取自免費網站「Goodinfo!台灣股市資訊網」，透過投信或外資買賣超占股本比重的排行榜，能夠在短時間內就掌握到個股發動漲跌的時機點，相關的說明及應用，可參考本書的第5道難題〈如何選出能持續上漲的「飆股」或「成長股」？〉。

　　以下我們舉兩個例子，觀察在「Goodinfo!台灣股市資訊網」上所查詢到自2017年1月至本文截稿時（2017年9月11日），有哪些股票最受外資與投信青睞？以及外資與投信買超前三名的個股累積漲幅與同一時期大盤指數的累積漲幅相比，就能看出跟著「外資／投信」買賣超的名單操作，報酬率容易打敗大盤！

• 台股大盤指數vs.外資買賣超張數前3名的個股漲幅比較

1. 統計時間：2017年1月至2017年9月11日

2. 台股大盤指數在這段期間內，由9253點漲至10572點，累積漲幅為14.25%

3. 同一期間，外資買超張數排行的前3名個股是：

>> 第一名：聯電（2303）

　　股價從11.4元漲至16.05元，累積漲幅40.79%

>> 第二名：旺宏（2337）

　　股價從4.6元漲至48.3元，累積漲幅416.53%

　　（已扣除減資50.806479%對股價之影響）

>> 第三名：彩晶（6116）

　　股價從7.86元漲至13元，累積漲幅65.39%

· 圖21-1　透過「Goodinfo!台灣股市資訊網」
查詢外資累積買超個股張數

目前顯示項目：	熱門排行－外資買超張數 (今年) (共計1025筆)													
資料顯示依據：	法人累計買賣超統計-外資　▼			張數統計　▼				(自訂欄位)		外資買超的前三名依序是：聯電、旺宏、彩晶			
排名範圍選擇：	1~300　▼													
報表匯出功能：	匯出XLS　匯出CSV　匯出HTML													

排名	代號	名稱	成交	漲跌價	漲跌幅	法人買賣日期	當日買賣超張數	2日買賣超張數	3日買賣超張數	5日買賣超張數	10日買賣超張數	一個月買賣超張數	三個月買賣超張數	半年買賣超張數	今年買賣超張數
1	2303	聯電	16.05	-0.2	-1.23%	09/11	-682	+12,310	+19,451	+36,634	+113,972	+232,905	+1,161,682	+1,259,443	+1,136,582
2	2337	旺宏	48.3	+0.75	+1.58%	09/11	+3,252	+5,461	+2,877	+5,782	+40,047	+49,159	+239,548	+594,772	+930,190
3	6116	彩晶	13	-0.1	-0.76%	09/11	-21,166	-6,597	-514	+47,421	+91,928	+361,055	+691,096	+756,011	+749,343
4	2891	中信金	19.4	-0.05	-0.26%	09/11	-2,149	+8,158	+1,175	+1,380	-3,769	+14,771	+163,525	+541,277	+742,218
5	2885	元大金	13.2	+0.05	+0.38%	09/11	+2,350	+7,048	+5,629	+4,600	+9,930	+23,105	+140,423	+555,623	+530,662
6	2317	鴻海	116	-1	-0.85%	09/11	-4,267	-5,416	-11,912	-12,609	-20,350	-80,038	-156,450	+182,093	+529,764
7	2888	新光金	9.51	+0.16	+1.71%	09/11	+3,662	+1,766	-1,039	+17,329	+113,968	+62,375	+86,859	+338,410	+520,163
8	2371	大同	14	+0.3	+2.19%	09/11	-384	+752	+895	+11,070	+17,911	+29,480	+46,041	+244	+430,308
9	2603	長榮	21.6	-0.6	-2.7%	09/11	+8,463	+9,474	+20,136	+32,285	+68,723	+172,494	+232,375	+285,049	+385,092
10	2633	台灣高鐵	25.45	-0.2	-0.78%	09/11	+2,349	+5,779	+6,179	+7,359	+21,407	+60,060	+124,653	+253,068	+316,851
11	2344	華邦電	24.4	+0.2	+0.83%	09/11	+5,463	+16,093	+13,857	+7,122	+73,831	+109,069	+196,282	+321,419	+296,411
12	5880	合庫金	15.8	-0.05	-0.32%	09/11	-26	+3,428	+2,100	+3,249	+3,685	+10,901	+74,041	+170,180	+237,485
13	2313	華通	33.7	+0.2	+0.6%	09/11	+1,087	+6,248	+5,189	+2,818	-4,260	-18,533	+11,061	+122,228	+236,980
14	2002	中鋼	25.3	+0.1	+0.4%	09/11	+2,119	+3,391	+3,050	+1,925	+1,897	-1,860	+47,173	+108,818	+221,876
15	1314	中石化	14.3	-0.05	-0.35%	09/11	+3,981	+2,336	-3,614	-392	+39,391	+42,695	+116,714	+127,313	+198,474

資料來源：Goodinfo!台灣股市資訊網，（2017年9月11日之查詢結果）

· 台股大盤指數vs.投信買賣超張數前3名的個股漲幅比較

1. 統計時間：2017年1月至2017年9月11日

2. 台股大盤指數在這段期間內，由9253點漲至10572點，累積漲幅為14.25%

3. 同一期間，投信買超張數排行的前3名個股是：

>> 第一名：旺宏(2337)

股價從4.6元漲至48.3元，累積漲幅416.53%

（已扣除減資50.806479%對股價之影響）

>> 第二名：華航（2610）

股價從9.3元漲至13.3元，累積漲幅43.01%

>> 第三名：榮成（1909）

股價從16.35元漲至48.8元，累積漲幅198.47%

・圖21-2　透過「Goodinfo!台灣股市資訊網」查詢投信累積買超個股張數

目前顯示項目：熱門排行 – 投信買超張數 (今年) (共計1251筆)
資料顯示依據：法人累計買賣超統計-投信　▼　張數統計　▼　(自訂...
排名範圍選擇：1~300　▼
報表匯出功能：匯出XLS　匯出CSV　匯出HTML

> 投信買超的前三名依序是：旺宏、華航、榮成

排名	代號	名稱	成交	漲跌價	漲跌幅	法人買賣超日期	當日買賣超張數	2日買賣超張數	3日買賣超張數	5日買賣超張數	10日買賣超張數	一個月買賣超張數	三個月買賣超張數	半年買賣超張數	今年買賣超張數
1	2337	旺宏	48.3	+0.75	+1.58%	09/11	+2,089	+2,332	+2,407	+2,662	-3,032	-2,843	-43,255	+108,481	+136,341
2	2610	華航	13.3	+0.35	+2.7%	09/11	+880	+1,986	+3,586	+3,318	+22,682	+70,242	+69,482	+70,162	+70,151
3	1909	榮成	48.8	+2.4	+5.17%	09/11	+777	+1,234	+2,094	+2,808	+3,093	+10,177	+37,320	+41,582	+64,832
4	2603	長榮	21.6	-0.6	-2.7%	09/11	-1,060	-1,618	-1,618	-2,880	-4,083	+20,607	+24,141	+18,346	+53,604
5	2313	華通	33.7	+0.2	+0.6%	09/11	+969	+2,590	+2,050	+1,897	+1,688	+10,606	+18,225	+19,460	+52,457
6	2891	中信金	19.4	-0.05	-0.26%	09/11	0	-164	-1,741	-2,986	-3,572	-1,088	-3,459	+4,905	+31,719
7	2344	華邦電	24.4	+0.2	+0.83%	09/11		-58	-1,437	-1,984	-3,548	+6,662	-52,502	+13,082	+28,187
8	2883	開發金	9.64	+0.06	+0.63%	09/11		+52	+192	+189	+161	+2,361	+25,597	+27,145	+25,676
9	2317	鴻海	116	-1	-0.85%	09/11	-229	-317	-807	-1,470	-2,015	-1,521	+689	+10,856	+22,999
10	5483	中美晶	64.4	+5.8	+9.9%	09/11	+2,414	+2,707	+2,707	+2,732	-76	-7,563	+2,750	+7,028	+22,619
11	1312	國喬	26.9	+0.15	+0.56%	09/11		-75	-1	+2,024	+2,888	+5,670	+22,919	+8,567	+17,106
12	2609	陽明	15.6	-0.35	-2.19%	09/11		-1		-651	+559	+8,153	+14,176	+11,838	+15,212
13	2327	國巨	219	-11.5	-4.99%	09/11	+9	+231	+314	+834	+2,193	+2,304	+1,117	+5,504	+13,704
14	8150	南茂	27.75	-0.45	-1.6%	09/11	0	+74	+274	+274	+274	+108	+9,970	+13,772	+13,699
15	3041	揚智	21.5	-0.5	-2.27%	09/11	-50	-210	-1,365	-1,742	+599	+9,996	+13,220	+13,217	+11,127

資料來源：Goodinfo!台灣股市資訊網，（2017年9月11日之查詢結果）

 **高手的叮嚀**

大盤為多頭行情時，做多參考投信及外資買超前幾名的勝算高；大盤為空頭行情時，做空參考投信及外資賣超前幾名的勝算高。本文雖為計算8個多月期間的表現，但若將時間縮短，投信或外資買超的前幾名個股，就會因為統計期間不同而改變，但通常以此原則選出的個股，搭配好的進出場點位，勝算及報酬率普遍都會戰勝大盤不少。

- 查詢台灣境內基金統計資料→http://www.sitca.org.tw/ROC/Industry/IN2001.aspx?PGMID=IN0201（截至2017年8月底止，台灣共有39家投信，所發行的台灣股票型基金共144檔）

- 查詢台灣境內基金持股明細→http://www.sitca.org.tw/ROC/Industry/IN2002.aspx?PGMID=IN0202（每月10號前，投信投顧公會網站上會公布上個月各基金的持股明細供投資人參考）

- 查詢外資／投信累積買超個股張數→http://goodinfo.tw/StockInfo/index.asp（透過「Goodinfo!台灣股市資訊網」可隨時關注外資與投信近期的買賣動向）

法人大量持有的個股安全嗎？
要如何避免「被倒貨」？

要判斷一檔股票的股價比較容易上漲還是下跌，「籌碼集中度」絕對是相當重要的考量要素，若是較多的籌碼集中在外資、投信、主力大戶手中，則該股票之股價後市較容易上漲；若是較多的籌碼集中在散戶手中，則該股票之股價易跌難漲。

一般散戶最常參考的籌碼指標即為外資、投信買超的個股，其優勢在於：法人看好一家公司的發展而買進該公司股票時，並不會只看好其股價1、2天的上漲，而會是期待一段趨勢性的上漲，而且投信基金受主管機關及內規的層層嚴格規範，不太能夠短線進出，所以買進之後的籌碼會是相對穩定的，而反映在股價本身，正常情況來說也會是相對容易上漲的。

然而人非聖賢，就算是外資、投信這種專業投資機構的法人，也會有犯錯的時候，且法人的操作相對於散戶來說是非常有紀律的，倘若被投資的公司其營運發展不如法人原本預期時，倒貨拋售股票也將會毫不留情。萬事萬物皆為一體兩面，在搭乘外資、投信法人籌碼順風車的同時，也要

知道在什麼情況下法人可能會倒貨，如此才能明哲保身。

觀察整體投信對一檔個股的持股比率，可及早動作，避免成為被倒貨的對象。

投信持股率	股價影響力
持股5%以下	僅少數投信關注，影響力小。
持股5%至15%	多家基金競逐，籌碼安定、股價易漲難跌。
持股15%至20%	多數基金已持有這檔股票，要提高警覺。
⚠ 持股超過20%以上	小心！該買的都買了， 一旦個股基本面轉差，投信就會競相拋售。

● 高手看門道
>> 是財報還是財爆？是法說會還是法會？

　　台灣的上市櫃公司會公布的財報有月報、季報、半年報、年報，法人在買進一檔股票時肯定在事前已經做足功課，對該公司未來的營運發展做出了預估，常見的指標數據為營收、毛利率、營益率、EPS，一旦財報公布的數據不如預期時，則可能湧現法人失望性的賣壓。

　　而法說會(通常每季一次)則為公司專為大型投資機構法人舉辦的說明會，目的通常在於說明最新出爐的財報，以及報告該公司未來營運的方向，倘若公司未來展望不如法人自身預估的期待時，也很可能出現法人倒貨的現象。

【圖22-1】為雙鴻（3324）2016年10月以來至2017年8月14日期間的日線走勢圖，2017年5月9日雙鴻公布第一季季報時，由於營收、毛利率、EPS均不如法人預期，當天股價跳空開低走低，最後收跌8.88%，其後的兩個星期中更因為法人不斷賣超，股價由8字頭一路摔到6字頭才止跌。更值得注意的是在財報公布的前一天（2017年5月8日），它的成交量異常放大，且股價開高走低，最後收在當日最低的位置，看來是有人已經先知道其財報不如預期，而提早一天做賣出動作了。

・ 圖22-1　雙鴻（3324）在2016年10月
　　　　　至2017年8月14日期間的走勢圖

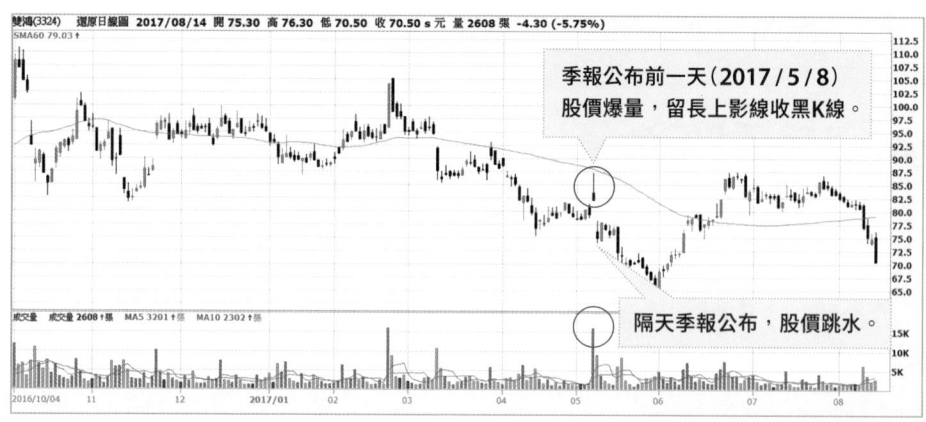

資料來源：XQ操盤高手

● 季底拼績效
>> 3、6、9、12月，搭作帳行情順風車

　　無論是外資或是投信都存在著績效壓力，「績效」是非常現實的數據，例如你想要投資中國基金，而A公司的基金績效長期下來顯著比B公司的基金績效要好許多，身為聰明投資人的你自然而然會選擇績效比較好的A公司。另一個層面為基金經理人本身的績效競賽，與全市場同類型的基金績效相比，若績效越好，則基金經理人可以領到的績效獎金越豐厚。

　　因為市場上存在著上述不成文的績效競賽，所以往往每季季底都容易出現作帳行情以衝刺績效，因此投資人可以留意3、6、9、12月底的行情，尤其是12月底還有年度績效的衝刺競賽。但筆者要在此提醒，並非只要法人作帳，股價都會上漲，要記住績效是相對於同類型基金的比較，而非絕對數字，有時打壓其他競爭者的重點持股也是一個選擇，這也是基金經理人之間彼此公開的祕密（誰在踩誰都知道，只是心照不宣）。

　　舉例來說，金居(8358)是一家基本面不錯的公司，營收、獲利也都相對的穩定成長，像這樣的公司一向較容易獲得投信基金經理人的青睞。【圖22-2】由金居2016年10月以來的日線走勢圖可以看出有好幾次的投信密集買超期間，都落在12月、3月、6月，也就是投信最積極作帳的月份。因此，我們可以合理推測，在長期持有這一檔股票的期間，遇到季底投信要拚績效的時候，適時的拉它一把、多買個幾張，對於帳上的績效紀錄來看是很有幫助的。

· 圖22-2 金居（8358）在2016年10月
至2017年8月14日期間的走勢圖

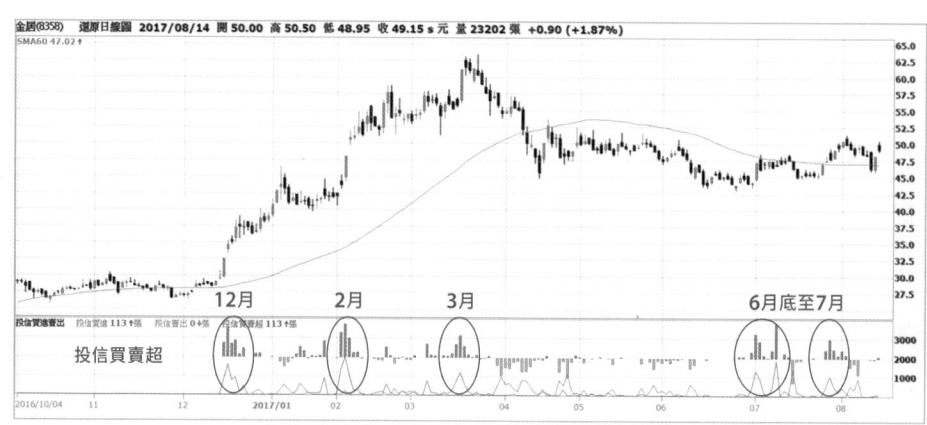

資料來源：XQ操盤高手

　　另外，你要留意整體投信對一檔個股的持股比率，尤其對於中小型股來說，倘若投信持股比率還在5%以下，應該是僅有少數的投信有所著墨，通常在這個階段，投信對股價的影響力還不會很大；但若持股比率超過5%以上，而且是持續買進的話，通常這檔個股就容易成為投信的認養標的。

　　根據筆者的經驗，大概在投信持股率突破5%而拉高到15%的這段期間，是股價最會漲的時期，因為一定是不只少數幾家投信看好，而是多家基金經理人都競相追逐的標的，此時籌碼非常安定、股價易漲難跌；而當投信持股率超過15%以上時，就代表不少基金都已經持有這檔股票了；至於投信持股率超過20%以上的話，你要小心，如果該買的基金經理人都已經買了，就會進入一個恐怖平衡，當該公司基本面轉差之後，投信基金就會競相拋售、先賣先贏，很容易形成被追殺的對象。

高手的叮嚀

　　追蹤法人籌碼及資金流向，確實是一個找尋優質標的的好方法，但是在樂觀之餘也別忘了審慎觀察。在財報公布及法說會舉辦時，股價的波動可能較大，如果財報數字或是公司未來展望不如預期時，必須小心法人倒貨的風險。在享受搭法人籌碼順風車的同時，最好能了解法人操作的習性，才不會北上列車已經轉為南下列車還渾然不覺。

第23道難題

如何判斷一檔個股，有主力在偷偷進／出貨？

股市是主力大戶與散戶征戰的市場，若能洞悉及掌握主力大戶的思維及手法，便能在股市奠定不敗的基礎。所謂「知己知彼，百戰不殆；不知彼而知己，一勝一負；不知彼不知己，每戰必殆」。

很多人都想掌握主力何時進貨？又何時會把貨倒給散戶？隨著資訊的蓬勃發展，越想知道，越以為知道或學習到的答案，往往又是主力大戶設下的另一個陷阱，誘拐你買進或賣出，尤其是小型股。

所以，你要掌握的不只是一種手法，而是多種主力可能會運用或進化的手法，至少需要檢視過三大面向(基本面、技術面、籌碼面)才妥當。

最重要的，要確保你的心是平靜的、你的操作態度是平常心的、你的資金部位是有效控制的，只要「貪婪、恐懼」的散戶心理不被利用，你越容易透過本書教你的技巧與心法，去洞悉主力大戶的手法，蛻變成為散戶當中少數的贏家。

主力在進出貨時，技術面通常會出現以下的走勢：

主力進貨時

持續量縮、利空不跌、一底比一底高、紅K多於黑K，型態類似碗型底、W底、頭肩底。

主力出貨時

大量不漲且跌破大量低點、利多不漲、黑K多於紅K、高點不過高且愈來愈低，型態類似尖頭反轉、M頭、頭肩頂。

● 主力與大型股
>> 以關鍵大量＋長紅／黑K判斷

主力大戶具有領先掌握公司資訊的優勢，也擁有影響股價漲跌的能力，每一檔股票都會有不同的持有大戶，是故最有力量直接影響股價漲跌及主導後市的投資者，就是這檔股票的主力，也可稱之為造市者。

若以股本來區分，大型股較不容易見到主力的手法及痕跡，小型股才是主力的最愛，手法也較易能洞悉及察覺。

大型股通常是指股本100億元以上的公司（若股本在1000億元以上，則稱為超大型股）；中型股的股本約在20至100億元；小型股的股本則在20億元以下。大型股及超大型股，通常並非單一大戶就能撼動股價，也不是任何

單一法人機構能夠長時間影響股價的，即使較大的外資機構，其影響所及也只局限於很短的時間。

　　通常大型股與超大型股多為各產業的龍頭，也是國際知名的企業，公司經營者的誠信普遍受到市場肯定，具有基本面的支撐，而它們所屬產業的未來前景也大幅影響了這些產業龍頭股的股價趨勢。

　　由於股價的走勢多半會與公司的長期發展「是否持續具有成長性」高度相關，所以通常會是由整體市場上的法人和大戶們所形成的共識造就了股價的趨勢，趨勢一旦形成也就不是一天兩天能夠被翻轉改變。因此，判斷這些公司股價走勢的方法也會較為單純，只要基本面沒有重大改變，簡單從技術面就能約略判斷股價的後市。

　　舉例來說，2015年8月期間，國際股市出現暴跌，牽動台股也大跌至7203點，雖然台股最大的權值股、也是全球晶圓代工產業龍頭台積電（2330）因池魚之殃跌至112.5元，然而在短短不到兩年之間，漲到了218.5元（2017年6月23日），外資持股水位約從75%攀升到80%。

　　另一個例子是鴻海（2317），2016年5月9日鴻海股價72.5元，之後漲至122.5元（2017年8月8日），外資持股水位約從49%攀升到53%。幾乎每一次的股價向上突破都出現成交量明顯擴增的長紅K線，這些大量就稱為「關鍵大量」，而對應的大量長紅K線就稱為「關鍵紅K線」。每一次的股價回檔都沒有跌破前一次的關鍵紅K線，因此形成一波一波逐步墊高的多頭走勢，其中每一次的關鍵大量幾乎都可以看到來自外資買超的痕跡。

· 圖23-1　鴻海(2317)自2015年5月3日
　　　　　至2017年9月11日的股價走勢與外資持股

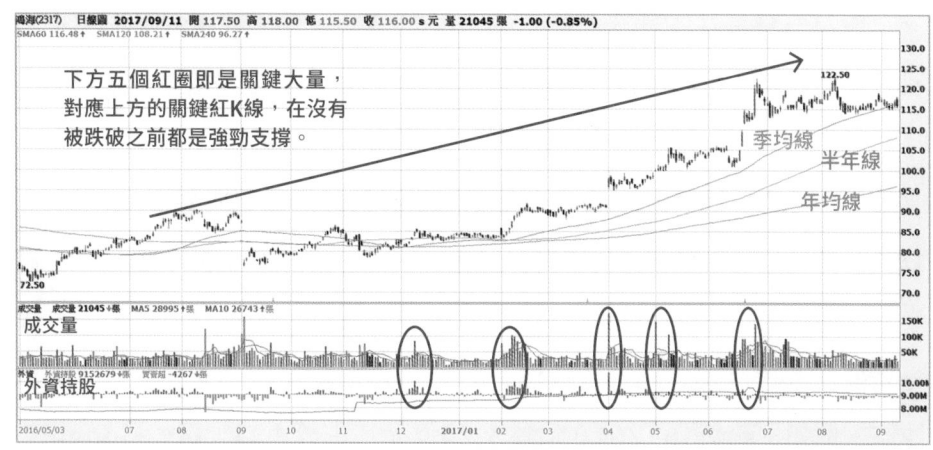

　　從上述兩個例子足以顯見：好公司即使遇到倒楣事，股價雖當時受到委屈，但終將反映基本面而回升，只要產業前景和公司的基本面沒有改變前，外資持股就會一直居高不下，股價壓回時會被外資再持續買進，推升股價到該有的水準。因此，針對大型股或超大型股，最大的主力就是外資，要判斷這些股價的多空趨勢，就以外資的買賣超搭配技術面的多空作為判斷依據即可。

● 主力與中小型股
>> 以籌碼＋技術面型態判斷

　　至於股本100億元以下的中型股，以及股本20億元以下的小型股，往往

較容易見到主力的手法及痕跡，主因在於這些公司的股本較小、籌碼較少，也就較易被少數人所影響甚至掌控。而主力偏愛的選股，有以下幾種特色：

1. 具有轉機性：過去不好，未來有機會好，或已經在轉好中，這類型的股票想像空間較大，受主力偏愛。多頭行情時，容易造夢；末段噴出時，利多不斷，股價漲幅通常相當驚人。例如：玉晶光（3406），股本9.98億元，股價自2016年11月份低點47.3元起漲至462元（2017年8月24日），短短不到1年，股價漲幅超過8倍。

2. 具有題材性：市場正在流行的題材、話題，媒體容易聚焦，也最容易吸引散戶目光，具有這種性質的股票，主力容易去美化包裝、加以炒作。例如：統新（6426），股本3.23億元，由於雲端大廠如Google、Facebook於2016年Q4開始，部分資料中心開始升級至100GB系統，100GB所使用之LANWDM濾光片成為主流，此類濾光片全球供應商不多，統新即為其中之一，市場供應不及，產能利用率提高，帶動業績翻揚，股價自2016年11月份低點33.9元起漲至233元（2017年5月19日），短短半年內股價漲幅超過5倍。

3. 具有業績成長性：業績成長易受市場青睞，不只主力鎖定，法人投信也會關注。舉例個股如：牧德（3563），股本4.26億，牧德營收從2016年11月開始大幅成長，年報顯示2016年營運登高峰，營收及營業利益均創歷史新高，毛利率更達61.7%連兩年創新高，2016年每股稅後純益（EPS）為4.67元，董事會通過股利為4.2元，股息殖利率7.17%，股價自2016年11月份低點56.3元漲至184.5元（2017年7月28日），短短不到一年股價漲幅超過2倍。

轉機、題材、成長的特色可能同時發生在單一個股上，也可能隨時間而改變，當主力愛不釋手時，股價水漲船高，散戶搭順風車能夠獲利；然而，當主力賺飽腳底抹油出現出貨訊號時，散戶也要敏銳的跟著下車避免套在高點。

・主力偷偷進貨SOP

- 主力往往會藉由利空消息、股價乏人問津的時機，不動聲色，悄悄進貨，時間約3至6個月，最長也可能1年之久。在主力進貨的時期，技術面會呈現的走勢為：持續量縮、利空不跌、一底比一底高、紅K線出現的機會多於黑K線，型態類似碗型底、W底、頭肩底。

- 另一種主力進貨的方式，是藉由盤後的約定轉帳，透過和目前的大股東約定好進行盤後定價轉帳取得籌碼，若轉帳的量很大，可能採分天、分次的轉帳方式。若要縮短主力在市場進貨的時間，則也可能進行單筆鉅額轉帳（但這個動作就會被全市場關注）。有些主力會更進一步與公司派結合，事先掌握公司的利多與利空的消息，進一步操控股價。此時技術面會呈現的走勢為：股價量縮後突然冒量，而後繼續量縮，之後的走勢，都不容易跌破此大量的低點，即使跌破也會很快再站回。

・主力偷偷出貨SOP

- 主力在出貨時，往往會利用利多消息，選擇在市場氣氛最樂觀時進行。因為利多頻傳，股價急漲你不敢追，拉回卻以為是買點，主力

邊拉邊出，時間短則1個月內一瀉千里，多則3至6個月股價就可能腰斬。在主力出貨的時期，技術面會呈現的走勢為：出現大量不漲且跌破大量低點、利多不漲、黑K線出現的機會多於紅K線，高點不過高且高點愈來愈低，型態類似尖頭反轉、M頭、頭肩頂。

- 公司大股東申讓持股：申讓持股的方式有很多種，除了贈與或信託應為稅務規劃考量，或者報稅季節為了籌措現金而賣出部分持股之外，其他時間若有大股東申報轉帳，就要留意股價後市變化，通常應以偏空看待。

- 董監持股高質押比率：董事階層的持股若質押比重太高，通常是對公司經營不具信心，公司資金面臨壓力，尤其是在股價已大漲過一段之後，若出現這種跡象，須多謹慎且避開這檔股票為宜。

高手的叮嚀

主力手法通常是利用人性的「貪婪」與「恐懼」，因此你必須逆向思考、反群眾心理，較不容易掉入主力手法的陷阱。透過持續追蹤公司營收、法說會釋出的未來營運展望，以及股東會之後股價與籌碼面的變化，觀察是否有出現利空不跌或利多不漲的異常狀況，這都是判斷是否主力有吃貨或倒貨的重要觀察（利空不跌有可能是主力在吃貨、利多不漲有可能是主力在倒貨）。

第24道難題

如何得知主力的「進場成本」大約落在什麼價位？

能夠影響股價漲跌的主要力量，稱為「主力」，主力也被稱為此檔股票的造市者。每一檔股票都有主力，只要洞悉主力的籌碼動向，就較能掌握股價的漲跌方向。股票是主力大戶與散戶的兩方征戰，征戰的結果，主力大戶常常為這場戰役最後的贏家，而散戶終究多半成為輸家，若能洞悉主力進場的成本，跟主力同進退，就較有機會擺脫輸家的命運，甚至晉升為贏家行列。

解題 Key Points

2882

可透過以下3個步驟分析主力成本：

Step1	善用免費軟體查詢個股一段期間內主力券商進出狀況
Step2	分析前三名主力券商的買／賣張數與平均成本
Step3	關鍵大量也視為主力買／賣成本參考 股價在主力成本之上，後市偏多；反之，後市偏空

● 查詢最大主力券商
>> 買賣動向＋成本分析

主力其實就是股票籌碼大戶角色中的一部分，所謂的「籌碼大戶」，可約略區分為：公司派、大股東、市場大戶、中實戶、政府基金或官股、外資、投信、自營商、壽險資金等。而控制或影響一檔股票短期漲跌的主要力量，可能是上述的其中一方所為，或其中的幾方合力促成。主力較少為一個人，多半由「一群人」所組成，而大戶相互結合的力量，就足以影響或控制股價短期的漲跌，尤其是中小型股票。了解何謂主力後，我們可以進一步從「券商進出表」，查詢個股的主力進出狀況。首先，先查詢每日最大的主力券商，再查詢累計每月、每季，甚至更長時間的統計。

這裡我們以嘉實資訊提供的免費版「XQ操盤高手」做為查詢工具，開啟軟體後，在上方股票代號的搜尋框中，輸入欲查詢的個股，接著依序選擇「資訊」→「台股個股分析」→「籌碼分析」→「主力進出」，就能看到該個股的主力進出動向。透過這個方式，就能掌握主力下單的券商，再藉由「日期區間」的搜尋，了解當日、某一段時間中，最大主力與前五大主力的買賣與股價關係，依據此一模式可清晰的掌握個股籌碼的流向，再對應股價的走勢，更可協助達到趨吉避凶的結果。請見【圖24-1】與【圖24-2】，我們以國巨（2327）這檔個股來說明。國巨從2017年1月股價不到60元時，漲至8月4日的新高121.5元，漲幅超過100%。透過「XQ操盤高手」免費軟體，你可以試著查詢「2017年1月3日至8月4日」這段區間的前十五大主力買超與賣超券商，得到的結果就如【圖24-2】內容顯示：「買超大於賣超」（合

計買超51300張、賣超43231張),這代表買方券商的力量,大於賣方券商的力量,也因此在這段期間內股價是上漲的。

- 圖24-1 國巨(2327)2016年12月26日 至2017年8月4日的股價走勢

2017年8月4日,漲至121.5元的新高。

2017年1月股價60元左右

在【圖24-2】中可觀察到這段期間的主力進出。

資料來源:XQ操盤高手

- 圖24-2 國巨(2327)2017年1月3日 至8月4日的主力買賣超與股價走勢

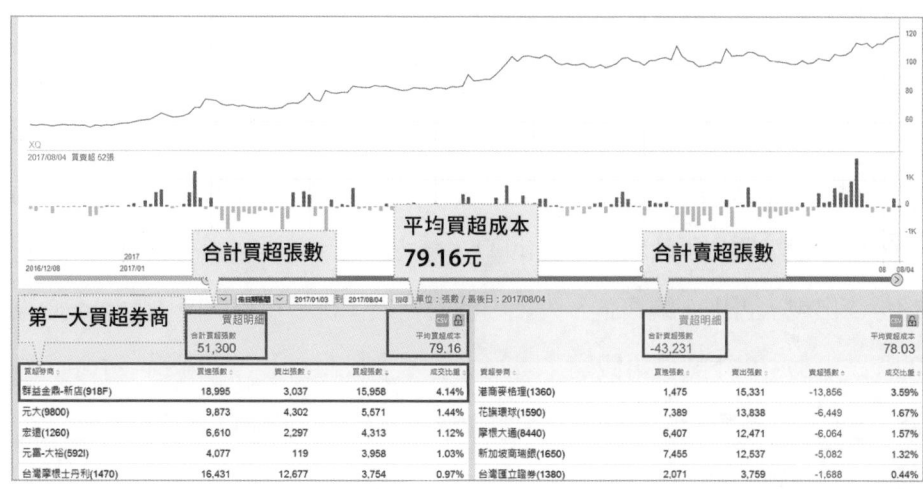

合計買超張數

平均買超成本 79.16元

合計賣超張數

第一大買超券商	買超明細 合計買超張數 51,300		平均買超成本 79.16	賣超明細 合計賣超張數 -43,231			平均賣超成本 78.03
買超券商	買進張數	賣出張數	買超張數	成交比重	賣超券商	買進張數	賣出張數	賣超張數	成交比重

買超券商	買進張數	賣出張數	買超張數	成交比重
群益金鼎-新店(918F)	18,995	3,037	15,958	4.14%
元大(9800)	9,873	4,302	5,571	1.44%
宏遠(1260)	6,610	2,297	4,313	1.12%
元富-大裕(5921)	4,077	119	3,958	1.03%
台灣摩根士丹利(1470)	16,431	12,677	3,754	0.97%

賣超券商	買進張數	賣出張數	賣超張數	成交比重
港商麥格理(1360)	1,475	15,331	-13,856	3.59%
花旗環球(1590)	7,389	13,838	-6,449	1.67%
摩根大通(8440)	6,407	12,471	-6,064	1.57%
新加坡商瑞銀(1650)	7,455	12,537	-5,082	1.32%
台灣匯立證券(1380)	2,071	3,759	-1,688	0.44%

資料來源:XQ操盤高手

買超券商的排名依序為：群益金鼎-新店、元大、宏遠、元富-大裕、台灣摩根士丹利⋯⋯等。其中，第一大買超的券商為「群益金鼎-新店」，由於國巨公司的總部就位於新店，且該公司於2016年12月26日至2017年2月24日，以及2017年3月6日至5月5日期間，共實施兩次庫藏股，從「地緣券商」（公司附近的券商）的角度觀察，「群益金鼎-新店」極有可能就是國巨的地緣券商。由於「地緣券商」的籌碼進出，被視為最能了解公司脈動、掌握第一手相關資訊的券商，因此，利用掌握地緣券商的進出記錄也等於掌握了「公司派」的進出軌跡。

● 股價對應主力成本
>> 判斷後市會偏多？偏空？

由【圖24-2】也可以觀察到，國巨股價上漲與主力買超成正向走勢，代表買超主力確實也為該公司股價上漲的造市者，統計這段期間內，國巨前十五大主力買超券商共買超51300張，平均成本79.16元。第一大的主力券商「群益金鼎-新店」則買超了18995張，平均成本78.66元。

若再加總前三大主力券商：群益金鼎-新店買超張數18995張，元大買超9873張，宏遠買超6610張，這前三大主力券商合計買超35478張，占比超過7成（若以總買超張數51300張計算），這意謂著，除非後續有其他更大的買超券商出現，否則，觀察這三大主力券商進出，幾乎可以判斷國巨後續短期的漲跌走勢。以下我們再觀察【圖24-3】、【圖24-4】、【圖24-5】這三張圖，它們分別是買超國巨的這三大主力券商的交易狀況與買進成本。

- 圖24-3　國巨（2327）2017年1月3日
　　　　 至8月4日的主力券商第一大：群益金鼎-新店

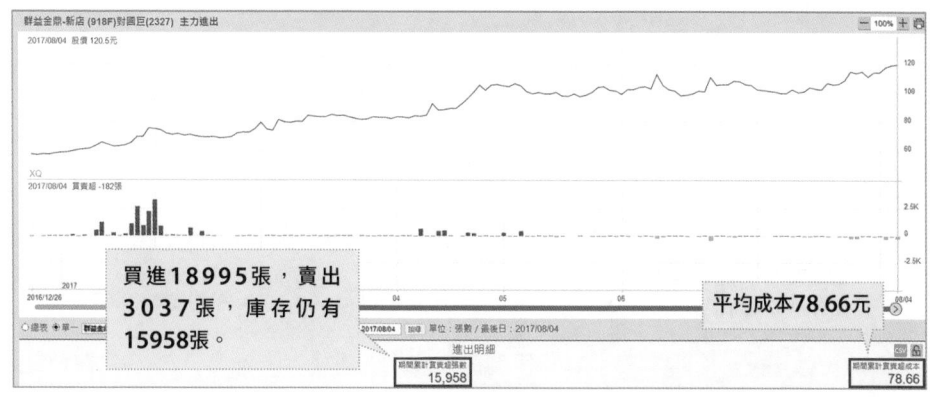

買進18995張，賣出3037張，庫存仍有15958張。

平均成本78.66元

資料來源：XQ操盤高手

- 圖24-4　國巨（2327）2017年1月3日
　　　　 至8月4日的主力券商第二大：元大

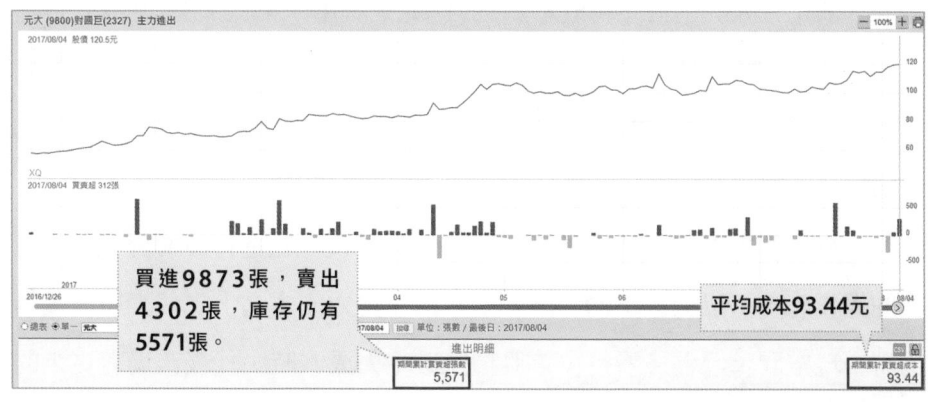

買進9873張，賣出4302張，庫存仍有5571張。

平均成本93.44元

資料來源：XQ操盤高手

· 圖24-5　國巨(2327)2017年1月3日
至8月4日的主力券商第三大：宏遠

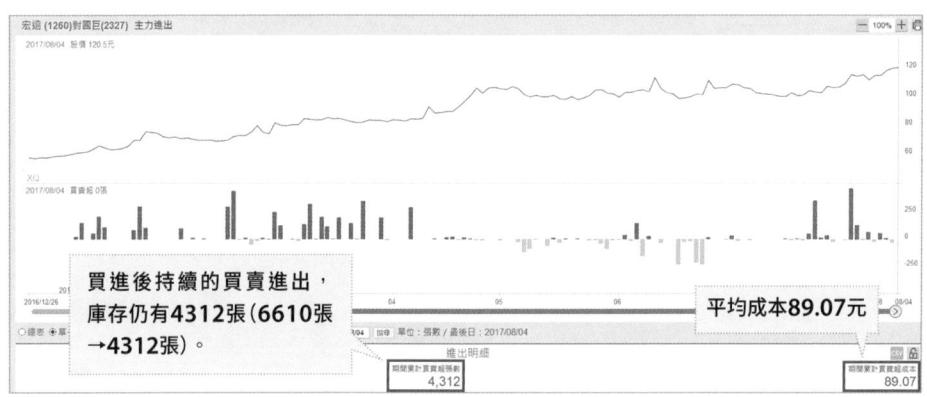

資料來源：XQ操盤高手

　　由上述的統計資料我們就可得知：在2017年1月3日至8月4日的這段
期間，前十五大的主力平均成本為79.16元，其中，第一大主力券商「群益
金鼎-新店」的平均成本為78.66元、第二大主力券商「元大」的平均成本為
93.44元、第三大主力券商「宏遠」的平均成本為89.07元。讀者可依以上國
巨的例子，嘗試查詢與分析其他個股的主力進場成本。

　　由於每個主力進場都是以「創造獲利」為前提，在進行股價對應主力成
本的操作時，可以做以下的判斷：若股價在主力成本之上，代表股價後續
仍有表現空間，應偏多看待；當股價跌破主力成本時，代表市場有更大的
賣壓力量，且大於主力買盤，這種狀況下容易造成主力停損賣出，或引起
市場其他觀察者的賣壓，應保守偏空看待。

·高手的叮嚀·

「透過主力券商買賣超統計，進一步查詢主力平均成本」雖是掌握主力平均成本的一種方式，但因為每個主力的成本、操作手法、交易週期不同，也需提防主力左手買、右手賣的兩面手法。實際進場操作時需輔以技術面量價，以及基本面的搭配，更能趨吉避凶。舉例來說，若主力買超大於賣超，則股價理應呈現出「低點愈墊愈高」的多方趨勢，但若股價反而是愈走愈低的異常狀況，那麼就要提防主力的詭譎手法，應避免陷入主力成本的迷思。

「融資／融券增減」代表什麼意涵？對操作有幫助嗎？

融資，是看好股價後市，借錢買進股票；融券，是看壞股價後市，借股票賣出。

以往「融資餘額」是檢視散戶進出的最簡易指標，然而隨著台股歷經多次多空洗禮，散戶已漸漸離場，使得目前的融資餘額已經遠遠不如往日的水準。

另一方面，主力大戶也會透過融資進行股票操作，運用融資／融券鎖單套利，也是常見的主力手法之一，因此一檔股票的融資增加並不代表一定是散戶進場所致，還需要搭配股價的漲跌來看，才能夠較精準的判斷究竟是散戶買的或是大戶所為。

此外，融資及融券的增減，表現在不同的股價漲跌趨勢下也具不同的意義，若能夠正確判讀出一檔股票資券變化背後所代表的意義，那麼也就能夠大致掌握住這一檔股票後市的多空方向了。

正確判讀一檔股票資券變化所代表的意義，就能掌握它未來的走向：

融資增、融券增	股價 ⬆	股價拉高時，提防主力腳底抹油
	股價 ⬇	跌勢剛開始
融資增、融券減	股價 ⬆	容易只是短多
	股價 ⬇	跌勢仍在持續中
融資減、融券增	股價 ⬆	股價易軋空，後勢看漲
	股價 ⬇	大跌機會高
融資減、融券減	股價 ⬆	短多機率高
	股價 ⬇	續跌機會大

● 留意資券增減
>> 搭配觀察法人籌碼及量能變化

　　觀察融資／融券增減的大原則是：籌碼流向散戶，股價易跌；籌碼掌握在法人大戶手中，股價易漲。不過要單靠資券變化來判斷股價多空，較容易出現盲點，若能搭配法人的籌碼及量能的變化綜合研判會更佳，包括：持股1000張以上的大股東增減、法人買賣超、借券賣出餘額等，這些都是檢視籌碼流向的方式。另外，還要留意公司發行可轉債、現金增資、除權等，也都會影響資券變化，所以分析時也須將這幾個特殊狀況一併追蹤留意。

關於上市與上櫃個股的融資、融券、借券的每日變化，分別可以在「證交所」及「櫃買中心」的網站上查詢得到，另外，若要查詢千張大戶增減及籌碼流向，推薦大家到「神秘金字塔」網站查詢（網址：http://norway.twsthr.info/StockHolders.aspx）。有了工具之後，接下來我們就依不同的資券增減變化，解讀其各自代表的意涵。

- 融資增、融券增、股價漲
- 代表意義：主力使用融資進場推升股價，若融資開始減少，就要提防主力撤出。

散戶融資進場，股價易跌；主力融資進場，股價易漲。若融資增加而股價是漲的，代表此融資可能為主力大戶透過融資進場買進，通常發生在中小型股居多，這也是主力偏愛的操作模式。

若是股價漲，融券不斷增加，除了可能為散戶空單，也有可能為主力「做多拉高股價後」再放的空單，資券同增、做多先賺，等股價壓回前再放空單，而空單增加是為了將來壓低股價，多空對鎖獲利。

若為散戶空單，券資比【（融券餘額÷融資餘額×100%】達30%之上，易有軋空行情，股價會再漲一波；但若券資比高達70%以上，且融資開始遞減，就要提防這是主力即將腳底抹油落跑的前兆。

除了以上的解讀，還要留意是否公司將發行可轉債或現金增資，因為這兩種狀況下所造成的融券大增，其實是大股東或主力大戶為了多空對鎖獲利用的，散戶可能誤會有軋空行情，其實一旦可轉債或現金增資股上市流通後，那些空單就會瞬間消失。

- 融資增、融券增、股價跌
- 代表意義：散戶使用融資進場不利多方，空頭不斷放空摜壓，要留意股價起跌。

若融資增加而股價是跌的，代表這些融資有很高的機率是散戶買進的，股價後續下跌的機會也較高。加上融券不斷增加、摜壓股價，後面可能仍有利空消息，這種狀況下通常代表跌勢可能才剛開始而已，這樣的股票要盡可能避開為宜。

- 融資增、融券減、股價漲
- 代表意義：融資者不一定是主力或散戶，股價雖漲但缺少軋空力道，往往只是短多。

若為主力融資進場，多會伴隨股價拉高後融券增加，達到主力後續拉高出貨而多空對鎖的獲利目的，但是股價漲而融券減少的話，就難以認定融資是否為散戶或是主力。因此，「融資增、融券減、股價漲」只能解釋股價漲的原因，有可能是放空的人開始回補造成的虛買盤，如此融券回補完後軋空力道也將消失。若融資為散戶買進的話，股價漲完後壓回的機率很高；若融資為主力買進的話，而且沒有看到融券增加，這種狀況下代表主力還沒有打算摜壓股價，短期仍應有一小段上漲的可能，但若後續股價大漲後融資迅速減少，就可能是之前使用融資的主力獲利了結，宜小心之後若無更大買盤出現，股價漲勢有可能在此結束。

- 融資增、融券減、股價跌
- 代表意義：融資者為散戶的機率較高，空單回補股價卻下跌，代表仍在跌勢中。

若融資增加而股價是跌的，代表此融資有很高的機率是散戶買進的，股價之後續跌的機會也較高。然而，融券陸續因為回補而減少，而股價仍續跌，這種狀況下往往代表散戶在股價下跌過程中，持續以融資買進來攤平，導致籌碼趨向凌亂。

不過還好沒有看到主力大戶大舉使用融券來摜壓股票，所以應不至於有重大利空而導致股價急殺（因為若存在重大利空，主力大戶或內部高層往往會提前知道，就可能使用融券先行放空），這種狀況下的股價後市容易緩跌，但是要跌多久就很難說了。

- 融資減、融券增、股價漲
- 代表意義：散戶退場，還去放空，籌碼在主力大戶手中，股價易軋空，後市看漲。

若融資減少而股價是漲的，代表籌碼逐漸從散戶手中流向主力大戶手中，而融券增加的話，通常是不認同股價上漲而去放空的散戶。因此，倘若股價續漲就會產生一股軋空的力量。若券資比達30%之上，易有軋空行情，股價再漲一波；若券資比高達70%以上，就要留意確認是不是因為公司要發行可轉債或現金增資而造成融券大增，若不是，那麼只要股價續漲，軋空力道將會非常強烈、後市看漲。

- 融資減、融券增、股價跌
- 代表意義：沒有買盤力道，卻有融券增加的賣盤壓力，之後股價有很高的機率會大跌。

這種狀況通常代表市場上缺乏推升股價的買盤力道，卻有空單增加摜壓的賣盤，股價的跌勢往往不會馬上結束。若股價只是在起跌初期，而融

資大幅減少、融券大幅增加，要小心可能是主力大戶的出場加上反手放空所造成的。因為往往只有主力大戶或內部人士的消息夠靈通，能夠在股價還在相對高檔處，快速賣出股票並大舉放空，一般使用融資買進的散戶以後知後覺者居多，理應不太可能敏感度這麼高，而且以大賺離場，因此，這種情形下很可能股價後續將出現一波大跌。

- 融資減、融券減、股價漲
- 代表意義：沒有買盤力道，要提防只是融券回補造成的虛買盤，容易只是短多。

若融資減少而股價是漲的，雖然籌碼看似從散戶手中流向主力大戶手中，對未來股價應該是正面的，不過因為通常股價上漲也容易引來想放空的散戶，而使得融券增加，若看到融券是減少的而股價上漲，有可能是因為融券空單陸續回補造成的虛買盤而推升了股價，在這種情形下，行情可能只是短期的，等空單回補完之後，就要再觀察看看最新的籌碼變化而定。

- 融資減、融券減、股價跌
- 代表意義：人氣退潮，空單陸續回補，但仍止不住股價跌勢，後市續跌的機會大。

這種狀況通常代表市場上缺乏推升股價的買盤力道，人氣退潮，而空單陸續回補的買盤也止不住股價的跌勢，股價後市續跌的機會大。倘若資減、券減、股價跌的狀況一直持續下去、拖上很長的時間，這檔股票就可能漸漸成為冷門股，有可能會步入長期空頭走勢（除非有轉機題材出現，或者主力大戶刻意想要炒作股價，而這種狀況出現時融資就會突然暴增而股價大漲，改變原本長空的趨勢）。

· 高手的叮嚀 ·

融資增、融券增、股價漲	➡	主力使用融資進場推升股價， 若融資開始減少就要提防主力腳底抹油。
融資增、融券增、股價跌	➡	散戶使用融資進場不利多方； 空頭不斷放空摜壓，股價跌勢剛開始。
融資增、融券減、股價漲	➡	融資者可能為主力或散戶， 股價雖漲卻缺少軋空力道，容易只是短多。
融資增、融券減、股價跌	➡	融資為散戶的機率高，且不斷攤平； 空單回補股價卻跌，代表仍在跌勢中。
融資減、融券增、股價漲	➡	散戶退場，還去放空； 籌碼在主力大戶手中，股價易軋空，後市看漲。
融資減、融券增、股價跌	➡	沒有買盤力道，卻有融券增加的賣盤壓力， 股價後續大跌機會高。
融資減、融券減、股價漲	➡	沒有買盤力道，提防只是融券回補造成的 虛買盤，容易只是短多。
融資減、融券減、股價跌	➡	人氣退潮，空單陸續回補，仍止不住股價跌勢。 後市續跌機會大。

第**26**道難題

台股在高點時，為什麼外資還敢大買百億以上？

好幾次當台股突破萬點時，都是看到外資單日大買150億元以上、甚至200億元，將指數硬推上去。然而，之後不久台股也都從萬點以上跌落，這些在高點大買的外資難道是笨蛋嗎？為什麼每次在指數的最高點總是外資大買的？難道他們不會大虧嗎？換一個角度來說，你會問：是不是在台股萬點以上、看到外資大買150億元以上，就是必須出場的警訊呢？

 **解題** Key Points

外資在台股高點還敢大買，背後有其交易思維，
不要誤解他們真正的目的。

1) 資產配置
2) 避險、套利
3) 策略性買進

1
ETF等被動式買盤
進行長線資產配置，
較不在乎短線漲跌。

2
避險基金大買現
貨，利用期貨、選
擇權等衍生性商品
做避險、套利。

3
因參與除息導致持
股部位比重降低，
為維持一定部位而
買股。

2344

● 來自國外ETF的被動式買盤 >> 愈來愈龐大

隨著國際上ETF商品的日益壯大，截至2017年7月底為止，全球ETF的總規模已經超過4兆美元，而且依然以非常快的速度在膨脹當中。若以2008年底的全球ETF總規模約7150億美元為基期來比較，短短不到10年時間，已經暴增了將近6倍！當然，這麼龐大的資金主要並不是由散戶所貢獻，而是大型機構法人，包括世界各國的政府退休基金、主權財富基金、避險基金、甚至共同基金等等，都是ETF的主要買家。

既然是大型機構法人的買盤，促使這些ETF在收到申購資金後，必須馬上按照它所追蹤的指數成分股去做買進，舉例來說，「MSCI新興市場指數」是目前全世界最主要被參考的新興市場股價指數之一，而台股則占了這個指數的權重約12%，其中台積電（2330）約占整個指數權重的3.55%（最新的權重可至以下網址查詢：https://www.msci.com/emerging-markets）。

由於追蹤這個指數的ETF總量高達數千億美元，只要有法人買進這些ETF，幾乎同一天之內（或隔天）就會等額按照指數權重分配去買進相關持股，所以你常會看到「外資大買台股」，其實都是在買包括台積電在內的重量級權值股，而且指數權重越重的個股會買越多，就是這個緣故。

至於他們會不會買在高點、被套牢，成為追高的阿呆呢？事實上，如果是各國政府退休基金這些長線資金的話，因為隨著時間，政府和雇主提撥的錢只會增加不會減少，因此每個月新增加的資金一定要做投資，股票、債券、不動產或REITs（不動產投資信託）等等的各大類資產都會買，

因此若股票市場跌了、債券市場漲了，他們整體的投資組合未必會虧損，而且由於這些退休金都可以放很久（只要退休金沒有破產，那就是無限期），因此他們根本不在乎短期的漲跌。

● 現貨大買超可能是 >> 套利或策略性目的

如果仔細去看外資單日大幅買超150億元以上的大量，其中一定有台積電、鴻海這些重量級權值股。除了前面提到的ETF被動式買盤之外，還有一個資金龐大的交易者，就是國際上的大型避險基金，這些資金的數量也非常龐大，尤其是因為他們的投資彈性很大，無論做多、做空、期貨、選擇權、其他衍生性金融商品都可以做，也可以使用好幾倍大的槓桿，因此，倘若短期有投機或套利的機會存在，這些避險基金絕對會快、狠、準的迅速敲進某些標的，當然也可能很快地隨時獲利出場。

例如在2017年6月26日，外資單日大舉買超171.43億元，當天台股大盤指數收長紅K線，大漲136.26點，收盤收在當日最高點的10513.96點，如【圖26-1】。若再細看，當天外資買超的第一名就是台積電，因為該公司當天除息，外資領到每股7元的股息（股息率約3.22%），他們持有台積電現股的比重因而降低了，為了維持一定部位，因此當天馬上大幅買超台積電1萬4545張。你可以思考：若你是ETF或大型基金的交易員，就會參考「MSCI新興市場指數」進行投資，而台積電占該指數的權重應該要有3.55%，若因為除息而導致持股部位突然降低，是不是代表一檔好股票的持股變少了呢？這就是一種「策略性目的」的買進動作。

· 圖26-1　台股大盤指數自2016年10月以來的股價走勢

> 2017年6月26日，外資買超171.43億元，指數收在10513點。

資料來源：XQ操盤高手

· 圖26-2　台積電(2330)自2016年10月以來的還原配息股價走勢

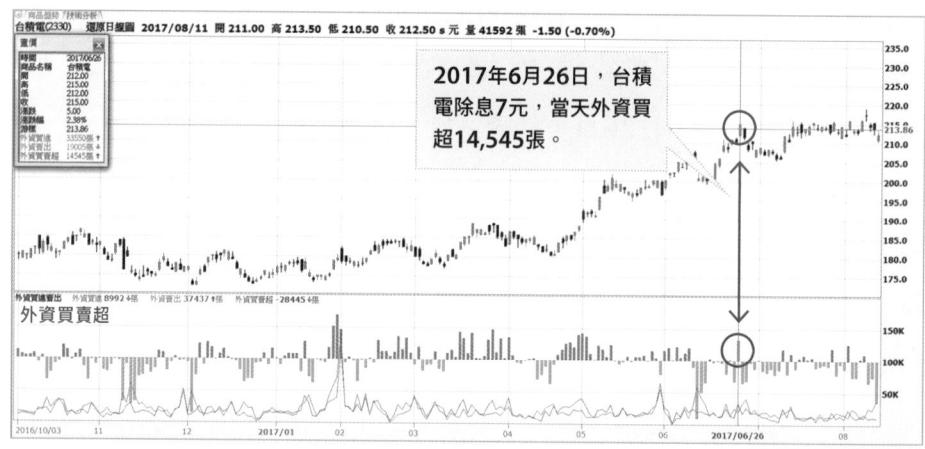

> 2017年6月26日，台積電除息7元，當天外資買超14,545張。

資料來源：XQ操盤高手

　　如果你仔細看【圖26-2】，外資從2017年1月下旬以來，持續買超台積電，讓台積電的股價從175元，漲到2017年6月26日除息當天的215

元，漲幅22.8%，若再加上領到的現金股息3.22%，短短5個月他們就賺了超過26%，因此外資可是大贏家，不是阿呆喔！

除了上述有特定目的或策略的投資交易之外，最常見的還有外資避險基金在現貨是大買權值股拉高指數，讓原本已經布局好的期貨、選擇權等衍生性商品部位大賺，之後再獲利了結衍生性商品部位、慢慢把現貨出脫掉（同時也可能已經布局了衍生性商品的空單）。

或者，買進台積電、鴻海等強勢股，而放空台指期貨，進行「市場中立策略」來獲取個股漲幅超過大盤指數的超額報酬（簡稱為Alpha），這也是避險基金常用的交易策略。在這些混搭了衍生性商品的交易策略下，你不能以為外資大買台股現貨，當股價下挫時他們就一定會賠錢喔，事實上，他們在衍生性商品的部位可能因此而賺更多！

 **高手的叮嚀**

隨著國際上ETF商品規模的大幅成長、影響力日益龐大，這些來自機構法人的被動式買盤，很多是以長期資金進行資產配置，買股票的同時也會買債券及其他的資產類別，因此他們看待損益的方式，是以整體投資組合來看，而不在意單一標的漲跌。至於國際避險基金的交易策略則相當複雜，他們可能在現貨市場大買，卻用期貨、選擇權等衍生性商品做避險、套利，因此你很難說外資在萬點以上大買台股就是阿呆。事實上，過去2、3年在台股呼風喚雨、賺最多的，就是外資，在你不熟悉他們的交易策略之前，別誤解了他們真正的目的。

Chapter. 4

關於「技術分析」的難題

第27道難題

真利多？假利多？傻傻分不清，怕上主力的當怎麼辦？

金融市場永遠存在著「資訊不對稱」，公司的利多總是有人早知道，只有散戶最後才知道。一家公司的營運展望與基本面好或不好，最先知道的人會是公司老闆、總經理、大股東、董監事等內部人士，再到機構法人、業內、市場有錢人、媒體⋯⋯最後才是散戶。在這層層的資訊傳遞後，不難了解為何散戶總是最後才知道，即使是國際金融市場上發生的資訊或重大事件，當你閱讀到翻譯成中文的資訊時，也代表已經有人比你早知道了。

這不是你的錯，是進入金融市場（尤其是股市）應該面對的事實，不過由於取得資訊者未必能夠充分的解讀資訊、做出正確的判斷，因此就算沒有領先取得資訊的優先權，在對應股價的操作上，你可以因學習「領先市場」而具備正確的判斷與決策能力。

當出現利多消息時，股價是否事先已經漲過一段？還是股價都沒有表現？而這個利多消息是一次性的利多？還是持續性的利多？是過去已經發

生過（例如財報）的利多？還是未來才會發生（例如營運展望）的利多？是公司發布的「真利多」？還是市場以訛傳訛的「假利多」？不同的利多消息，對應股價的後續表現也會有所不同。

解題 Key Points

當出現下面兩種利多消息時，要找賣點而不是買點：

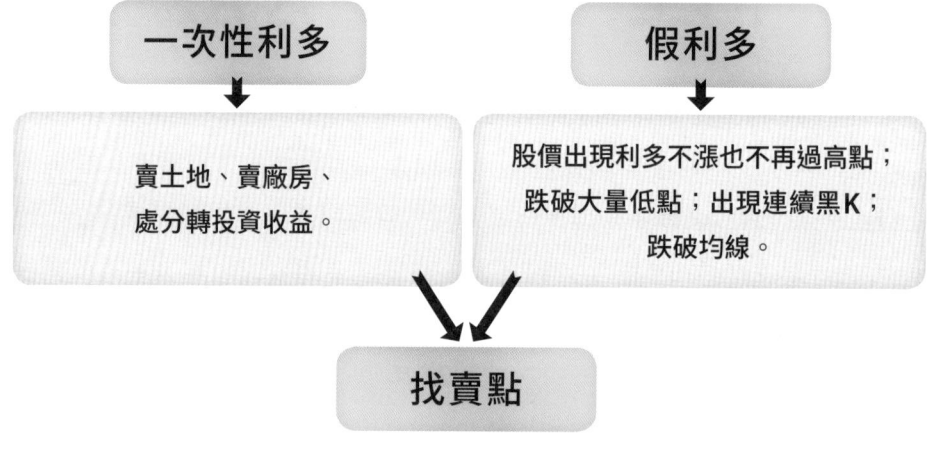

● 看到「一次性利多」時
>> 先找賣點，而非找買點

　　當你看到利多消息時，應該要先檢視利多的內容，針對「一次性的利多」，應該要先找賣點，而不是找買點。

　　最常聽到的一次性利多，包含：賣土地、賣廠房、處分轉投資收

益……或許老牌公司早期持有多筆土地且成本低，可能可以分成好幾次來賣，這種靠著變賣祖產的方式，都不會是持久的利多。但這類型的利多，通常可以對財報獲利（例如EPS）產生極大的貢獻，見報的標題也會是聳動的字眼，例如：獲利爆發、EPS翻倍成長之類，若你未了解真正的內容，只是看到標題就衝動進場追價，往往會買在短線的最高點，過著住套房的日子（別人賣土地，你卻住套房）。

「一次性利多」以個股迎廣（6117）為例：在2017年4月19日，新聞標題出現迎廣公布賣土地每股獲利8元，由於該公司的股本只有8.8億元，當時股價還不到20元，因此「獲利8元」是相當吸引人的。

- 圖27-1　迎廣（6117）自2016年12月23日
  　　　　 至2017年7月28日的股價走勢

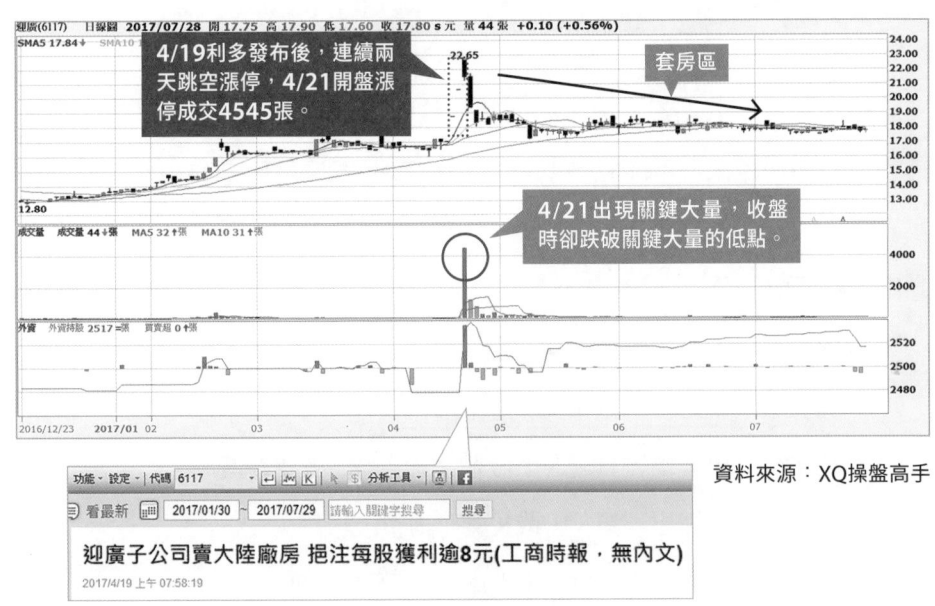

資料來源：XQ操盤高手

請見【圖27-1】，當消息公布的第一天(4月19日)，迎廣股價跳空漲停，僅成交35張；第二天，繼續跳空漲停成交56張，也就是散戶若看到新聞標題後去追買，會連續兩天排隊追買都買不到。

到了第三天(4月21日)，很多人在一開盤的時候就買到了，因為在開盤價22.65元到9:30時成交了2898張，這個價格目前看起來也是2017年的最高點(統計至8月底)，「獲利8元」在2017年第四季才會實現，股價是否還會反應尚不得而知，因此，在利多見報時搶買的人，不但沒有享受到股價噴漲，還得先忍受股價跌至5月9日低點17.2元的帳上虧損，顯然已套牢好幾個月，未來尚不知能否解套。

● 碰到疑似「假利多」時
>> 用籌碼面判斷多空真相

至於利多消息見報後，該如何判斷該買還是該賣呢？首先了解主力大戶利用利多消息出貨的手法，只要股價出現以下這幾個走勢，你都必須要找賣點，因為這往往代表利多已經反應完畢，而主力大戶正在利用利多消息出脫股票：

- 利多不漲，股價也不再過高點。
- 利多爆大量之後，跌破爆大量低點。
- 利多後，出現竭盡長紅K，股價之後跌破長紅K低點。
- 利多後，連續出現黑K，或K線連續留上影線。
- 利多後，股價跌破均線，且均線成為蓋頭反壓。

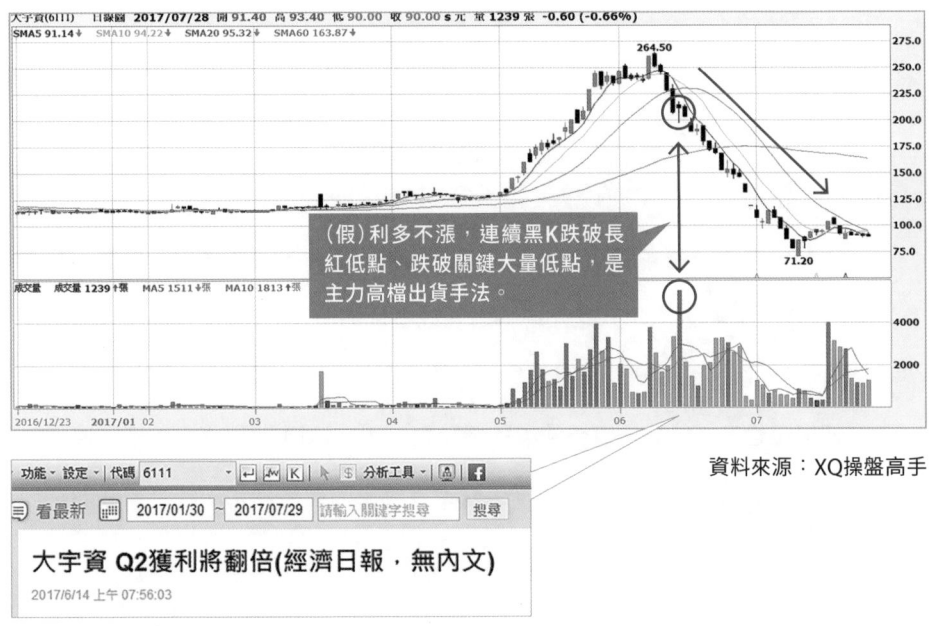

・圖27-2　大宇資(6111)自2016年12月23日
　　　　　至2017年7月28日的股價走勢

(假)利多不漲，連續黑K跌破長紅低點、跌破關鍵大量低點，是主力高檔出貨手法。

資料來源：XQ操盤高手

大宇資 Q2獲利將翻倍(經濟日報，無內文)
2017/6/14 上午 07:56:03

　　這裡我們以大宇資(6111)為例，請見【圖27-2】，2017年4月，大宇資的股價自130元以下，起漲至6月時見高點264.5元，出現翻倍漲幅，主要為市場特定主力在低檔時已經布局鎖碼，並持續發布利多消息。

　　然而，從5月起至6月中之前的這一段期間，出現「利多而股價漲不動」的狀況，或市場頻放疑似的假利多(公司皆澄清)；6月7日，出現「高檔竭盡長紅K」；6月8日，開盤見高點264.5元之後收長黑K；6月14日，市場仍放出第二季「公司獲利將翻倍」的疑似假利多，但股價早已不漲且收盤價跌破當天的關鍵大量低點198元；之後股價就一瀉千里，最低跌至71.2

元。股價從最高點264.5元僅僅一個月的時間跌到最低點71.2元，這就是標準的主力在高檔出貨的手法。

高手的叮嚀

股市中傳遞著各種消息，多空真假難辨，然而，股價通常不會騙人（主力要「騙線」大概也只是盤中一瞬間或者騙你一天）；但籌碼卻不會騙人（因為股市是匿名制，沒有人會刻意讓自己賠錢只為了騙你，因為騙到幾個傻蛋也未必能夠讓自己回本）。無論一家公司傳出什麼消息，即時檢視它的股價技術面反應，以及當天晚上查詢主力籌碼變化，就是最好的照妖鏡。

如何判斷向上突破的長紅K線，是真突破？假突破？

看到黑影就開槍，很容易浪費子彈。看到向上突破的長紅K線就買進，有時候買進後股價不漲卻套牢，這是散戶在股市中常常很困惑的一件事。

殊不知，長紅有分多頭及空頭中產生的長紅，長紅產生在不同的位階（股價目前是在相對高檔區？還是相對低檔區？）其意義也大不相同。究竟你看到的長紅是真突破？還是假突破？必須詳加推敲其表相與內涵—表面看到的，和內含的手法及過程不同，其最終結果就大不同。

此外，「單一日K線」表徵為極短線的多空交戰結果，容易有騙線的情形發生，而股價趨勢乃是由多根K線連續行為所組合而成，很難靠單一日K線就決定多空方向。

分析判斷一檔股票的好壞，包含了基本面、技術面、籌碼面，因此除了股價的技術面之外，仍需搭配基本面和籌碼面的交叉檢驗，才能避免蹈入不同主力大戶的騙線手法之中。

判斷長紅K線的真假，必須先確認大盤與個股的多空趨勢，否則很容易混淆後市的操作。

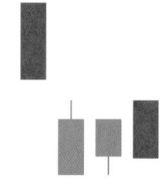

真突破

出現帶量長紅K線後，隔日收盤繼續過高點，且後續皆未跌破該根長紅的低點。

假突破

出現帶量長紅K線後，隔日收盤跌破該根長紅的低點，且三日內都無法站回。

● 多頭／空頭趨勢中 >> 突破長紅意義大不同

德國股神安德烈·科斯托蘭尼有一句名言：「在指數上漲的過程中，即使是最差的投機人士也能賺到一些錢；而在指數下跌的過程中，即使挑到好股票的人也賺不到錢。因此投資最重要的是先確定趨勢的方向，其次才是選股。只有投資經歷至少有20年之久的投資者，才用不著太關心整體的發展趨勢。」

在分析突破長紅之前，首先要判斷目前市場是處於多頭或空頭的趨勢，可優先觀察大盤指數的趨勢，然後再判斷個股的趨勢。若大盤指數為多頭趨勢，雖然不代表每一檔股票都會漲，但就機率而言，在大盤指數居於多頭的環境下，選股做多較可以達到力上加力的效果。

若大盤指數是居於空頭的環境下，雖然不代表每一檔股票都會跌，但就機率而言，覆巢之下無完卵的結果是較易見的，此時選股做多屬於逆勢

而為，結果往往力有未逮。而判斷多空趨勢的實際做法，可從以下三個面向來觀察：

• 用技術面來判斷：多頭趨勢在技術面呈現的跡象為「低點不破前低，高點還有更高；一底比一底高，高點愈推愈高」。

確認為多頭趨勢架構後，出現突破長紅，必須再觀察籌碼流向來驗證偏多與否，確立即為買點。相對的，空頭趨勢在技術面呈現的跡象為「高點不過前高，低點還有更低」。在這種狀況下，任何突破的長紅都容易形成假突破，主要是因為受上檔的層層賣壓給壓抑住了，就算能夠突破一層壓力，也未必具實力能再續攻，是故多半僅能視為反彈。

• 用公司的基本面來判斷：公司營運持續成長、獲利持續創高，股價也容易領先反應創高，呈現多方走勢。我們稱基本面為公司的本質，本質好的公司股價容易上漲，甚至抗跌；反之，當本質從好變不好，在基本面會反應出獲利不再創高且連續性的下滑，當然，股價也易由高檔反轉向下，若獲利連續下跌且不見起色，股價也因此易形成空頭走勢。

• 用股票的籌碼面來判斷：籌碼在固執的人手中，股價會上漲；籌碼在猶豫的人手中，股價會下跌。所謂固執的人，通常都是財力雄厚，一買可以買很多，或者持續買超不斷的機構法人或大戶，也因為口袋深度夠深，他們可以耐得過盤整盤，而不會中途放棄，往往最後會是贏家；相反的，散戶因為錢不多，資訊也相對落後，對於自己的持股沒什麼信心，常常在該續抱或出場間搖擺不定。

理解上述的原則之後，接下來我們就來談談所謂的「長紅」。在技術分析上，長紅的定義是：收盤價高於開盤價，且收盤價幾乎是當天最高價。

這代表當天的買盤積極，多方大勝。

　　• 突破長紅是誰買的：K線只是「一日的多空對決」，買方大勝而造成長紅，但是一日的征戰不代表就是之後的結果。從一日的突破長紅出現後，要判斷日後為多方或空方繼續勝出的關鍵，在於籌碼是被誰買走的（當天晚上要檢視籌碼流向）。

　　突破長紅當天的籌碼，若是被固執的人買走（例如外資、投信，或者單日買超集中在特定單一券商），股價後續會容易繼續上漲；相反的，籌碼若是流入猶豫的人手中（例如融資大增，或者買超分散在10多家不同券商的小量買進），股價就容易出現一日行情。

　　• 觀察大戶與散戶的籌碼流向方式：透過盤中買賣，先觀察是否為大單敲進拉升股價，或是零零散散的買進？再由盤後觀察籌碼是波段大戶（例如外資、投信）買進，或是短線大戶（自營商的權證避險交易，或在單一主力券商短時間買進後再賣出的行為），還是就是散戶買進（當日的買超量很零星的分散在不同的券商）。

● 真·突破長紅 >> 以GIS-KY業成（6456）為例

　　帶大量的突破長紅，隔日收盤價「突破長紅高點」，後市易繼續上漲。由【圖28-1】可以觀察到GIS-KY業成自2017年1月起至8月4日的股價，呈現多方趨勢（股價位於季均線與年均線之上，且均線雙雙上揚）、帶大量（5日均量2倍之上）的突破長紅，過高後繼續上漲。

　　股價於1月20日出現大量突破長紅，長紅低點93.6元，高點為99.6

元，自1月20日起皆未跌破長紅低點，且隔日收盤站上長紅高點99.6元，此突破長紅就可視為真突破；之後又繼續出現至少三次帶量突破長紅高點，皆為真突破。股價自當時突破長紅高點的99.6元起算，上漲至2017年8月4日收盤價316元，漲幅高達217%。

再從該公司的基本面觀察，GIS-KY業成是一家營收持續成長的公司（如【圖28-2】），獲利也持續成長的業績成長股（如【圖28-3】）。有業績成長搭配技術面優勢，就更安心持有品嚐自2017年1月以來至8月的股價大漲的獲利果實（推薦可使用「財報狗」查詢免費的股票財報與公司獲利，有網頁版及手機版，免費登入帳號即可使用。只需輸入股票代號，就可查詢每月營收、每股盈餘……與股價的關係呈現）。

· 圖28-1　GIS-KY業成（6456）2017年1月起至8月4日的股價走勢

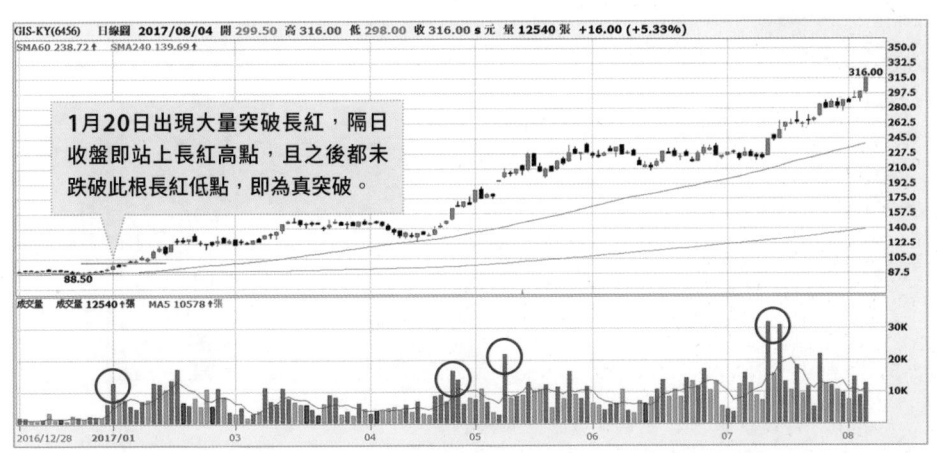

資料來源：XQ操盤高手

· 圖28-2 GIS-KY業成(6456)2017年1月起至7月的營收表現

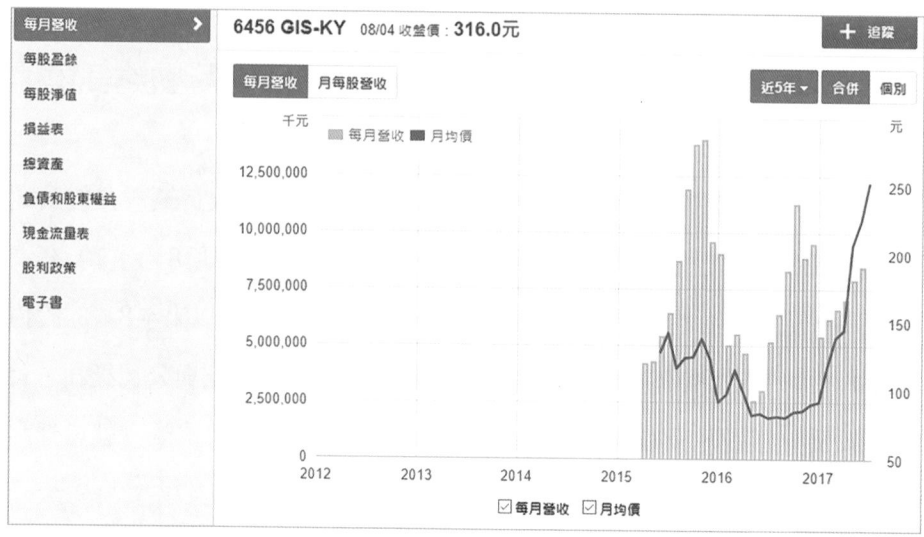

· 圖28-3 GIS-KY業成(6456)2017年1月起
　　　　至7月的每股盈餘表現

資料來源：財報狗

● 假·突破長紅 >> 以大宇資(6111)為例

大量的突破長紅，隔日收盤價「未突破長紅高點」，且之後跌破大量低點、跌破長紅低點後，往往後市會繼續下跌。由【圖28-4】可以觀察到，大宇資(6111)在2017年6月7日時，股價出現大量突破長紅，長紅低點238.5元，長紅高點261元，隔日(6月8日)盤中雖突破261元高點至264.5元，但收盤價卻並未站上，疑為假突破。之後在6月12日收盤價229元已跌破6月7日的長紅低點238.5元，因此可確認6月7日的長紅為假突破，股價持續跌至6月14日時雖出現大量，這裡可解釋為因股價下跌而造成搶反彈的狀況，股價不但沒有續漲，且繼續跌破大量低點，形成連環套的下殺。總體來說，大宇資的股價自6月8日的假突破高點264.5元，一路崩跌至7月12日的低點71.2元，短短一個月跌幅73%，崩跌的速度令人震撼！

· 圖28-4　大宇資(6111)2016年12月28日
　　　　　至2017年8月4日的股價走勢

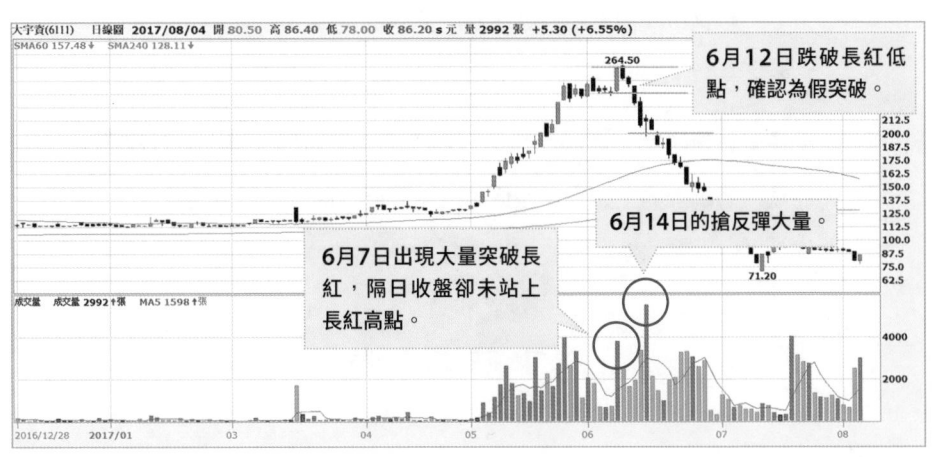

資料來源：XQ操盤高手

· 高手的叮嚀 ·

1. 多／空趨勢的突破長紅：多頭趨勢的高點有更高、低點則無低，突破長紅帶量上漲就可觀察買點；空頭趨勢的高點不過高、低點有更低，突破長紅易只是反彈，可觀察賣(空)點。

   此外，突破長紅K線亦有其位階之分，多頭趨勢中的長紅，包含：低檔整理的突破長紅，帶量過高，未來易上漲；中繼整理的突破長紅，過高點為加碼；高檔爆量的突破長紅更需繼續創高走勢，否則易為多頭竭盡點。而空頭趨勢中的長紅，包含：多頭轉為空頭趨勢的突破長紅，將不再過高，且低點愈來愈低；下跌過程中任何突破長紅，易為反彈的假突破，須找賣(空)點，直至扭轉為多頭趨勢為止。

2. 辨別突破長紅的真假：帶量的長紅頗具有轉折意義，若隔日收盤繼續過高點，易為真突破；反之，若隔日收盤價未突破長紅高點，且之後跌破該根長紅低點，易為假突破。

3. 突破長紅的籌碼流向：突破長紅的股票籌碼，在固執的人手中股價會繼續上漲；籌碼在猶豫的人手中容易出現一日行情且繼續下跌。籌碼流向主力大戶股價易漲；籌碼流向散戶股價易跌。

第**29**道難題

「盤整盤」時該進場嗎？如何判斷是剛開始或將結束？

香港首富李嘉誠說過：「試著在對的時間做對的事，它們可能只是小事，但通常它們造成贏與輸的差別。」在股市中，很多散戶在盤整盤當中窮忙，無法確定多空方向，當波段行情產生時，又不知道該如何掌握，就這樣錯失一段可以真正賺到大錢的機會；錯的時機做錯的事、錯的時機做對的事、對的時機做錯的事，這些做法都可能成為輸家。只有學會在對的時間做對的事，何時該「動」，何時該「靜」，才是決定輸贏的關鍵。

解題 Key Points

3481

盤整期過後的第一根K棒是判斷向上突破或向下突破的關鍵：

 盤整築底，帶量突破壓力→高點有高，站上壓力→低點無低→帶量突破盤整區→再漲⋯⋯

 盤整築頭，壓力不過→高點無高，跌破支撐→低點有低→跌破盤整區→再跌⋯⋯

● 盤整是行情常態 >> 盲目亂做會因小失大

　　盤整盤，亦稱為整理，當一段行情進入「上檔有壓力、下檔有支撐」時，會使股價（或指數）在一個區間波動的幅度變小，成交量也萎縮，可看成是短線多空零星交戰而暫時無法分出勝負及方向，兩方對峙陷入膠著狀態，等待未來某一方的重大突破。也由於短期方向難以掌握哪一方會勝出，因此市場高手多半觀望等待，往往會伴隨著成交量萎縮的現象。盤整又分為「底部盤整／頭部盤整」、「上漲過程中的盤整」、「下跌過程中的盤整」；而盤整的結束包括「多方勝出→突破壓力往上」、「多方勝出→底部出量往上」、「空方勝出→跌破支撐往下」、「空方勝出→頭部形成往下」。一旦盤整結束，突破後的方向被確認時，市場高手往往會在第一時間順勢下重手買進（或賣出），也因此通常會出現成交量突然增加的現象。

· 圖29-1　台股大盤指數自2016年1月4日 至2017年9月8日的走勢

大盤約有7、8成左右的時間都在盤整。

資料來源：XQ操盤高手

以台股來說，若用台灣加權股價指數做為整體市場多空的代表，則有7、8成以上的時間看起來都在盤整當中，如【圖29-1】紅框所示之處可視為盤整期間，而真正連續大漲或連續大跌的波段行情反而是少見的，對個股來說，往往也是如此，也就是說遇到行情盤整才是常態。

至於個股的盤整，以股王大立光（3008）為例，從2016年1月4日至2017年9月8日這1年又8個月的時間內，股價自低點1790元漲至6075元的過程，漲幅達239%，共有三段長短不一的整理時間，加起來約占了1年又3個月（如【圖29-2】的三個紅框處）。

也就是說，有75%的時間，大立光都處於盤整期（15個月除以20個月等於0.75），而真正連續上漲的波段走勢只占了5個月的時間。如果幸運在股價低檔價位買進的人，也需要有十足的耐心度過中間三次漫長的盤整過程，才能享受到最後完美的果實。

· 圖29-2　大立光（3008）自2016年1月4日
　　　　至2017年9月8日的股價走勢

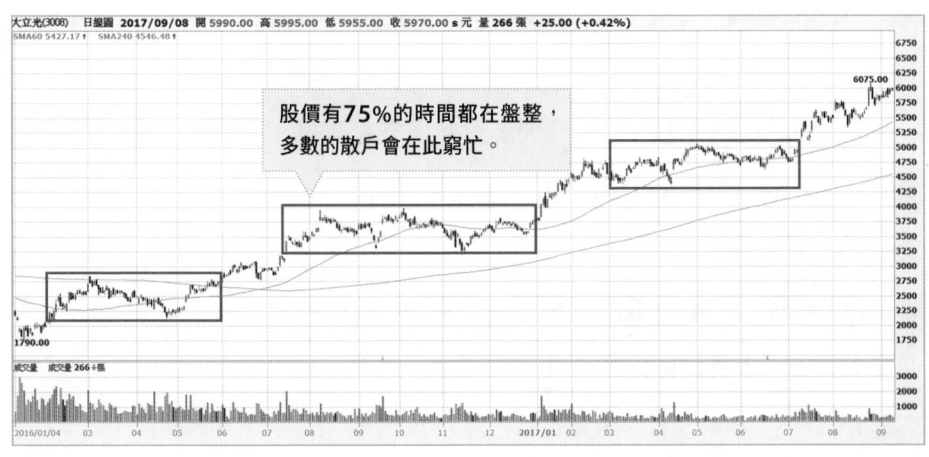

資料來源：XQ操盤高手

偏偏很多散戶在那75%的盤整期間內窮忙，以為高出低進、忽多忽空可以賺到行情，其實是賠掉了時間與精神，反而習慣了這種短進短出的交易思維模式之後，往往在真正向上突破的大波段行情出現時，會因為空手而錯失良機。

● 判斷盤整結束的指標 >> 當關鍵K棒出現時

多空本為一體且相生，不管多頭與空頭都會歷經盤整行情。無論是上漲過程遇到盤整，之後向上突破再繼續漲；或者是下跌過程遇到盤整，之後向下跌破再繼續跌；或者是盤整過後，趨勢方向因此改變，<u>關鍵都在於盤整過後，脫離盤整區間的第一根K棒（通常會是大漲、或者大跌，而且伴隨著成交量突然放大）是向上的突破還是向下的跌破。</u>

•向上突破（多頭走勢盤整後突破）：技術線型為多頭排列，而且向上突破必定帶大量。判斷方式：一檔股票歷經一段時間盤整築底，帶量突破壓力→高點有高，站上壓力→低點無低→帶量突破盤整區→再漲→量漸縮而進入下一個盤整區→再帶量突破盤整區→依此類推而不斷向上創高。

以國建（2501）這檔個股分別針對其多空趨勢的循環舉例，針對多頭趨勢的部分：它於2016年1月至2017年3月期間，上漲過程中出現5次的帶量長紅K線突破盤整，在這1年又2個月的多頭時間內（大約270個交易日），股價自13.29元的波段低點上漲至波段高點21.22元，漲幅雖高達60%，然而主要是靠那5根長紅K線，每一根都上漲將近10%所貢獻（因為1.1的5次方是1.61，代表只要5次10%的漲幅就可以構成61%的累積漲幅）。

· 圖29-3　國建(2501)自2016年1月4日
　　　　至2017年9月8日的股價走勢

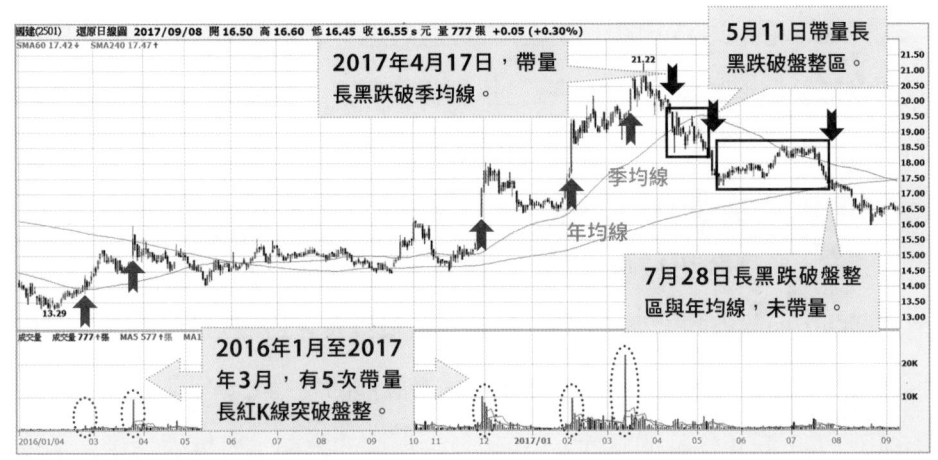

2017年4月17日，帶量
長黑跌破季均線。

5月11日帶量長
黑跌破盤整區。

季均線

年均線

7月28日長黑跌破盤整
區與年均線，未帶量。

2016年1月至2017
年3月，有5次帶量
長紅K線突破盤整。

資料來源：XQ操盤高手

　　這意味著，在那1年又2個月的期間內，如果那5天大漲10%的日子你恰好沒有持股，那麼你可能根本沒賺到錢，而只是在盤整盤的期間進進出出，被吃掉不少的手續費。在盤整期間的股價波動都太小，小到你很難短線進出獲利，而且幾乎是沒有什麼成交量的，也就不太可能當沖獲利，直到突然爆量向上突破之後，馬上又進入了下一個盤整區間，所以當你看到爆量長紅出現的隔天再去買，就又被套在另一個新的整理區間內，而且會套多久你並不知道(每一次帶量長紅K線之間的間隔都不太一樣)。因此，對於多頭趨勢下的個股，最好的應對策略就是一動不如一靜，耐心抱過整個多頭波段行情的結束，這才是賺取大波段利潤的最好方式。

　　• 向下跌破(空頭走勢盤整跌破)：技術線型為空頭排列，而向下跌破時未必會出量。判斷方式：一檔股票歷經一段時間盤整築頭，壓力不過→

高點無高，跌破支撐→低點有低→跌破盤整區→再跌→量漸縮→進入下一個盤整區→再跌破→量縮盤整→再跌破→依此類推而不斷向下探低。

同樣以【圖29-3】國建為例，多翻空的趨勢改變：在2017年4月17日股價以帶量長黑跌破季均線，就是重要轉空訊號，通常高手會在跌破季線的第三天出場。到了5月11日，股價以帶量長黑跌破盤整區時，季均線也已經明顯的下彎，此時多頭架構已經完全被破壞、空頭型態儼然成形。

然而，股價從2017年5月中旬到7月下旬之間，有長達2個多月的橫向盤整期間，而盤整的結束是在7月28日，股價以長黑K棒跌破盤整區，同時也跌破年均線17.25元，並無帶量，這代表股價回到過去一年的多頭平均成本區時（也就是年均線的意義），多方並無反擊的意願，股價因為無人承接而直接下墜、跌破年均線出現長黑。而之後不到1個月的時間內，股價更跌到了16元，也都沒有再出量，這顯示多頭持續無反擊的意願，而由空方掌握了趨勢。

高手的叮嚀

每一檔股票的股本大小不同，股性不同，盤整的時間也會不同，尤其股本越小的股票，暗藏更多主力手法，你以為突破進場，卻是主力設下的陷阱；你以為跌破出場，卻是主力洗盤手法，若能搭配籌碼面、基本面，以及大盤的多空方向綜合觀察，較能達到趨吉避凶的結果。

股價要「頭部／底部反轉」了嗎？該如何判斷？

本書多次提及一個觀念：順勢而為，和趨勢站在同一邊才是王道。在多頭趨勢當中切勿預設高點，在空頭趨勢當中也不要頻頻摸底，因為趨勢一旦形成不會說變就變，就算要改變也不會是一天兩天的事。股神巴菲特在他的操作原則中也提到了：「不要企圖猜頭部，不要意圖摸底部。」因為頭部與底部往往都是「發生後一段時間回頭來看」才能夠被確認，偏偏很多散戶喜歡猜頭摸底，就算運氣很好猜對了幾次，最後也會因為頻頻的猜頭摸底而在某一次的嚴重錯估中慘賠收場。

股價反轉來自於原走勢方向、慣性的改變，也可說是趨勢的改變，由多翻空或由空翻多，形成的頭部反轉或底部反轉。

投資之父約翰・坦伯頓（John Templeton）的名言說：「行情總在絕望中誕生，在半信半疑中成長，在憧憬中成熟，在希望中毀滅。」華爾街的「擦鞋童理論」也說：「連擦鞋童都在討論股票投資的時候，就是股市交易達到最高峰之時，之後就會下跌。」這些都是透過觀察市場的氣氛，極度的

絕望與希望，皆來自於大眾的心理與情緒起伏，一面倒的樂觀看好或一面倒的悲觀情緒，往往可以作為判斷行情即將反轉的徵兆。此外，亦可由技術面與籌碼面所發出的訊號，判斷股價是否即將要頭部／底部反轉。

解題 Key Points

2885

從以下兩面向，可以判斷股價與大盤是否有頭部或底部反轉的跡象。

籌碼面

- 頭部反轉：
  頭肩頂、M頭、均線由多翻空。
- 底部反轉：
  頭肩底、W底、均線由空翻多。

技術面

- 籌碼持續流向散戶，
  易形成頭部反轉。
- 籌碼持續流向大戶，
  易形成底部反轉。

● 從技術面判斷反轉 >> 趨勢轉變前有跡可循

技術分析是指研究過去金融市場的交易資訊（例如K線、成交量），建立在「人性很難改變、歷史會不斷重演」的基礎上，並試圖藉由過去的統計資料來預測未來行情走勢（K線是反映每日多空征戰結果的記錄，成交量是反映每日資金進出狀況的結果）。

技術分析包含了每根K線與量能的變化而形成行情，區分從單一K線→指標→均線→型態→趨勢，而對應行情的判斷從極短線的當日走勢、短

線、波段、長期趨勢等。

由此可知，K線是最短時間形成，也最容易被改變；而從型態到趨勢，都是經過一段時間的累積而形成，最慢形成也最不容易被改變。既然趨勢形成之後很難被改變，因此，在趨勢轉變之前也總是有跡可循，從連續的K線與量能累積的變化來判斷股價頭部與底部的反轉也就廣為市場採用。

• 頭部反轉的過程：

· 股價上漲一段時間後，高檔出現大量而價格不再過高→開始下跌。

· 剛開始下跌但遇到下檔（通常是均線）的支撐，或之前大量紅K的支撐而又再上漲→高點持續不再過高。

· 黑K出現的機率高於紅K且頻頻出現上影線→屬於偏空的K線組合。

· 高點不過高→陸續跌破短期均線、均線逐漸下彎成為反壓、跌破高檔大量低點。

· 開始盤頭→M頭型態、頭肩頂型態。

· 有效跌破頭部型態頸線→頭部反轉確立。

· 繼續下跌→跌破長期均線→短中長期均線皆成為反壓，也就是所謂的「空頭排列」。

• 底部反轉的過程：

· 股價下跌一段時間後，開始出量，而價格未再破底→出現難得的出量上漲。

· 剛開始上漲因上檔遇到均線反壓，以及過去長黑K的壓力而又再下

跌→低點已不再跌破前低。

- 紅K出現的機率高於黑K且頻頻出現下影線→屬於偏多的K線組合。
- 高點愈來愈高→出現大量且陸續突破短期均線、均線逐漸上揚而成為支撐。
- 開始築底→W底型態、頭肩底型態。
- 有效突破底部型態頸線→底部反轉確立。
- 繼續上漲→突破長期均線→短中長期均線成為支撐，也就是所謂的「多頭排列」。

● 從籌碼面判斷反轉
>> 觀察大股東及散戶動向

基本原則是：籌碼持續從大戶手中流向散戶，易形成頭部反轉；籌碼持續從散戶手中流向大戶，易形成底部反轉。以下我們從大盤的反轉來觀察。

最近一次的台股股災，在2015年4月28日從10014點跌至8月24日的7203點，市場恐慌氣氛持續蔓延，8月24日台股盤中一度重跌超過500點，最低跌到7203點收長黑，跌幅逾7%，創下了歷史新高。

然而若從籌碼面來觀察，8月份下跌的那段時間，融資持續大幅下降，加上有近300家的公司實施庫藏股，顯見籌碼已經從散戶手中快速地流向大股東手中，而7203點那天也出現1452億的大量，超過月均量的1.5倍。

2015年8月25日、26日價格持續上漲，K線收復了8月24日7203的長黑高點，代表此成交量為換手量，若追蹤籌碼面也會觀察到籌碼持續流向

大戶，台股從7203點持續上漲至今（2017年8月份）創下波段新高，成交量持續在放大當中。然而融資增加幅度緩慢，代表散戶們仍是謹慎保守的，這種狀況下離真正的頭部可能還有一段距離。

至於未來當多頭轉變為空頭時會有哪些跡象呢？倘若台股利多頻傳而指數卻不再創高，例如許多公司頻頻釋放利多，籌碼面卻看到大股東不斷地賣出股票、申讓、質押，而代表散戶的融資餘額往往在這個階段會快速增加，顯示籌碼快速的流向散戶，往往就是高檔頭部的反轉向下訊號。

除了上述的訊號或觀察面向之外，亦可參考《高手的養成：股市新手必須知道的3個祕密》第五章〈面對大空頭市場的致勝之道〉當中對於大空頭市場來臨前的研判方式。

・ 圖30-1　台股大盤指數自2015年1月5日
　　　　　　至2017年8月25日的股價走勢

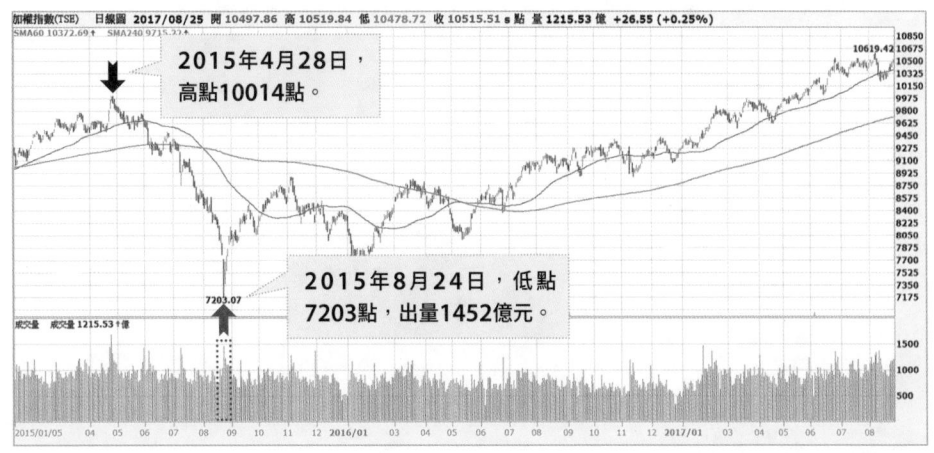

2015年4月28日，
高點10014點。

2015年8月24日，低點
7203點，出量1452億元。

資料來源：XQ操盤高手

・高手的叮嚀・

　　以上雖然是以大盤指數作為分析判斷的範例，然而應用在大型權值股（例如台灣50指數的成分股）普遍也適用；若應用在中小型股，則因為其股本較小且流通的籌碼較少，使得股價較容易受到少數人士的控制（通常是公司派的大股東或市場主力大戶），也因而較無法從整體市場氣氛來觀察，要盡可能用籌碼面搭配技術面來做判斷。由於個股的差異大，此處不個別舉例，而是將籌碼面分析的案例分別在本書其他幾個和主力與籌碼相關的篇幅中進行講解，讀者可與此題相互對照參考。

要如何將「波浪理論」套用在個股的操作上？

不少技術派的股票投機交易者對於波浪理論感到興趣，因為過去市場上確實有幾位老手們將波浪理論應用在台股的大盤指數分析上，看似有不錯的參考價值，然而是否可以將波浪理論套用到個股上呢？使用上有什麼需要特別小心注意的地方呢？

波浪理論（Elliott Wave Principle）是由艾略特（Ralph Nelson Elliott）於1930年所提出，並在他1938年所發表的〈波浪理論〉文章當中完整公諸於世，然而在1946年他的著作《自然法則：宇宙的祕密》中認為波浪理論就如同許多自然法則一樣，是萬物運行的道理之一，因此，必需建立在一個流動性夠好、成交量夠大、多空可自由交易，而且人為干預越少的市場才會越有效。

基本上，將波浪理論應用在美歐日這些歷史悠久的成熟國家股價指數上，普遍是具有參考價值的，然而台股的大盤指數究竟是否可用波浪理論進行分析，在波浪高手眼中是可以的，但是必須留意幾個特別的狀況以及

限制，這部分可參考安納金尚未出版的新書《高手的養成2》當中有關波浪理論的實戰篇，本書暫且不細談。

理論上而言，只要台股大盤指數可以使用波浪理論進行分析的話，那麼走勢貼近大盤指數的重量級權值股，例如台積電（2330）、鴻海（2317）、台塑化（6505）、中華電（2412）、國泰金（2882）、大立光（3008）這些前幾大權值股理應也容易看到類似波浪的蹤跡，至於流動性不夠好、成交量小、人為干預較多的中小型股方面，也就普遍不適合套用波浪理論（因為既然股價會被少數人操控，就不會符合自然的韻律了）。

解題 Key Points

波浪可以給予股價方向及漲跌幅參考，但並非所有個股都適用：

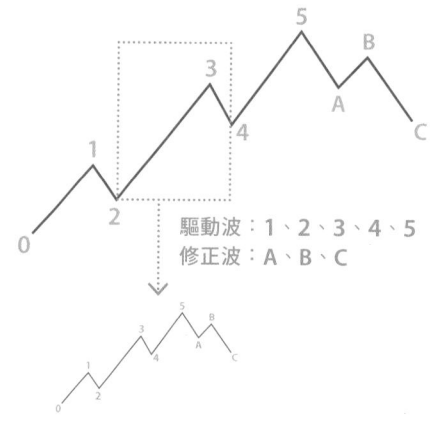

1）須符合占指數權重大、成交量大、沒有放空限制的條件。

2）大型權值股如台積電、鴻海、大立光、中鋼、統一、統一超、可成、正新等可用。

3）塑化、營建、金融保險等產業不適用。

● 塑化、營建、金融類股
>> 產業淡旺季比波浪重要

塑化、營建、金融保險這三類產業的循環週期和台股大盤指數的循環週期是截然不同的。

例如塑化產業的獲利好壞高度受到國際油價，以及塑化上游原料報價的影響，如果你將油價的走勢和台股大盤指數的走勢比對，很難看出之間有什麼關聯性，而且，油價本身的走勢就不太能夠用波浪理論來解釋，當然也就更不適合將台灣塑化類股的個股股價套用波浪理論。

同理，營建類股的股價高度受到房市的景氣循環影響，而台灣的房市冷熱表現在最近幾年來看顯然和台灣股市並沒有甚麼連動，甚至有呈現出一些負相關的狀況（例如2016年至2017年台灣房市走空頭，而台灣股市走多頭）。

此外，台灣的營建業高度受到政府打房政策的影響（例如之前的囤房稅對擁有餘屋庫存的建商來說衝擊甚大），因此，只要是政府干預（也屬於人為干預）較大的產業，也就無法套用波浪理論，反而應該從政府政策面的方向琢磨分析，更能夠抓住營建類股景氣循環轉折的時機。

至於金融類股的獲利則高度受到利率政策的影響，尤其是以存放款利差收入占獲利比重較高的銀行業者，因此，投資金融股要留意利率循環，以及政府政策（例如金融相關重大法規的改變，或者銀行的合併案等等），當然也不適合透過波浪理論來進行分析。

● 個股能否套用波浪的判別
>> 檢視近30年月K線圖

　　若要判斷一檔個股是否適用波浪理論，最簡單而直接的方式就是看長期的月K線圖。由於波浪理論的大循環波週期大約在30至40年之間，因此，以近30年的股價走勢月K線圖，至少可以看到一個完整的大循環波、至少3次的多頭驅動波(也就是大循環波當中的第1、3、5波，屬於上漲的波浪)。

　　必須在上述的近30年股價走勢月K線圖當中，股價從最低點到最高點的過程能夠明顯分割出五波的結構(也就是艾略特波浪理論當中定義的12345波)，而且同時不違反波浪理論的三鐵律(第2波低點不低於第1波起點；第3波不可是第1、3、5波當中最短的一波；第1波和第4波不可重疊)，才可以判定這一檔個股可以套用波浪理論。

　　【圖31-1】由塑化業當中歷史最悠久的龍頭企業台塑(1301)自1987年至2017年9月的月K線圖可以發現，股價在每一次多頭的最低點到最高點的過程當中(例如1990年上漲到1997年，或2001年上漲到2011年)都無法分割出不違反波浪三鐵律的五波結構(無論你如何去分割，都會違反至少一項鐵律)，如果連最容易判別出波浪型態的大循環波都不適用的話，更遑論較小層級的中型波、小型波等層級了。如果連台塑這樣具代表性的公司都無法套用波浪理論，那麼其他中小型塑化股也就更難以套用了。

　　【圖31-2】由營建業龍頭國建(2501)自1987年至2017年9月的月K線圖也是看不出有波浪型態可言，至於其他中小型營建類股就更不用考慮了。

· 圖31-1　台塑（1301）自1987年至2017年9月的月K線圖

資料來源：XQ操盤高手

· 圖31-2　國建（2501）自1987年至2017年9月的月K線圖

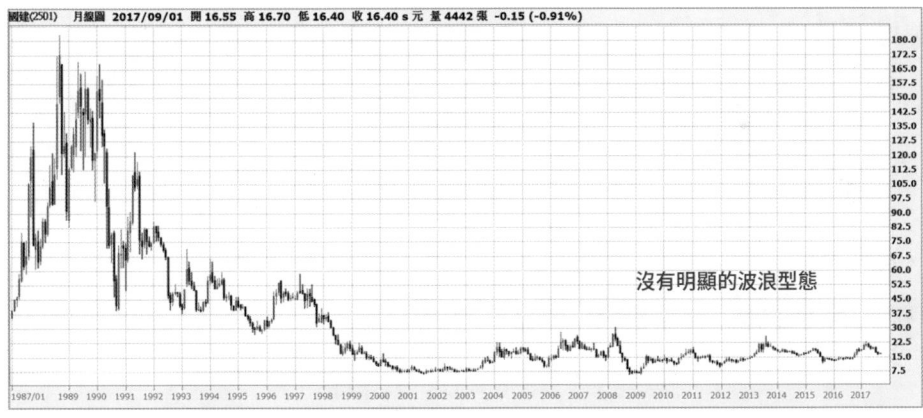

資料來源：XQ操盤高手

【圖31-3】由銀行類股代碼最前面的彰銀（2801）（代表是第一家掛牌的銀行股，股價的歷史走勢最悠久）自1987年至2017年9月的月K線

圖同樣看不出有波浪型態。而國內金控股最早設立的是2001年6月華南金（2880），其他金控股都是在華南金之後才陸續成立，因此歷史股價都僅有10多年，看不到長期的大循環波，然而讀者可以自行檢視每一檔金控股自成立以來歷史股價走勢的週線圖，或較短期的日線圖，目前看來也幾乎是很難使用波浪理論來解釋其股價走勢的。

· 圖31-3　彰銀（2801）自1987年至2017年9月的月K線圖

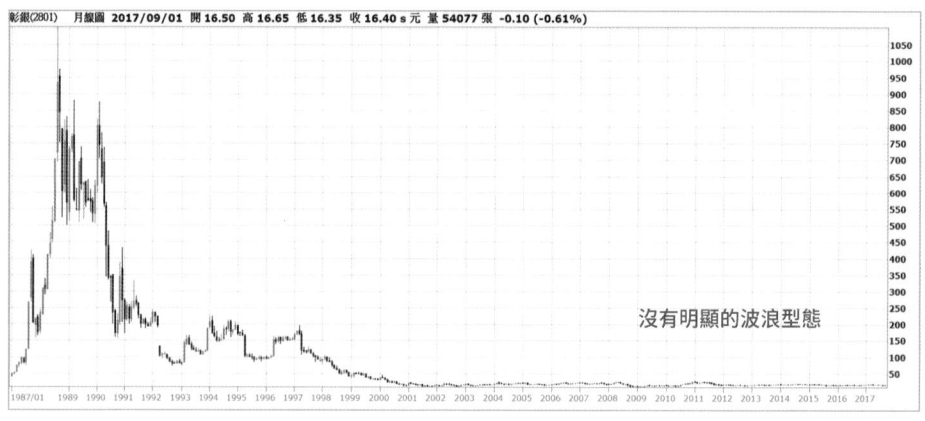

● 大型權值股的波浪分析
>> 波浪理論三鐵律很實用

　　根據前面的分析，可能會讓你失望的以為大多數個股都無法使用波浪理論。基本上正確，然而，還是有可以套用波浪理論的個股！不過在條件上需要嚴格定義，倘若能夠同時符合以下幾項條件，那麼這樣的公司股價

是有可能適用於波浪理論分析的：

1. 單一個股應占大盤很重的權重：代表這一檔個股的走勢和大盤的走勢有一定相互影響關係，而且因為市值很大，較難被特定少數人給操控股價。基本上必須是台灣50指數的成分股（幾乎近似於台股大盤權重最重的50檔個股）才能夠符合這個條件。

2. 成交量要夠大：代表流動性夠好，股價因此才能夠充分反映市場的多空看法。最好平均每天的成交量有1000張以上，才算是流動性夠好，想買的人都可以充分買得到、想賣的人也都能充分賣得掉。

3. 沒有放空交易限制：以前早期有平盤下不得放空的限制，目前大型權值股幾乎平盤下都已允許放空，所以限制減少了。另外，最好融資融券的量都夠大，或者有個股期貨可供交易，能夠讓看空的人可以自由的去做偏空的交易，如此多空兩方在比較接近於平衡狀態下，更符合艾略特所謂的自然法則。

如果按照上述的標準來篩選，那麼大約會有20至30家的大型電子權值股（不含電信股，因為電信產業屬寡占而且受政府政策影響很大）以及少數幾家的傳產龍頭股符合條件，例如台積電（2330）、鴻海（2317）、大立光（3008）、聯發科（2454）、台達電（2308）、中鋼（2002）、統一（1216）、日月光（2311）、廣達（2382）、統一超（2912）、可成（2474）、正新（2105）等等。

以鴻海（2317）為例，套用波浪理論：

Step 1：先從近30年的大循環波來檢視自1991年6月上市以來的股價月K線圖，可以用波浪來解釋其漲跌，如【圖31-4】（紅色標示為多頭，黑色

標示為空頭)而且不違反波浪理論的三鐵律，雖然在1998年10月至2000年3月期間的中期波第5波走勢當中的次一層級波(小型波)出現第i波和第iv波重疊的狀況，但這在艾略特所謂的「末端傾斜的三角形」當中是可以被允許的。

· 圖31-4　鴻海(2317)自1991年6月至2017年9月的月K線圖

資料來源：XQ操盤高手

　　Step 2：用近10年的基本波(中型波)來檢視自2007年9月以來的股價週K線圖，如【圖31-5】，由於明顯可以看出是個收斂的三角整理型態，因此可以將最後一次觸碰三角收斂下檔支撐線的地方視為修正波的結束，也就是2016年5月的地方。當股價在2017年2月以帶量長紅K線向上突破三角收斂的下降壓力線之後，就可以確認為目前處於多頭的中型波第3波，屬於主升段。

　　Step 3：利用艾略特波浪理論的三鐵律來推論未來可能走勢，若目前(本書截稿的2017年9月份)處於中型波第3波，那麼按照「第3波不會是

1、3、5波當中最短一波」的鐵律，除非將來的第5波最短，否則原則上第3波應該是會比第1波還要大的（所謂波浪大小之比較，主要是以漲幅來計算）。如果已知第1波自2008年11月21日低點52.6元上漲到2010年1月5日高點155.5元，漲幅為195.63%，那麼假設第3波漲幅大過這個水準的話，股價從第3波起點（2016年5月9日盤中最低點72.5元）推算上漲超過195.63%，也就是相當於214.33元以上的水準。

· 圖31-5　鴻海（2317）自2007年9月至2017年9月的週K線圖

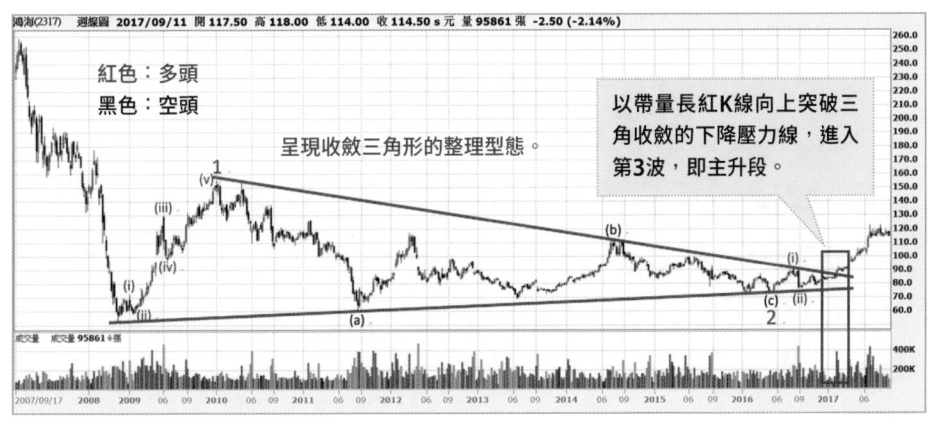

資料來源：XQ操盤高手

　　雖然聽起來幅度很驚人，不過你並不知道要花多久的時間才能夠達成，這也是波浪理論在應用實務上較危險的地方，說不定將延宕到下一次景氣循環的多頭才能夠來到（也就是說先遇到長達幾年的回檔修正，之後才又重新走多頭），那就要花8至10年之久。

　　如果以第2波從2010年開始一直到2016年才向上突破三角收斂型態，

花了超過6年的時間才終於走完第2波來看，推測估計目前這個第3波要走8至10年之久也不無可能。

　　就波浪理論的定義上來說，未來行情的發展過程中就算有出現大幅度回檔，然而只要守住不跌破第3波起點（2016年5月9日盤中最低點72.5元），那麼說鴻海股價仍在中期第3波，這樣的波浪規劃和預測都算是沒錯的，只是可能投資人在大幅度回檔過程中已經出現了不少的損失，這是波浪理論在實務應用上必須小心留意的地方。

高手的叮嚀

　　由於波浪可能給予股價的方向以及漲跌幅上的某些參考，並無法預知發生的時間要等多久，因此波浪高手們只會參考波浪規劃的方向，或許會因目前股價處於第3波主升段而買進持有鴻海，但是倘若未來大盤指數由多轉空確立，高手們就會馬上賣出鴻海，因為鴻海身為台灣加權股價指數的第二大權值股，與大盤的走勢是高度連動的，一旦大盤轉空，鴻海就不太可能再持續走多了。

如何判斷股市的「第五波末升段」何時會結束？

散戶最怕在市場一片大好時，進場買進，結果卻是買在最後一波的高點、從此套牢慘賠。但是看著股市一直漲、一直創新高，若都空手也怕賺不到錢。 從2017年第三季往回推1年，有不少分析師認為這段時間已經進入2008年金融海嘯之後、2009年至今的中期多頭循環波「第五波末升段」，因此遲遲不敢買進股票，怕追高又被套牢、甚至慘賠。至於想要做空的投資人又怕太早放空，可能會被軋空很長一段時間，忍不到最後市場真的下跌，就中途停損甚至斷頭出場了。

很多人說第五波末升段又叫做「邪惡的第五波」，因為它很容易出現延長波、再延長波，結果原本以為只會漲半年、1年的行情，卻持續漲了2、3年，無論是對於做多者或做空者來說，都會相當不安。不安的原因在於：第五波的結束，就是多頭循環的結束、進入空頭循環的開始，因此對比之前的第三波、第四波來說，這是非常重要的行情轉折點，大家都害怕在這麼關鍵的轉折點上做錯方向，會損失不小。

「邪惡的第五波」不會平白無故的出現，以下檢測可以告訴你現在台股是不是已處在末升段？

	全球5大央行的貨幣政策，3個以上趨向緊縮
	新臺幣進入明顯的貶值趨勢中
	台股的電子、金融、非金電3大指數齊揚
	單日成交量突破1800億元

低於2個 √，尚在觀察範圍之內；
超過3個 √，操作股票就務必謹慎。

● 觀察資金時 >> 用「潮汐」取代「波浪」

　　既然在波浪的計數上，到了第五波很容易因為受延長波的影響而錯估，那麼我們就應該把眼光放大一點，觀察資金的潮汐，而不要看短期的波浪，這樣在研判大行情的結束點上，更能夠穩定的判斷出來，而不會頻頻錯估行情。

　　至於資金的潮汐該如何觀察呢？若以全球股市的角度來看的話，主要是看全球五大央行（美國聯準會、中國人民銀行、歐洲央行、日本央行、英國央行）的貨幣政策。以目前（2017年第三季）來說，如果只有其中一、兩個央行的貨幣政策從寬鬆轉為趨緊，例如美國聯準會自2015年12月開始升息，但是歐洲央行和日本央行仍在實施量化寬鬆（QE）且尚未升息、中國和

英國也都尚未升息，那麼全球資金的總量還是在增加的。

接下來，我們就要密切注意下一個可能會停止QE的歐洲央行、可能會跟進美國升息的英國央行。如果歐洲央行、英國央行的貨幣政策也都開始緊縮的話，等於是全球五大央行當中有三個趨緊，那麼全球股市的資金行情才會可能結束。

· 圖32-1　台灣加權股價指數與新臺幣兌美元匯率走勢比較圖

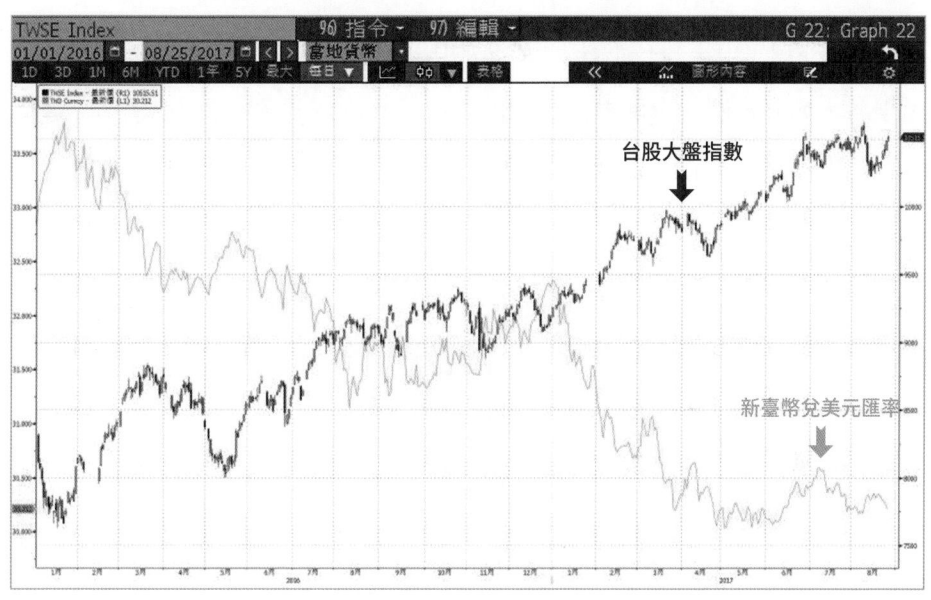

資料來源：彭博資訊

對於新興國家的股市而言，包括台股在內，主要就是看國際資金是否有持續在流入新興市場，而最簡單的觀察指標就是「匯率變化」。倘若新臺幣仍處在升值的趨勢，或者維持在一定價位區間內沒有明顯貶值的話，台股就不易出現大跌，因為外資已經持有台股總市值的四成，只要外資買超

台股，通常就要先把錢匯入台灣、新臺幣會因此升值；相反的，外資若撤離台股，新臺幣會因此貶值。以2017年第三季前後的新臺幣匯率來看，近期台股應可繼續維持在高檔，不易看到轉空趨勢。

● 從類股輪動狀況
>> 觀察行情是否接近尾聲？

無論是2000年科技泡沫，或者2008年金融海嘯前的股市高點，都是出現各大類股齊漲、全面噴出的量滾量行情。就如同華爾街的諺語：「行情總在絕望中誕生，在半信半疑中成長，在歡欣鼓舞中幻滅。」這可是數百年來不斷被驗證的真理。

只要股市投資人還是半信半疑的，代表戒慎恐懼的心理還在，股市就不會是高點。這個道理很簡單——因為還有不少人沒進場，只要股市還有換手給後知後覺者的機會，就會是以「類股輪動」的方式來延續多頭行情；等到行情要結束時，通常是想買股票的人都已經進場了，而各類股齊揚，才會讓人們感覺股票很好賺、不買對不起自己，尤其看著所有股票都在漲，就會衝動性的想要趕緊買進，這種情形下整體股市的成交量會來到最大，通常也就是最高點。

以台股為例，最常見的三大指數就是電子指數、金融指數、非金電指數，以最近兩年的走勢圖來觀察，它們是輪動的、幾乎沒有同時一起漲過，也因此，成交量都不會太大。預計未來1、2年內如果看到各大類股齊揚、爆量1800億元以上的日成交值出現，就有可能會是台股多頭行情的結束。

·圖32-2 台灣電子指數、金融指數、非金電指數
近2年的走勢圖

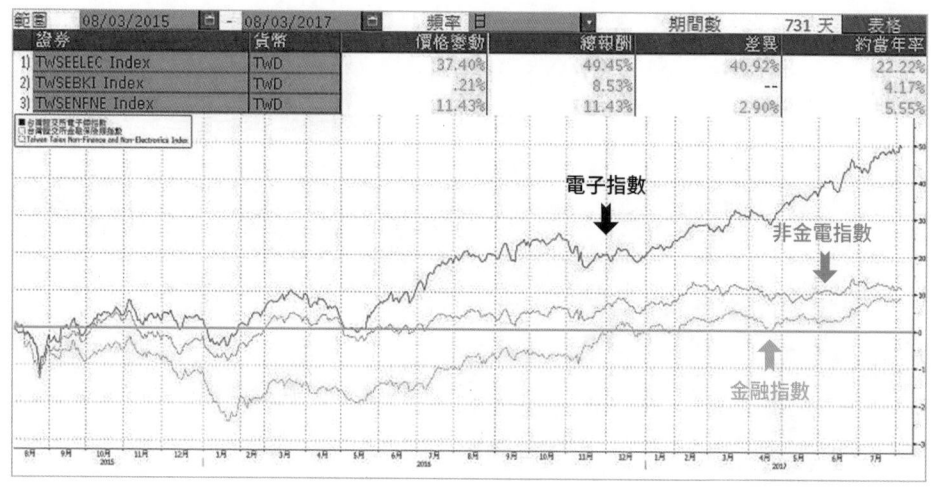

範圍	08/03/2015	-	08/03/2017		頻率	日		期間數	731 天	表格
證券		貨幣		價格變動		總報酬		差異		約當年率
1) TWSEELEC Index		TWD		37.40%		49.45%		40.92%		22.22%
2) TWSEBKI Index		TWD		.21%		8.53%		--		4.17%
3) TWSENFNE Index		TWD		11.43%		11.43%		2.90%		5.55%

資料來源:彭博資訊

高手的叮嚀

　　華爾街的諺語:「行情總在絕望中誕生,在半信半疑中成長,在歡欣鼓舞中幻滅。」就是股市最好的縮影,如果你發覺市場上投資人多半還是半信半疑的、不太敢進入股市,買股票也不敢買多、出手很謹慎,那麼通常行情不會在這個階段就結束。你可以等市場上多數投資人都一片樂觀、報章媒體也都在喊多時,再開始擔心就好了,而台股緩漲、成交量沒有暴增到1800億元以前,也都算是半信半疑成長中的階段,暫不易反轉向下。

Chapter.5

關於「操作策略」的難題

操作個股也可做「多元分散配置」嗎？該怎麼做最好？

現在全世界的金融市場都在提倡資產配置，操作個股的投資人也需要多元分散配置。不過，一般的散戶往往會誤解或是錯用了「多元分散配置」的意涵，尤其許多部位不大的投資人，東買一張A股票、西買一張B股票、南買一張C股票、北又買一張D股票⋯⋯多達10、20檔持股，往往連自己的庫存有什麼股票都不太記得。

「多元分散配置」這個觀念本身並沒有錯誤，但以一般散戶投資人的部位大小而言，建議持股以5至10檔為佳，過多檔的持股對於一般散戶其實反而是種傷害，因為他們並無足夠能力與時間同時追蹤太多標的，倒不如減少持股檔數，並且專心看管好每一檔標的。至於持股水位該如何調整、什麼情況該加減碼，這也是一般散戶常遇到的難題之一。

在多頭時期，你可以依循以下**3**個持股配置原則：

Tips 1 持股以**5～10**檔為限，沒時間看盤則持有指數型**ETF**即可，例如**0050**。

Tips 2 若週**K**線連續三根跌破年均線→降低持股 反之若站上年均線→增加持股。

Tips 3 使用「迴歸分析」與「均線乖離率」兩個指標作為加減碼依據。

● 在大多頭持股以年線為界
>> 順勢做多就是正解

　　通常在一個完整的景氣循環週期中，多頭（股價指數從最低點上漲到最高點）的時間約略占了8成，而空頭（股價指數從最高點跌落到下一次的最低點）的時間約略為2成，意思即為：在這8成的時間裡，盤勢都會比較支持多方。

　　真正的贏家不會逆勢操作，絕大部份的時間可能都需要維持高持股水位，你或許曾聽聞股市高手在大多頭中持股幾乎都是維持滿檔，其原因在於「這是一個多頭市場」，如果你看過傑西・李佛摩的《股票作手回憶錄》，該書也曾提及這個簡單卻重要的觀念，因為沒有人能夠精準預測每次行情走勢

過程中的起伏，若任意降低持股水位，則可能會讓你的績效落後給大盤。

很多散戶會覺得很難判斷多頭和空頭，以為當下行情已經進入空頭了，結果事後又再創新高。其實最佳的判斷依據，就是以「景氣循環」的角度來看（平均大約8到10年循環一次），而最簡單的就是觀察央行的利率政策，只要沒有連續升息、升到超過企業所能夠負擔的利率水準，企業的整體獲利都是會持續創新高的，而股價也就維持不變的多頭趨勢。

當然，就算在同一個景氣循環中，股價走勢也會有幾次較大的回檔修正出現。通常在多頭循環中，是不太會跌破年均線的（連續三根週K線在年均線之下，才視為正式跌破），如果會被正式跌破，通常就是大多頭循環當中的中期回檔修正，而這種中期回檔修正進行的時間往往會長達1年，才能夠讓股價重新再正式站回年線之上（連續三根週K線在年均線之上，才視為正式站上）。

· **圖33-1　台股大盤指數自2008年1月**
　　　　　至2017年8月14日期間的週K線圖

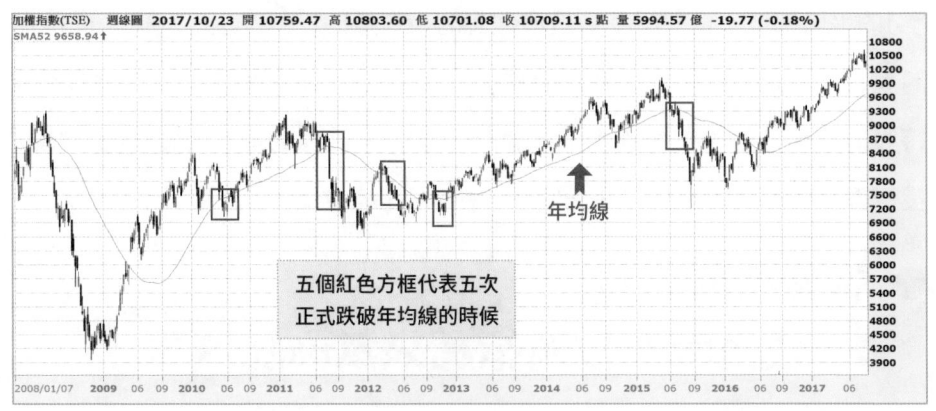

資料來源：XQ操盤高手

因此，你可以在週K線連續三根跌破年均線後，把持股降低到零也無妨，因為長達1年的上下震盪盤，期望值可能是零、甚至是負的（因為修正波有很多種不同樣貌，你永遠不會知道是哪一種，通常是多空雙巴而頻頻停損），所以不做也罷。等到連續三根週K線重新站回年均線之上，且年均線走揚，再重新進場做多、持股滿檔即可。

至於持股要有多少檔才是最佳的？這不會有絕對答案，依你能夠花多少時間和心思顧好你的持股而定，如果你平常並沒有時間研究股票，那麼其實最適合的是買進並持有元大台灣50ETF（0050），因為它已經把台灣最大、最優質的50家公司涵蓋其中，你只要買這一檔，就相當於分散投資在50家優質的大公司。

如果你覺得ETF漲勢太過溫吞，而且願意並能夠每天花30分鐘至1小時來研究股市的話，那麼認真選好5至10檔持股就是不錯的選擇，超過10檔以上，往往在操作上就失去效率了，因為這種持股過度分散的狀況下，會有好幾檔個股走勢會是讓你覺得「棄之可惜」或者「再多放一段時間看看好了」的平庸部位，這些絕不會是最理想的投資標的。基本上，一個投機操作的高手，總是會把資金放在最有優勢的地方，不會有平庸的部位，也因為持股檔檔都是強棒，績效才不會淪為平庸的水準。這就如同股神巴菲特的投資哲學──把雞蛋放在同一個籃子裡，然後全力顧好它。

● 調整持股水位
>> 使用兩個技術指標來幫你加減碼

在多頭市場中，若要調整持股水位，執行上亦應選擇有紀律的方法，

大家都知道要「逢高調節、逢低加碼」，但多高才是高？多低才適合加碼呢？技術分析是以統計學為其基礎的分析方法，以下介紹兩種可以用來調節持股水位的技術分析方法，無論你使用哪一種，首先要了解自己的投資或是投機的週期性，來決定選擇多少時間頻率的參數為依歸。

1. 使用迴歸分析

無論是大盤指數或是個股股價，都存在著「主人與狗」的現象，指數或是股價會在基本趨勢線周圍，上下不停地來回穿梭，在這樣的情況下使用迴歸分析調整持股水位，會是個相當有效率的方法。

利用一個標準差或兩個標準差做為加減碼的依據，例如：在基本趨勢上時，將持股水位設定為80%，而股價朝正向邁進每增加一個標準差，就降低10%的持股水位；反之，若股價朝負標準差前進，則每減少一個標準差就增加10%持股，因此，整體而言持股水位就會在60%至100%之間轉換。

在此介紹一個很實用的「樂活五線譜」投資術（網址http://invest.wessiorfinance.com/notation.html?stock=^TWII），讀者可以上這個網站，嘗試用迴歸分析檢視自己的持股。

【圖33-2】為台灣加權指數（在上述網址輸入台灣加權指數的代碼：^TWII）所進行的迴歸分析，可以看到此波上升軌道的基本趨勢（紅色線）及正負兩個標準差之水準。該網站也提供國際各大指數以及知名基金的迴歸分析，若能利用客觀且有根據的統計學方法來調整持股水位，較能幫助投資人建立操作的紀律及穩定性。

・圖33-2 台股大盤指數自2015年12月15日
至2017年8月15日期間的走勢與五線譜

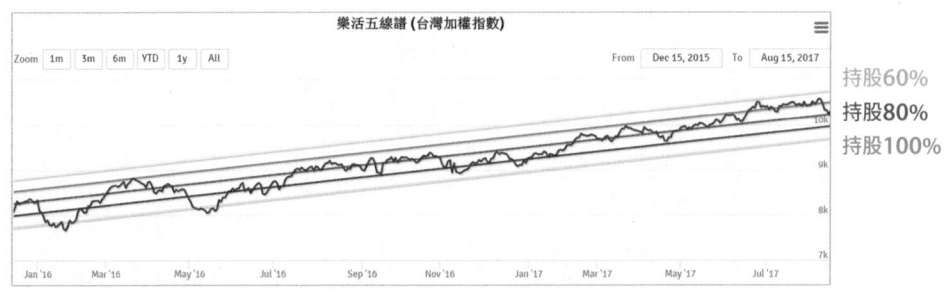

資料來源：樂活五線譜(http://invest.wessiorfinance.com/notation.html?stock=^TWII)

2. 使用均線乖離率

均線乖離率即為股價最新價位與平均值之間的離散程度，不同的投資或是投機週期所重視的均線不盡相同，而每檔個股的股性亦不相同，造就了每檔個股所該重視的均線乖離率當然不會相同。由於不少投資人希望自己能夠獲取一個「大賺小賠」的操作績效，在此就以台股的大盤指數波段操作者較適合使用的方法加以說明。

就一個指數的波段操作者而言，在大多頭市場中唯一比較害怕的就是指數連續性的重挫，建議可以參考「5年均線乖離率」作為調整持股水位的依據，一般而言，建議以「台灣加權股價指數與5年均線之間的乖離率超過15%」作為減碼調整的時機。因為根據歷史經驗，只要正乖離率超過15%，大盤隨即進入短線超漲過熱區域，推估至少拉回修正5%的機率是非常高的。

【圖33-3】是台股大盤指數自2008年1月至2017年8月14日期間的週

K線圖與5年均線乖離率，幾乎每一次乖離率超過15%時，就算沒有馬上出現大幅回檔，也普遍會在出現此訊號之後的1至2週內發生超過5%的回檔修正（如圖中黑色箭頭所指處，是為正乖離突破15%的訊號）。

· 圖33-3 台股大盤指數自2008年1月至2017年8月14日
期間的週K線圖與5年均線乖離率

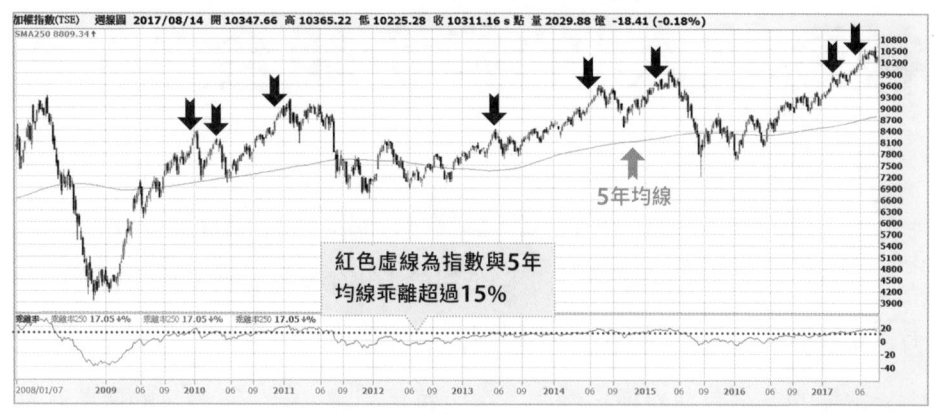

資料來源：XQ操盤高手

高手的叮嚀

一般投資人在操作時必須切記：順勢而為，且持股檔數不可過多，在大多頭時期因為整體股市會呈現類股輪漲，做多會輕鬆許多。若想要透過調整持股水位來趨吉避凶、超越持有完全不動的績效表現，請務必使用客觀、統計上有意義（例如迴歸分析或5年均線正乖離超過15%）的方法，才能夠進退有據。切勿使用主觀判斷方法，否則往往猜錯而後悔居多。

第**34**道難題

如何建立一個能「長期創造
被動收入」的投資組合？

不少投資人都希望透過建立一個能夠長期、穩定，且能創造被動收入的投資組合，那麼就可以降低對於上班領薪水或兼差努力賣命的壓力，甚至提早實現財務自由，不再工作。

常見的方法有好幾種，例如：選定每年配發4%～7%股息的股票，穩定存股；或者投資每個月均有穩定配息的高收益債券基金；又或者投資在每個月固定撥回5%～6%的類全委保單。

這些是近年來的主流趨勢和主要選項，問題在於，該如何比較它們的優劣？哪一種方式又較能提早實現財務自由、趁早退休的夢想呢？

訂出中長期的目標、有紀律的執行，就能一步步地創造出屬於你的被動收入：

選定每年配發4%
至7%股息的股票，
穩定存股。

投資每個月都有穩
定配息的高收益債
券基金。

投資在每個月固定
撥回5%至6%的類
全委保單。

被動
收入

● 訂定漸進式目標
>> 先求資產增值，再求被動收入

　　如果你想要完全依靠被動收入來滿足你的人生，而且是靠一個穩健的投資組合來獲取每年5%的收益率，那麼若要達到一年收取100萬元的被動收入，需要的本金就是100萬元除以5%，也就是2000萬元，而這2000萬元是必須完全投資的，不能保留現金，也不能花掉。

　　要存到這2000萬的閒錢，只靠單純工作所領的薪水，是需要一段很長的時間才能達成，而實際用這種方法達到目標的人也不多（因為生兒育女、買房買車、出國旅遊、子女教育等開銷，就會占據你半數以上的薪資所

得，甚至全部用盡）。因此比較實際可行的方法，有下列兩大原則：

1.從被動收入占總收入的10%開始，再逐步提高

若要一次湊足2000萬的閒錢，有如一步登天，但若是分階段、一步步逐漸累積，可行性將會比較高。要知道，資產的增值主要有「股息收入」與「資本利得」（價格上漲的增值效果）兩種來源。如果你在很年輕的時候，就把重點都放在股息收入，那麼也就犧牲了資本利得的機會，反而更延長累積達到2000萬元目標所需的時間。畢竟長期投資的複利效果，是建立在「股息再投資」的錢滾錢、利滾利之上，你必須將收益再滾入做投資，才能加快資產的累積速度。

2.若想靠被動收入養活自己或全家，就不要再奢望留下遺產

上述的那2000萬元閒錢，是建立在「每年領取被動收入，直到你離世為止，那2000萬本金都還在」的狀況下，但實際上，留下大筆遺產未必對下一代是好事情。父母留給下一代最好的禮物，應該是好的性格、好的習慣，和正確的價值觀，而不是遺產，因為遺產通常會造成下一代不好的性格、不好的習慣，和不正確的價值觀，或者提高後代因爭產而兄弟鬩牆的機率。因此，只要確保錢用到100歲都還有剩，是可以不需要累積到那「永不凋零」的2000萬元，而是累積約1000萬到1500萬元之間就足夠了。

在以上的原則之下，那麼無論是透過「存股」選定每年配發4%～7%股息的股票，或者投資於每月穩定配息的高收益債券基金，又或者投資在每

個月固定撥回5%～6%的類全委保單，都是可行的方式，而這三者主要的差異，就在於「股債比」的不同。倘若你存的是股票或高收益債券，由於和景氣循環高度連動，在空頭市場當中，恐怕會因為價格的下挫而造成恐慌性賣出（在2000年科技泡沫、2008年金融海嘯時，存股族很難存活過這幾次的大空頭而不慘賠），因此，交給機構法人操盤的「類全委保單」是散戶比較可以安心度過多空循環的一種方式。

若不信賴法人操盤，或不想透過保單的型式來投資（有些人覺得費用率太高），那麼也可以選擇「多重資產型」或「多重收益型」的基金，進行定期定額投資，隨著薪資所得越高、每個月扣款的金額愈越大，就是最簡單可行的方式。

● 多空循環也不怕
>> 維持機械式操作、減少人為判斷

前面提到，存股族往往很難熬過大空頭市場的考驗，原因主要在於一般人的口袋不夠深，面對整體的股市崩跌，要保持理性客觀是很難做到的，因為看到價格跌了超過20%，一定會有人跟你說「要停損」、「不停損就是拗單」，你很難判斷當下到底該不該停損。一旦你停損賣出了手上的部位，也很難知道何時該買回來，而通常在空頭期間離開市場的人，會等到未來股市重新熱絡、股價明顯大漲之後才會再回到市場，而那時候的價格，可能已經比你出場時的價格還要更高了。

要克服這種難以控制進出場時機點的挑戰，最好的方法就是機械式的

操作、減少人為判斷，才能夠降低因為人性的貪婪和恐懼，對你造成的傷害。在本書的第42道難題〈如果台股未來遇到大空頭，「存股族」該繼續存股嗎？〉提供了幾個有紀律的投資方式，都是可以作為「累積退休所需資金」的好方法，值得大家參考！

高手的叮嚀

「被動收入」感覺就是不用工作、不用花心思，也能夠享受源源不斷的資金流入，感覺很好，然而前提是你必須先累積到一筆「能夠孳生夠大的被動收入」所需的投資本金。但要是太早注重被動收入，反而會減緩你財富累積的速度、延遲了退休的時間。因此，先求取「資本增值」作為首要目標，等到靠近退休年齡時再將目標逐步轉為「股息或債息收入」(本金只要保值就好)就是最佳之道。

我的資金不足，該如何「快速累積財富」呢？

在德國股神科斯托蘭尼的巨作《一個投機者的告白》中有句名言說：「有錢的人可以投機，錢少的人不可以投機，根本沒錢的人必須投機。」有錢的人可以投機，因為承擔得起投機失敗所帶來的風險；錢少的人不可以投機，因為無法承受投機所帶來的風險，穩紮穩打的「投資」，方為錢少的人之上策；而根本沒錢的人必須投機，因為窮得連投資的本金都沒有。

針對「資金不足如何累積財富」這個問題，以下將以「錢少的人」，以及「根本沒錢的人」來分別做說明。

・如果你是錢少的人

既然已是錢少的人，更承擔不起投機所帶來的高風險，你所要做的是做好投資，因此你必須使用正確的投資心法以及工具。「投資」的核心在於長期資本增值，有些投資人會誤以為一定要選擇高配息的產品，其實未必，要達到長期資本增值產生複利效果，縱有利息也必須建立在「利息再投

資」的基礎上，故配息與否並非最重要的考量，而價值型股票、原型ETF均屬於適切的投資工具。

· 如果你是根本沒錢的人

若是窮得連投資本金都沒有的人，就必須投機，必須以小博大。但屬於投機世界的心法其實較投資更為高深許多，講求邏輯、注重時機，甚至有時還需要一點運氣，而選擇的工具多為具槓桿性質之商品，例如期貨、選擇權、權證等商品均屬於此類，可能的高報酬背後隱含的是可能的高風險，若對於上述商品不熟悉者，建議使用風險有限的產品，例如做選擇權買方以及買進權證，而期貨、選擇權賣方這些可能除了虧光本金還會倒賠的商品就先暫時別碰。

 解題 Key Points 　　　　　　　　　　　　　　　　　　2002

如果你是以下這兩種人，可以這樣思考你的翻身策略：

錢少的人

把握「利息再投入」原則，買價值型股票、原型ETF，靠投資達到長期資產增值。

根本沒錢的人

學習「槓桿」相關的心法，可買選擇權、權證，靠投機以小博大。

● 掌握多頭市場的複利效果
>> 多頭比空頭長很多

看完了上述兩種人的做法後，你肯定會納悶：沒錢的人若還使用價值型股票或原型ETF的商品做投資，恐怕無法快速累積財富吧？

我要在這邊特別解釋，所謂的「快速累積財富」，你該看的時間軸是你的整個人生，若透過正確的投資心法及工具可以幫助你提早10年至20年退休，那麼這樣相對於社會上多數不懂投資理財的人而言，就已經算是快速累積財富了。

· 圖35-1　台積電自2008年起至2017年7月17日
　　　　　還原權息週線走勢圖

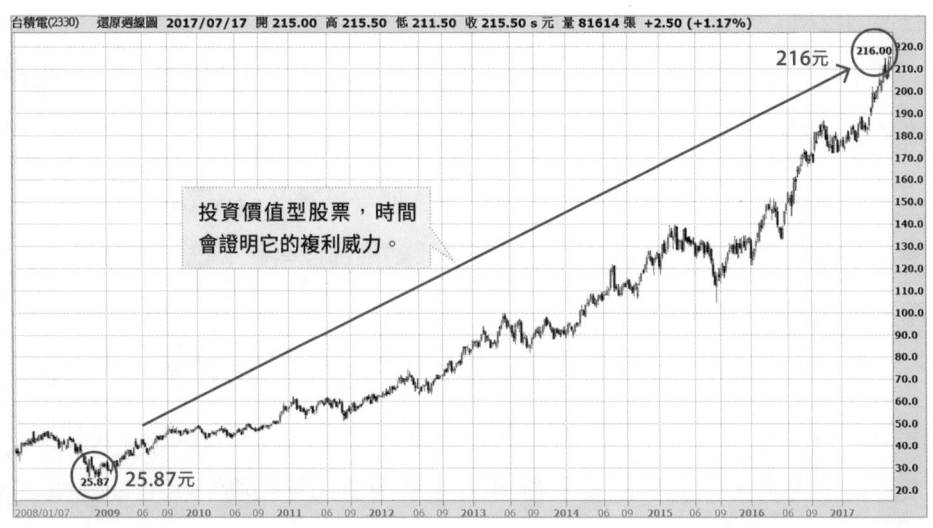

資料來源：XQ操盤高手

【圖35-1】是台積電（2330）還原權息的週線走勢圖，你可以看到這次的景氣循環從2008年起至2017年7月17日為止，股價從低點到高點已經超過8倍的漲幅，足可證明就算是投資價值型股票，你仍可以擁有一張漂亮的對帳單。掌握心法、利用時間累積複利效果，肯定可以幫助你在人生的時間軸上快速累積財富。

　　當然，如果你完全沒有時間選股的話，那麼就建議買進貼近台股大盤指數的ETF，例如元大台灣50ETF（0050）或者直接追蹤台灣加權股價指數的ETF也可以。

　　就大盤指數而言，從2008年到2017年7月底的漲幅也有大約250%，這樣的績效絕對是比完全不做投資的人，或者僅把錢放在銀行存款的人累積財富的速度要快很多，節省很多打拼的時間，甚至加快提早退休。當然，不投資的人一定有理由，最常見的理由就是害怕股票可能會跌價、大盤指數也會有走空頭市場的時候。

　　不過你必須理解，多頭市場進行的時間長度以及上漲幅度，都是遠遠大於空頭市場的，因此就算你傻傻的抱著指數相關ETF，抱上再抱下（或者抱下再抱上），經過一次景氣多空循環後，你會發覺財富又累積得更多了，畢竟台股指數有史以來的每一次大空頭低點，都沒有跌破前一次循環的低點，也就是說，基期總是愈墊愈高的。

　　關鍵在於通膨，而通膨是對股市有利的，因為只要通膨上升，產品價格上漲，公司的營收和獲利數字也會跟著上漲；然而，通膨對定存者來說則是傷害，因此，投資股票者長期來講會比不投資的人更能夠抵抗通膨壓力。

● 集資操作最怕空頭市場
>> 槓桿將放大連鎖反應

對於根本沒錢的人來說，有另外一條捷徑有機會可以快速累積財富，不過天下沒有白吃的午餐，你要比別人更快速累積到財富，就一定要付出比其他人更多的心力，並且承擔更大的壓力。

安納金觀察身邊很多年輕就賺到大錢的人，其中有一部分是藉助於親朋好友的資金，來作為起步的資金來源。就好比創業者想要開一家公司，勢必很難百分之百靠自己的資金來起頭，而是會透過向父母、兄弟姊妹、或親朋好友們集資來開設公司，作為創業基金。投資也一樣，倘若你認為你在投資上具有比別人優異的能力或技巧，那麼就想像成是自己開一家虛擬的投資公司，你就是老闆（操盤者），尋找股東來投資、一起創業，而唯一的營運項目就是去投資。

大家都聽說過，創業可能有一半以上的結果都是失敗的、十個人當中可能只有一個相當成功而大賺，其他的成功者也可能只是普通賺錢、能夠養活一家幾口和員工，但並不是大賺。在投資領域也一樣，要靠集資去做投資的結果，也會有一半是失敗的、少數能夠大賺。但是在投資領域有一個好處，就是在多頭市場當中，大盤指數的上漲會掩護你的無能，也就是說，只要整個市場在上漲，就算你選股很爛，只要不做空（提醒：逆向行駛很容易撞車喔），基本上都會漲，只是漲多漲少的差別罷了，不容易賠錢。

當然，這個方式怕的就是大空頭來襲，就如同股神巴菲特說過的：「退潮之後，你才能知道誰在裸泳。」因此，如何避開空頭市場的大虧，就成了

集資進行投資的重要課題，這部分可參閱《高手的養成》這本書的第五章〈面對大空頭市場的致勝之道〉。

在此，我還是必須善意的提醒，你一定要確定、而且證明了自己投資能力有勝過市場上多數的投資者，或者至少可以穩定打敗大盤指數，才能夠用集資做投資的方式。畢竟借錢來做投資，相當於是放大槓桿的概念，在《高手的養成》這本書中的第152頁至156頁有探討這方面的議題。重點就是：槓桿可以放大你的損益，但無法強化你的能力。槓桿在強者手裡將是獲利放大的神器，但在弱者手裡卻會毀了自己。

高手的叮嚀

追求卓越，成功自然會找上門，無論你是錢少的人，還是根本沒錢的人，學習贏家心法、培養贏家思維，是累積財富的必經之路。市場上最不缺乏的就是賺錢的機會，但關鍵在於當機會來臨時，你是否已經具備足夠的能力擁抱它。集資進行投資常常是幫助強者快速累積第一桶金的捷徑，但是如果你不是強者，往往會傷了自己、傷了家人以及好友之間的關係，不可不慎。

我只有10萬元，該如何開始「投資」或「投機」呢？

本金小但想累積財富的做法，有投資與投機兩種。但無論是本金小的投資還是投機，可能都只適合中年以前的人這樣做，因為要累積財富，需要「時間」這個關鍵因子才能滾動。若是要投資，希望的是靠著穩定的報酬率，年復一年去滾動財富；若是要投機，希望的則是以小搏大，要在短時間內創造高報酬。投資與投機無分好壞，只要配合自己的個性並加以學習其心法，均能有一定成效。

至於為何只給予中年以前的投資人建議呢？因為累積財富需要透過時間創造複利效果，中年以後的投資人可能沒有足夠的時間，也承擔不起過大的風險。股神巴菲特曾將累積財富比擬為滾雪球，你需要做的是找到一條夠長的坡道，將你的小小雪球滾下去，隨著時間與滾動的距離夠長，就會讓這個小小的雪球慢慢變大，且因雪球變大、重量增加，雪球越滾越快，變大的速度會比早期快很多，這也是為什麼有錢人變成超級有錢人的機率，會比窮人變成有錢人的機率高出許多的原因。

投資與投機的心法不同,不能搞混,否則會一無所獲。

10萬元的投資

- 靠穩定的報酬率,年復一年滾動財富。
- 選擇長期穩定向上的標的,如優質權值股或台灣50ETF。
- 過程中要不斷投入更多本金,加速財富累積。

10萬元的投機

- 以小搏大,短時間創造高報酬。
- 選擇高波動標的,如活潑的中小型股或槓桿型ETF。
- 要嚴格控管紀律、貪婪與恐懼,不追高殺低。

● 透過投資 >> 尋找夠長、夠穩定的雪球軌道

　　一條夠長、夠穩定的雪球軌道,必定是個長期能夠穩定向上、不斷創新高的標的。以一次景氣循環約略平均8至10年來說,大多數的指數都會不斷創新高,個股就不一定了,畢竟產業有興衰、個別公司都有可能被淘汰。但是大盤指數代表整體存活下來的股票,愈壯大的權重愈重,愈弱的隨著股價下滑,權重自然就會下降。例如台積電(2330)、鴻海(2317)、大立光(3008)這些大者恆大的龍頭廠,占指數的權重就很重,三家公司合計占台股指數的權重已經超過25%。

·圖36-1 元大台灣50ETF(0050)還原權息週線走勢圖

資料來源：XQ操盤高手

以台股來說，投資元大台灣50ETF(0050)會是一個好方法，但要記得把其每年所配發的股息再投資進去，如此年復一年才能享受到利滾利所累積放大的複利效果。

【圖36-1】為元大台灣50ETF還原權息的週線走勢圖，顯示從2008年金融海嘯至今也有超過270%的獲利(自2008年11月的低點22.15元，漲到2017年7月31日的82.65元)。若就個股來說，當指數在不斷創新高時，權值股大部分也都會隨著創新高，因此類似台積電這樣的優質龍頭企業也可以作為你的雪球軌道選擇之一。

如果你初期的本金只有10萬元，想要靠穩定的投資，把10萬元滾到100萬元，這需要900%的報酬率，你認為要花多久的時間呢？基本上若

沒有挑對個股，而要單靠大盤指數，或者沒有槓桿性的原型ETF來投資獲利，在10年之內難以達到900%的獲利。因此，大多數靠投資存到第一桶金的人，其實都是中途不斷地投入更多的本金，也就是說，要把每個月能夠存的錢盡量地投入，像是定期定額投資的概念，才會加速累積到第一個100萬元。目前台灣證交所有開放個股的定期定額投資，每個月只要3000元起，就可以投資ETF或者單一個股。一個人從25歲起算至60歲，35年的投資期間內，約略會經過4次的景氣循環，只要把握每次的大多頭並滾動財富雪球，時間就會是你最好的幫手，長年的複利效果威力可比原子彈，而有紀律、穩定的增加投入本金，更是加速累積資產甚至提早退休的捷徑。

● 透過投機 >> 在高波動中追求高報酬

投機的目的，在於短時間內創造價差，因此在尋找投機機會時，需要找尋「高波動度」的標的。凡事皆有一體兩面之處，優秀的投資家追求的是波動度小而穩定上漲的標的，而優秀的投機家總是在追尋並與高波動度共舞。至於波動，通常來自於標的物本身的特性，例如中小型股，因為股本小、股性活潑，往往上漲時可以在幾個月或一年之內大漲1、2倍，但若以大盤指數或大型權值股來說，這個情況就不太可能發生。

然而，如同本書其他難題中都曾提到的，中小型股是高報酬但也高度風險的，尤其紀律不夠強的新手，往往會因為貪婪和恐懼而在大幅波動的過程中追高殺低、成為犧牲者。特別是在許多小型股的背後，往往都有主力大戶在操弄，你的勝算可能不高，而一國的大盤指數因為很難被特定人

士操弄，儼然成為你值得信賴的買賣進出標的選項。只要紀律夠好，低買高賣、來回操作指數型的ETF，是勝算較高的做法。

· 圖36-2　上證指數自1990年以來週線走勢圖

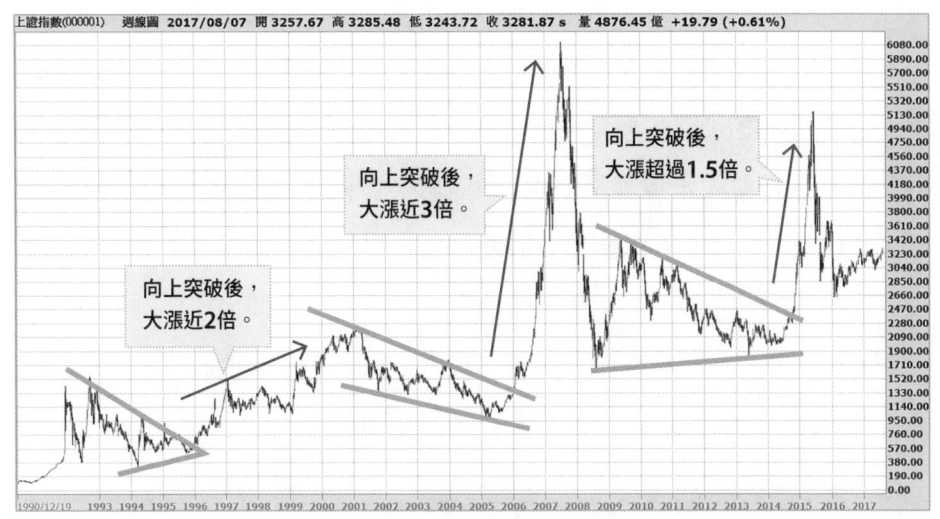

資料來源：XQ操盤高手

如果你覺得台股大盤指數的漲勢太過於溫吞、波動太小，那麼你可以考慮兩倍槓桿型的ETF，或海外股市的ETF，例如大陸股市相關的ETF，其波動度普遍都比台股指數還要大，也因此，不少市場老手除了操作台股之外，也會透過在台灣證交所掛牌的陸股兩倍槓桿型ETF，短線操作獲取利潤，這就是為什麼包括滬深2X（00637L）、上證2X（00633L）時常會成為每天台股集中市場成交量的前十大標的。

【圖36-2】為上證指數的週線走勢圖，從圖中可以明顯看出上證指數絕大部分的時間都在盤整，但是它一旦發動攻勢，漲幅都會相當驚人，甚至是好幾倍的漲幅，這樣的市場就會是優秀投機者的天堂（但可能是投資者

的地獄）。投機者可以在短時間內享受到高波動度所帶來的報酬，尤其透過兩倍槓桿型的ETF來操作的話，由於槓桿型ETF的複利效果，使得漲幅又大過指數漲幅的兩倍。有關國際股票型ETF的介紹，以及槓桿型、放空型ETF的操作技巧，可以參考張雍川、游穎鴻的著作《ETF煉金術：狠賺全球波段財》（Smart智富／2016年11月出版）。

至於為什麼國際上普遍的槓桿型ETF都是兩倍槓桿，而不是三倍、四倍？因為槓桿愈大，愈容易發生「你看對了方向，但是熬不過波動」的遺憾，所以目前台灣主管機關僅開放兩倍槓桿型ETF，而國際上雖然早就已經有三倍槓桿做多型、三倍槓桿放空型，甚至推出了四倍槓桿做多型，但是因為能夠在這個高槓桿底下存活的投資人並不多，故無法成為普遍的主流，也因此兩倍槓桿型ETF才是勝率較高的選擇。

高手的叮嚀

投資與投機是兩個截然不同的世界，所使用的心法也往往大不相同，一般散戶最常見的問題就在於心法的誤用，常常錯把投資的心法用在投機上，而把投機的心法用在投資上，結果就是無論投資或投機均無法成為贏家。再次提醒：選擇投資者，須透過時間讓雪球壯大；選擇投機者，須利用波動度創造價差，而這兩種世界要遵守的教條是截然不同的，甚至有時常會衝突。一般散戶難以兼顧兩者，誠如安納金所言：「你不能兩種世界的神都拜，把投資和投機搞混了，最後窮極一生而一無所獲，卻說都沒有神在眷顧你。」

第**37**道難題

我只有10～30萬的資金，該如何建立「投資組合」呢？

對於大多數進入職場未滿3年的社會新鮮人或者小資族來說，往往手頭上也僅有10至30萬元左右的閒置資金，能夠作為投資理財用途。在資金不足的狀況下，一方面想要賺到可觀的獲利，趕快累積到人生的第一桶金（通常是指100萬元新台幣），但一方面又怕萬一押錯寶而大虧、傷到本金，因此往往是既期待又怕受傷害。什麼樣的投資組合對這類族群來說是最合適的呢？另外，安納金認為必須把投資和投機的部位區分開來，而最佳的比重又該如何調配呢？

解題 Key Points

3008

用客觀代替主觀的心態來建立適合自己的投資組合：

投資組合
- 股債比
  - 收入穩定→多買高成長性股票
  - 收入不穩定→買債券基金或高股息股票
- 資金配置比
  - 用過去績效決定投資、投機資金比重

● 你的收入穩定與否
>> 決定投資組合中的股債比

- 工作收入越穩定的人，在投資上是可以承擔較高的風險。

　　你必須把你整個人的財務狀況，看成是一個大的投資組合，也就是把「工作收入」也一起涵蓋來看，而不是只看「投資或交易的部位」。為什麼呢？因為大多數能夠存到第一桶金的人，都不是靠爆發性的投資或投機績效達成的，把10萬元翻10倍變成100萬元的，除非靠操作期貨、選擇權、權證這類型高槓桿的衍生性金融商品，才有可能在短時間內把本金翻了這麼多倍，但這類商品既然能夠在短時間內出現暴漲，也就可能會在短時間內暴跌，甚至讓你破產。因此，多數人的第一桶金是靠一邊投資的過程中，一邊也透過儲蓄來累積更多可以投入的本金，如此才能加速資產的膨脹倍數。

　　既然如此，如果你是工作收入很穩定的人，例如：月收入固定，而且一整年的收入也很穩定的話，就可以把「正財」（工作所得）視為像「固定收益」（如同債券，會固定孳息）的資產，而可以在你投資的部位冒高一點的風險，多投資一些高成長性的股票。

　　整體來看，你的財務狀況就相似於「股債均衡」的模式；相對的，如果你的正財已經像債券般穩定了，在實際的投資卻又保守，只買債券或只做定存，那麼你的人生財務狀況就較缺乏成長性，會以最慢、最慢的速度累積財富，想要比別人更早退休幾乎是不太可能的。

相反的，工作收入不穩定的人，例如：主要是靠業務獎金或抽傭、高度受到景氣好壞影響的工作性質，那麼你的「正財」本身就像高風險的股票了（股價跟景氣高度連動），因此你在投資這方面，就要盡可能選擇相對穩定、和景氣不要那麼高度相關的標的，像是可以買進穩定孳息的債券型基金，或者股價相對波動較小的高股息股票等等，關鍵於將景氣大好時你所賺到的錢都守住，確保不會在景氣大壞的時你的正財沒了而投資也慘賠，雙重打擊下會讓你的人生變得困頓淒涼（會家破人亡的人通常都是這一型──收入高度不穩定、投資又去冒高風險彷彿像在賭博）。

● 你的投資／投機績效孰佳
>> 決定投資組合中的資金配置比

・你過去的對帳單會告訴你，自己到底有沒有投機天分。

投資，通常是指中長期的買賣週期，且著重在公司的基本面，關心的是公司的投資價值、良好的營運狀況與長期的成長性，而不太在乎每天的股價波動，所以交易頻率不會太高，而通常也會把資金做充分的運用、維持較高的持股比率；投機則相反，以短線進出賺取股價波動的價差為主，若找不到短線投機的好機會，就寧可先空手觀望也無妨，等到機會出現，再狠狠大賺一筆。

多數人會想要投資也賺、投機也賺，兩頭都賺。但請別忘了：你的資金只有一套（而且不是很多，主題說：你只有10到30萬元），而你投資或

投機的能力不會恰巧一樣好（多數人可能是一樣不好），因此，在有限的資金下，若你想發揮出最大的效益，就必須認清自己的能力，到底有沒有投機天分？你只要願意很誠實地面對過去實際的交易記錄、分析自己的對帳單，它會告訴你答案的。有關對帳單的分析，可參閱由Job賈乞敗的著作《暗黑操盤手的告白：百億私募基金經理人操盤心法》（法意／2016年6月出版）。

　　法人圈最常用來決定一個經理人該被賦予多少的操盤資金，通常就是看他過去實際的績效記錄而定，尤其在證券商或期貨商的自營部，如果一個操盤手可以連續好幾季都靠投機交易而獲取優於其他操盤手的績效，或者呈現出一個相對穩定獲利的資產增值曲線，那麼他就會被賦予更大的部位權限，因為由績效證明了他的投機交易能力優於對手。

　　經由如上陳述法人這麼實際（或者說現實）的做法，衡量自己到底值不值得配置資金在「投機部位」。此外，你必須在一開始就先擬定好資金配置的策略，例如中長線投資的部位占一半、投機部位占一半，在操作滿一年之後仔細的進行績效回顧與檢討，確認到底你投資部位的績效比較好？還是投機交易的績效比較好？以事實來取代偏見，釐清並克服自己的盲點。讓績效比較好的一邊配置多一點的資金；讓績效比較差的一邊配置少一點的資金（直到未來能夠證明績效已有所改進）。

　　另外，散戶們常常會認為：既然自己的手上閒錢不多，就賭一賭運氣吧！於是把錢拿去押寶期貨、選擇權或權證，認為賠光無所謂。事實上，你的投資實力並無法靠運氣來累積，如果你以為那些操作槓桿很大的衍生性金融商品而賺到一大筆錢的人是因為運氣好，那麼下一次你也可能會因為

「運氣不好」而賠光家當，因為期貨、選擇權是多空都可做的金融商品，攸關賺賠的關鍵在於你的操盤能力和紀律，而不是市場多空。如果你的實際績效記錄證明了自己有良好的投機交易能力，才適合把資金配置在這些衍生性金融商品上面，否則，一般人還是應以持有股票部位為主，才是比較能穩健累積財富的方式。

高手的叮嚀

　　《股票作手回憶錄》書中所描述的傑西·李佛摩是上個世紀全世界最偉大的股票作手，而他給投資人的忠告是：「在你了解市場前，必須先了解自己，以及自己的弱點和自大。」許多人對於投資組合的配置太過於主觀，總是事前認為自己可以選到飆股，因而全部重押在幾檔股票上面，事後才證明自己沒有駕馭飆股的實力，而以慘賠收場。建議投資人用客觀來取代主觀，先由所得的穩定度來決定投資組合中的股債比，再評估過去投資和投機的實績來決定資金配置比，這才是真正老手們沒告訴你的事。

第38道難題

我的部位不大，該如何增加「投機」的功力呢？

這是一個報喜不報憂的世界，人們往往看到的是成功者光鮮亮麗的成就，卻忽略了成功者絕對是少數人；反之，失敗者則是多到不勝枚舉，在投機這個世界亦是如此，許多股民看到了成功投機家的偉大戰績，嚮往其作法與成就，卻忽略了想要投機的人十之八九都是以失敗收場，可說是屍橫遍野，特別是忽略了衍生性金融商品如期貨、選擇權，均有資本歸零甚至倒賠補繳保證金的風險。

但若你擁有投機的天賦，我們就接下去討論該如何增加投機功力。首先，你得先明白投資在意的是「價值」，而投機在意的是「價格」，投機的目標是在短時間創造價差以獲取報酬，而一個優秀的投機家是不會頻繁出手的，正如同一個優秀的棒球打擊者，若要擁有高打擊率，則必須冷靜等待好打的球做揮擊。增加投機功力的重要關鍵，就在於「觀察」與「耐心」，細細觀察盤勢及股價變化，耐心等待出手時機，在不同的盤勢中找到適合的工具將報酬最大化。

想要增加投機的功力，就必須學習以下**2**個關鍵的心法：

Tips 1

學會觀察市場盤勢

同族群與跨產業類股的股
價會輪動，抓到時間差就
能掌握投機機會。

Tips 2

累積成功交易經驗

鍛鍊「判斷好壞球」的能
力，等待出手良機，不要
胡亂揮棒、頻繁交易。

● 學會觀察市場盤勢 >> 找出獲利輪動的時間差

　　由於你的資金不多，若要在有限的交易次數當中就累積達到較高的投
機功力，你勢必要珍惜每一次的出手經驗，因為一個人無法在胡亂揮棒當
中累積功力，那只是瞎忙而已。

　　你必須在每一次出手之前，認真的評估、思考你進場買進的理由和價
位，並在事後認真的檢討、反饋到自己原本的操作系統，如此一來，每一
次的戰役都會成為你的操作系統實力提升的重要機會。至於要如何珍惜每
一次的出手經驗呢？「判斷當下的盤勢」絕對是重要的第一步，我們先從認
識市場結構連動開始。

　　一般而言，就同一個族群的股票來說，通常會由業績好的股票先行

領漲，扮演拉高該族群本益比的先鋒大將，緊接著讓該族群中業績次之的股票跟進上漲，最後才會是該族群中最爛的公司只因為比價效應也跟漲。若對於跨產業的類股來說，一般也是先從業績優良的族群類股領漲，緊接著為權值股上漲、進而帶動指數上漲，最後由依靠題材、轉機等投機股上漲，同時大盤做出最後一段量價背離的上漲。

投機交易的關鍵，就是透過觀察市場找出時間差，無論是類股間輪動還是類股內輪動，其實都存在著時間差，包含全部類股都輪完上漲後、進入技術性修正前，也具有時間差，抓到時間差你就能掌握投機的契機。

以鴻海集團為例，鴻海（2317）是產業龍頭、也是指數權值股，因此若要漲，漲幅很難像股性活潑的小型股那樣飆漲，但卻是能夠代表整體鴻海集團股價強弱與否的核心。獲利成長性最高的是業成光電GIS-KY（6456），因為它成為蘋果iPhone 8手機的供應商，業績有大幅躍升的機會，因而股價漲幅大、最兇猛。

當業成光電從2017年1月到3月之間，短短2個月股價大漲了50%之後，鴻海「母以子貴」，也開始從4月起發動漲勢，到6月下旬的短短3個月內股價也從90元出頭漲到超過120元。

而從7月初開始，鴻海股價進入休息，然而鴻海集團旗下的其他二線股，雖然獲利成長性不如業成光電GIS-KY或鴻海，但因為整體集團股的成長性被市場關注到了，資金就會再去炒集團內其他的子公司，也因此，鴻海集團內的其他公司就在之後陸續起漲，例如：樺漢科技（6414）、臻鼎-KY（4958）股價從2017年7月中開始發動漲勢、鴻準（2354）股價從2017年8月初開始發動漲勢。

・圖38-1 鴻海(2317)集團股在2017年1月
　　　　到8月8日期間的股價漲幅比較

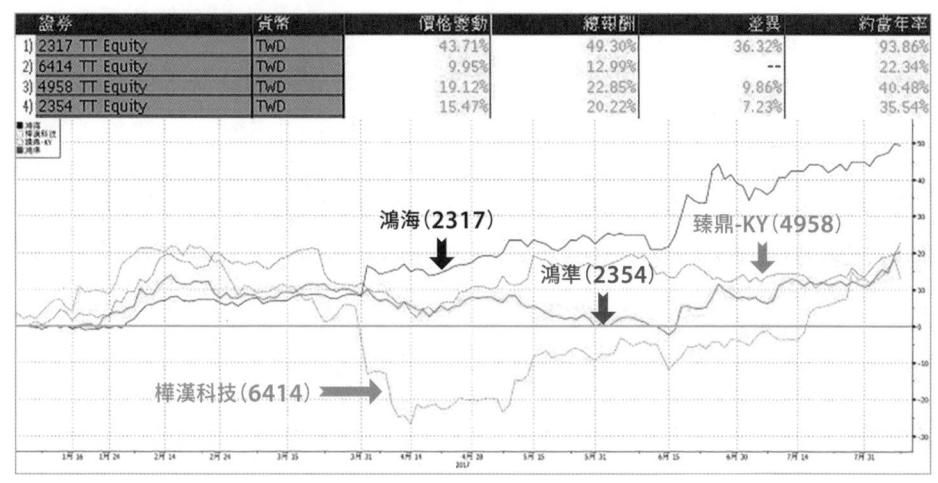

證券	貨幣	價格變動	總報酬	差異	約當年率
1) 2317 TT Equity	TWD	43.71%	49.30%	36.32%	93.86%
2) 6414 TT Equity	TWD	9.95%	12.99%	--	22.34%
3) 4958 TT Equity	TWD	19.12%	22.85%	9.86%	40.48%
4) 2354 TT Equity	TWD	15.47%	20.22%	7.23%	35.54%

業成光電GIS-KY(6456)股價累積漲幅近300%，難以放在這一張　　　　資料來源：彭博資訊
走勢圖中做比較，讀者可參考本書的【圖12-5】。

● 磨練耐心等待良機 >> 累積「成功交易」經驗

　　一個優秀的投機家就像是森林裡一頭優秀的獵食者，平常只是靜靜觀察環境的變化，觀察森林裡眾多獵物的行為，並不會躁動地去追捕獵物，因為獵物們初始的防備心相當重，若要貿然追捕牠們，縱使抓到了也會耗費諸多體力，唯有在獵物疏於防備時，迅雷不及掩耳的快速給予致命一擊，才是最有效率的做法。

　　在市場上疏於防備的獵物，我們可將之比擬為「超漲」與「超跌」，無論是哪一種現象都會引發市場的自我迴歸機制，德國股神科斯托蘭尼也曾將

此現象妙喻為「主人與狗」，主人在散步時，狗會在主人前前後後繞著跑，當主人走了10公尺距離的時候，那隻狗已經前後跑了30公尺，但總是在主人身邊不遠處。一個優秀的投機家則必須抓緊這般難得的獵食良機，技術分析會是重要的分析工具，可以從量價結構觀察反轉訊號，等待出手良機，甚至可以使用衍生性金融商品擴大槓桿、獲取大量報酬。

不過市場上很多散戶都是不管好球、壞球，胡亂揮棒，事後來看往往都是在壞球帶的頻頻揮棒造成自己被三振出局。事實上，投資人不缺交易經驗，而真正缺的是「判斷是否為好球」的能力。你必須累積「成功的交易經驗」才會讓此能力向上提升，光是「頻繁的交易經驗」僅是浪費時間、浪費金錢罷了。

- 圖38-2 台灣加權指數2016年12月
　　　　至2017年4月期間的走勢圖

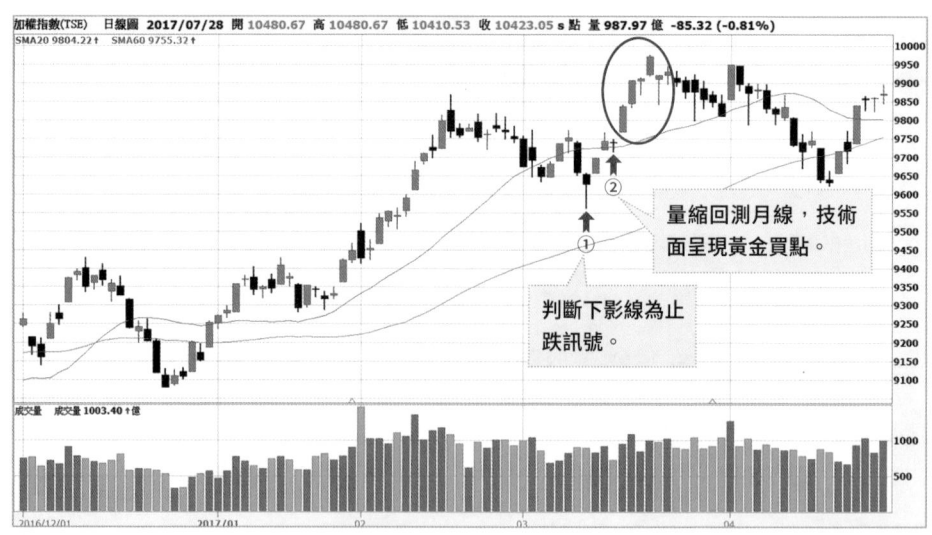

資料來源：XQ操盤高手

我們來看投機交易的實際操作案例，【圖38-2】為加權指數2016年12月至2017年4月的日線走勢圖，圖中箭頭①所指之K棒（2017年3月10日）拉長下影線極有可能為止跌訊號，緊接著接連兩天上漲至月線之上，然後於箭頭②所指之K棒（2017年3月15日）量縮回測月線整理，在技術面上呈現黃金買點，若做選擇權交易買進價外買權，則可在接下來上漲的4個交易日中獲得數倍的報酬。

· **高手的叮嚀** ·

　　投資，能透過千錘百鍊的學習來精進；而投機，則是一門藝術，需要一些天賦的加持，學習透過更細微的觀察，掌握結構變化的腳步，學習等待時機的出現並把握契機。你必須在每一次出手之前，認真的評估、思考你進場買進的理由和價位，事後認真的檢討、反饋到原本自己的操作系統，如此一來，每一次的戰役都會成為提升你操作系統實力的重要機會，而不是像多數散戶那樣胡亂揮棒，卻沒有真正累積實力。

第39道難題

聽說高手在進場時都會先「試單」，怎麼試才對呢？

常 聽人家說：高手要真正買進之前，會先做一個「試單」的動作。然而一般的散戶們多半沒有看過高手實際下單的過程，實在很難理解「試單」是要先下多少單量？如何判斷要加碼進場？從試單到正式的進場要間隔多久？若試單失敗的話，要隔多久才能再試一次呢？在期貨交易上，較多人會有先試單的習慣，但事實上，包括現股交易或中長線的投資，高手們也都會先進行試單，確定方向對了才會加碼買進。股神巴菲特就曾經說過：「試水溫，不需要把兩隻腳都踩進去。」就是說明了進場宜謹慎的重要性。

● 買進時的試單 >> 通常先買1、2張就夠了

通常頂尖高手們買賣股票時，買進的期間會拉得比較長，通常會是2、3天，甚至1、2週才會買好；賣出的動作相對就會比較集中，在短期內就會迅速出清離場。

把握高手的2大試單原則，無論之後看對或看錯行情，都能游刃有餘。

   買進期間較長

● 股價緩漲期先買1、2張，或頂多
  買進目標張數的三分之一試單。
● 股價突然大漲時，再迅速把想要持
  有的部位買完

   節奏快、動作集中

● 一次先砍掉一半部位。
● 若情況還是沒改善就全數出清。

　　為什麼買進股票的試單期間會比較久呢？因為多數的股票在多頭進行的過程當中，初期基本面還沒有明確轉好，大家不敢買，只有大股東或者掌握公司內部資訊的人敢在這個時候買進，而市場上還靜悄悄的、沒有關於這家公司的消息，更不會有散戶留意到。因此，初期股價會漲得很慢，成交量也不大，但是在這個時候進場買進的利潤是最豐碩的。

　　然而，如果你不是大股東或內部人士，當然無法判斷這檔股票到底會不會漲，因此只能先用很小的量買進，讓自己踏一隻腳進去，自然會感受到這檔股票的實際買盤或賣壓有多大，而且一旦有了這個部位，你自然也較容易去關注與接收有關它的訊息。相反的，若等到你看到股價急漲之後才開始留意，通常股價已經緩漲了一陣子，累積漲幅也有10%至20%了，往往一根帶量的長紅或者漲停板，市場上才會留意到這檔股票，那麼加上這根漲停的10%，它的累積漲幅就達到20%至30%了，此時你才開始進場的風險是相對較高的，而且你也沒有時間可以猶豫，要進就要快點進，不

然就放手隨它去了。因此，在股價緩漲期間，你可以先買1、2張，頂多買進目標張數的三分之一即可，等到看到股價突然大漲（此時股價通常是突破了某個壓力區）的時候，就要迅速把想要持有的部位買好、買齊。如果個股的股價很高，當然買1張就會用掉不少錢，所以也不宜買太多張；但若股價非常低，那麼試單的張數就可用2張或2張以上當作一個單位，這樣在試單過程中若有需要減碼，就可以分批賣出。

· 圖39-1 可成（2474）自2016年7月以來的
　　　　 股價走勢與外資買賣超

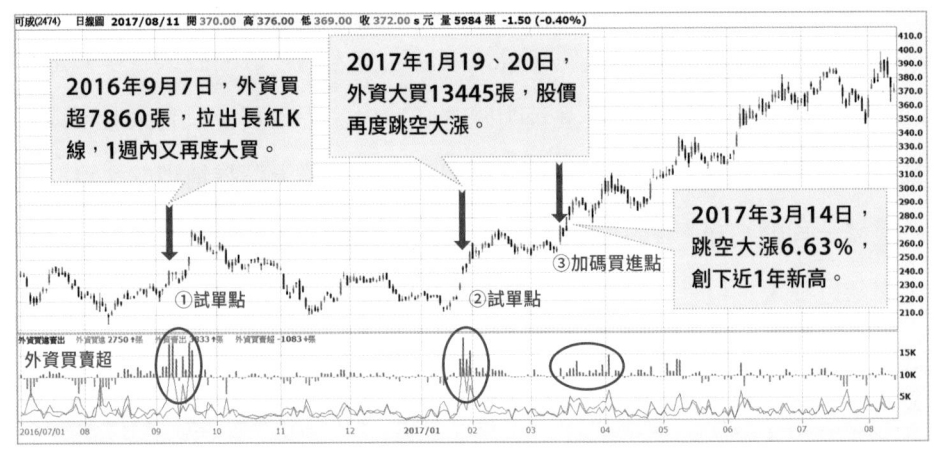

資料來源：XQ操盤高手

　　以可成（2474）為例，2016年9月7日外資大手筆的買超7860張，當天的股價拉出長紅K線，一週之內外資又連續大買了4萬多張，但事實上，可成的股價早就從2016年8月不到210元的低點漲到270元，漲幅超過28%，散戶此時才想進場跟單是很危險的。

請對照【圖39-1】，以下我們用實例來證明試單的時機點與重要性。

1. 先不用說追高的人，光是買在2016年9月7日外資大舉買超那一天的收盤價242元，之後要一直被套牢到2017年1月底才能夠解套，這段期間股價也兩次跌回210元左右，損失超過13%，要能夠撐得過長達4個月、大跌的煎熬，是不太可能的。因此，如果你能夠掌握試單的技巧，在2016年9月7日外資大舉買超而股價大漲的隔天僅買進1張，那麼即便後來被套住一陣子也不會慌，或者在之後幾個月內達到虧損10%時做停損賣出，損失的金額也不至於太大。

2. 2017年1月19、20日，外資再度連兩天大幅買超可成1萬3445張，股價再度跳空大漲，如果有了前一次的經驗，你就應該知道並不是「外資大買超過後股價就一定會漲」，因此你也只能看到現象，先買1張試單，之後一個多月的橫盤整理，你雖然不會賺錢，但是也不會賠錢，所以能夠繼續伸一隻腳踩在船上。以這一次的試單（可成是高價股，因此僅需買進1張）來看，由於股價在試單買進之後是上漲的，在你帳上是獲利的狀態下，也就不會有停損的問題，這一張單子很容易續抱。

3. 直到3月14日股價再度向上突破時，你一定是馬上會先知道的人（因為你持有它，當天突然大漲6.63%並且股價創下近一年來新高，你一定會非常有感），而且你帳上已經有一些獲利在幫你壯膽，要馬上再敲進1張，當然不會怕，而隨著3月下旬外資買盤持續湧入、股價也持續上漲，這個時候你就可以將想要持有的部位全部買好。有關買進的試單與加碼策略，可參考蘇松泙的著作《平民股神教你不蝕本投資術》（Smart智富／2011年2月出版）。

● 賣出時的試單 >> 節奏要快，一次砍半

股市有一個現象，你一定要知道：股價的「上漲」和「下跌」並不是對稱的，或者說，「多頭」和「空頭」並不是對稱的。通常多頭進行的時間比較長、上漲的速度比較緩慢，然而下跌的時候往往是突然急殺、幾天內就可能把過去幾個月的漲幅全部吐回去。這也是為什麼，高手們在賣出股票的時候，節奏是快的。

· 圖39-2 可成（2474）2015年7月
　　　　 至2016年6月的股價走勢與外資買賣超

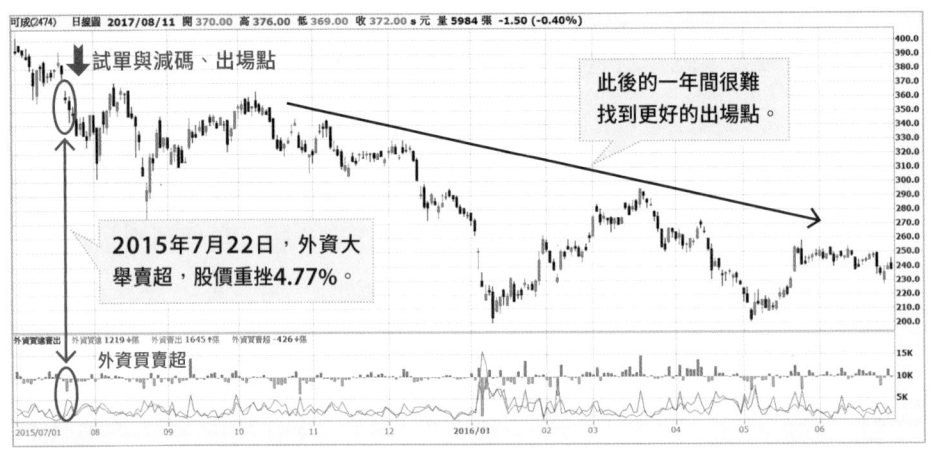

資料來源：XQ操盤高手

我們再以同一檔股票：可成為例，在2015年7月1日到2016年6月30日這一年的期間，它的股價走勢很明顯就是在走空頭。當你在2015年7月22日看到股價跳空下跌，當天重挫4.77%，盤後公布外資大舉賣超3514

張，事後來看，隔天（7月23日）就是最好的出場點，因為之後幾乎沒有更好的價位可以賣出了。因此，高手們在賣出股票時並不是用1、2張的方式來試單，而是一次就會先砍掉一半的部位，隔天若情況還是沒改善就會全數出清了。

高手的叮嚀

你必須先衡量，一檔持股最多你要買到占自己投資組合多少，你才能夠進一步去衡量試單的部位大小。對於操作比較穩健、出手相對謹慎的高手來說（通常是中長線投資型），往往單一持股占自己投資組合的上限是10%，因此，試單的時候可能僅會買1張或2張，最多不會超過投資組合的3%；對於操作比較積極、出手相對又快又狠的高手來說（通常是短線投機交易型），往往單一持股占自己投資組合的上限是20%，試單的時候因為機動性高，可能會先敲進1、2張後，隔沒幾天（甚至在同一天內）就再度敲進加碼，但是他們在見到苗頭不對的時候，減碼砍出的速度也是又快又狠。

為什麼有人說「別用融資買股票」？有適合的時機嗎？

只要提到融資，一般投資人似乎會覺得可怕，因為會直覺聯想到擴大槓桿、被斷頭的風險。特別是在大空頭期間，例如2008年的金融海嘯時，就曾經讓無數的散戶融資被斷頭，因擴大槓桿造成巨額虧損的慘狀歷歷在目，所以一般投資人才會以為融資是壞事、避之唯恐不及。

其實並不盡然，金融工具本身並沒有好壞，而是端賴使用者如何運用它們。事實上就連股神巴菲特都常態性的利用槓桿操作，巴菲特的投資控股公司——波克夏海瑟威（Berkshire Hathaway）的平均資本槓桿為1.2至1.6倍，多年來巴菲特的投資成績如此傲人，很重要的原因就是靠巧妙地使用槓桿來大幅提升報酬率。

使用融資擴大槓桿也沒有絕對的好壞，而是取決於使用者本身的個性是否適合，以及是否有足夠的能力隨心所欲地駕馭它。舉一個簡單的例子，用一般的現股買進時，就像是一台休旅車安穩地行駛在路上，若使用融資買進時，則像是一台手排法拉利奔馳在路上呼嘯而過，而現實就是

在適當的時機使用融資，並做好風險控管，才能有效放大獲利，否則容易傷到自己。

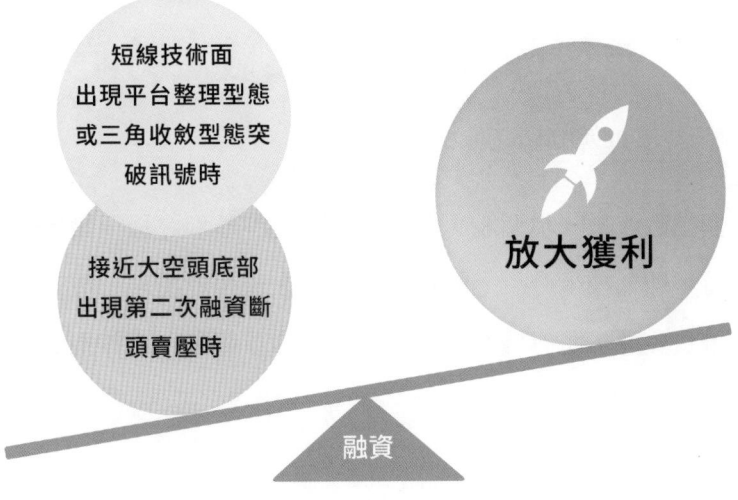

短線技術面
出現平台整理型態
或三角收斂型態突
破訊號時

接近大空頭底部
出現第二次融資斷
頭賣壓時

放大獲利

融資

——並非所有的人都有辦法駕馭超跑，能力不足的人稍有不慎就會發生車禍，但若是擁有充分的能力可以駕馭超跑，那麼你就可以擁有讓休旅車連車尾燈都看不到的亮麗成績。重點在於，使用融資的投資人需要更嚴謹的紀律，善設停損點並確實執行，否則缺乏紀律的人使用融資是相當容易撞車的。這裡並非鼓吹融資，而是客觀分析以融資擴大槓桿的利弊得失，讓讀者更加了解這個兩面刃。

　　接著，我們進一步來了解什麼時機適合使用融資。使用融資的目的，就是看準短線行情的強勢，藉由使用融資來放大部位的規模，進而在短期間內賺取可觀的報酬。若要達成上述目標，則須掌握短線趨勢交易的契

機，以下提供兩種簡易的技術面型態突破方法，作為各位讀者想使用融資衝刺短線績效時的參考。

● 瞄準短線行情
>> 當技術面出現向上突破走勢時

1.平台整理型態突破

一個指數或是一檔個股，在經過橫盤箱型整理之後，帶量突破整理區間上緣時，即為技術分析上的攻擊訊號，未來可能出現一波急漲走勢。此時使用融資買進，將有機會在短線上獲取大量報酬，而停損點可設在該平台整理區下緣遭跌破時。

2.三角收斂型態突破

一個指數或是一檔個股，從大波動漸漸走向小波動，同時成交量往往也會由大漸漸縮小，型態上形成三角收斂，在型態末端出現帶量向上突破時使用融資買進，而停損點可設在該根突破K棒的低點被跌破時。

【圖40-1】由業成光電GIS-KY（6456）的走勢圖可以清楚看到三次突破平台箱型整理時，均出現帶量紅K棒，且後續皆出現一波漲勢。另外，【圖40-2】由榮創（3437）日線走勢圖可以發現三角收斂型態，且型態末端呈現量縮壓回，第一根帶量突破K棒出現後，隨即展開一波漲勢。

以上這兩個例子說明了，無論是平台整理型態突破，還是三角收斂型態突破，如果在突破時使用融資買進，則可享受到短線趨勢上漲的槓桿效果。

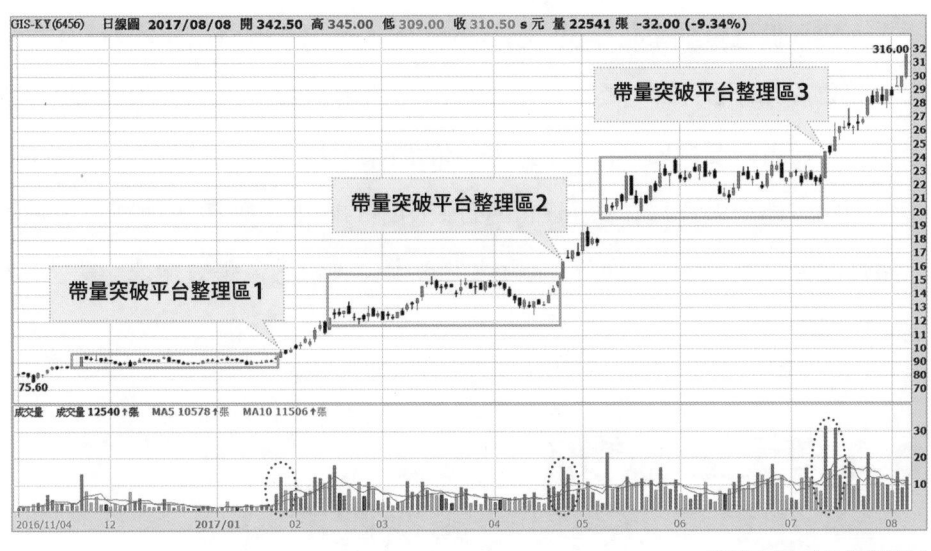

資料來源：XQ操盤高手

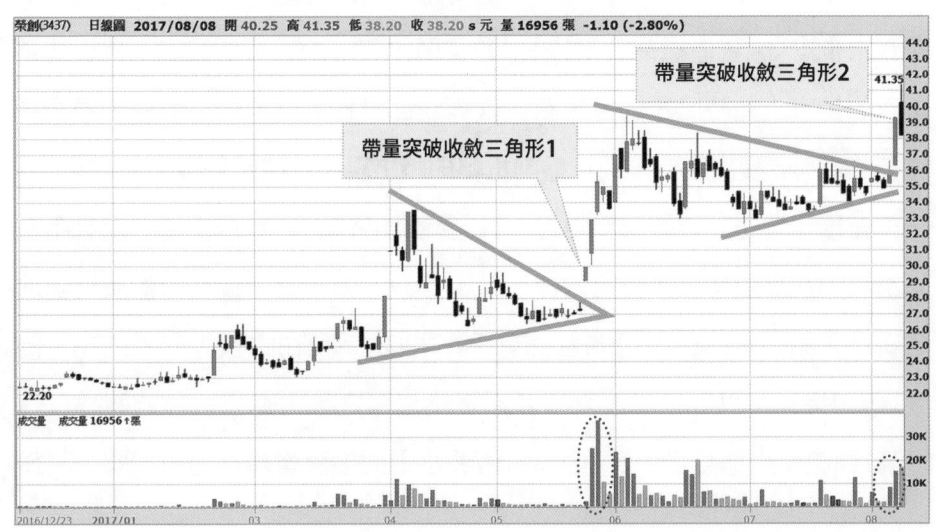

資料來源：XQ操盤高手

然而，如果不是在上述兩類向上突破走勢時使用融資，而是在整理期間就使用融資的投資者，隨著時間經過股價可能沒有表現、甚至回檔，一方面要承擔融資利率每年5%至7%的成本，再加上融資槓桿約2倍至2.5倍，只要股價下跌4%，帳上虧損就可能超過了10%，這就會讓你想要停損出場，或者想要換股到漲幅比較明顯的股票，「追高殺低」就在此時應驗了。因此，建議融資只在「短時間內有較明確的向上突破初期」使用，若是在整理時期使用融資，反而可能會讓投資人失去耐心、失去紀律、失去做出正確判斷的能力。

● 瞄準大空頭底部
>> 當第二波融資斷頭賣壓出現時

安納金經歷過1997年亞洲金融風暴、2000年科技泡沫、2008年金融海嘯，每一次的大空頭底部，都會出現融資斷頭賣壓。而那時候的新聞媒體也常會以「融資追繳令萬箭齊發」為標題，報導融資戶的慘況，代表使用融資的投資人此時已經窮途末路，就算底部已經不遠，但他們撐不過去，將被強迫斷頭賣出股票，就算盤勢扭轉即將出現，也與其無關了。

在每一次的大空頭底部附近，「融資斷頭賣壓」絕對會出現，而且不會只出現一波，通常至少會有兩波、甚至三波，因為第一波被迫斷頭出場的是新手，第二波斷頭的可能包含老手在內（新手死在山頂、老手死在半山腰），如果你可以等第二波融資斷頭賣壓出籠之後再進場，你的勝率就會很高（你贏了一部分老手）。因為當兩波以上的融資賣壓被迫賣出時，不僅

是弱勢股會被拋售，而是連好股票也會被牽連，因為融資斷頭是以「整戶」計算的，也就是說，不管這一個融資戶所持有的股票投資組合包含了哪些標的，只要整戶合計的融資維持率低於130%，券商就會啟動自我保護機制──發出融資追繳令，若投資人無法在規定時間內補繳，券商就會把投資人的擔保品（股票）全部賣掉，不管是好股、爛股全部會被拋售。

由【圖40-3】可以觀察到在2000年科技泡沫與2008年金融海嘯帶來的空頭行情，都各自出現三次融資大幅下降的狀況，通常第一次融資大減是由相對比較有紀律的人主動砍掉部位，此時指數僅下跌20%不到，其中屬於被迫融資斷頭的比例較低；後面的兩次融資大減，都已是在指數大跌30%至60%之間出現時，已經來到空頭行情的尾聲，此時的融資減幅多是來自於慘賠的融資戶遭受融資斷頭的賣壓所致。

· 圖40-3　台股大盤指數及融資餘額自1994年
　　　　　至2017年8月的月K線走勢圖

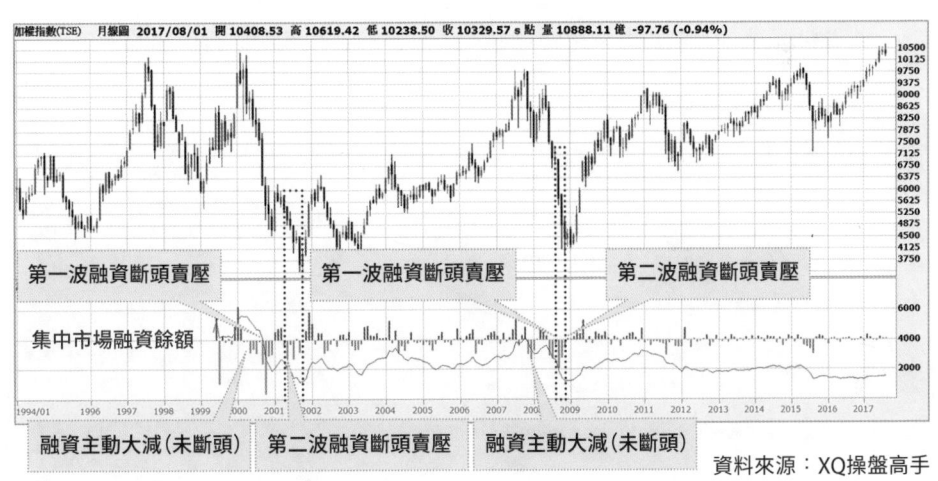

資料來源：XQ操盤高手

通常在大盤指數已經跌超過50%以上而出現的融資斷頭賣壓，會伴隨著出現多殺多的「系統性風險」，也就是人人急於拋售股票變現，不管好股壞股都賣，而讓績優股票受整體市場拖累而重挫，一般稱之為「強勢股補跌」，此時通常就是「行情即將在絕望中誕生前」的訊號。在這個時候，市場上的浮額都被洗清、籌碼已然乾淨，在此時進場，勝算自然非常的高。

高手的叮嚀

融資就像是《三國演義》中的青龍偃月刀一般，重達80斤的大刀握在如名將關羽這般神勇的武將手中，自是把神兵利器，但若是一般小卒則會被這沉重的兵器拖累行動能力反而是個累贅，再強大的武器若沒有能力足夠的使用者，也顯現不出其威力，甚至還會傷到自己。如果你不是技術分析高手、拿捏買賣點的能力很強，最好不要濫用融資進行操作，或者只選擇在大空頭市場尾聲、融資斷頭賣壓宣洩兩次之後再開始使用融資，你的勝算自然會高。

第41道難題

ETF適合「資金有限」與「資訊不對稱」的散戶操作嗎？

在市場上常能聽到所謂的「利多出盡」和「利空出盡」，會造成這樣的現象，多半是早已有人先知道內幕，因此股價先行反應完畢，等到利多或是利空消息發布時，散戶才會知道訊息並做出買賣反應。

這樣資訊不對稱的現象往往出現在個股，導致許多投資人在投資個股時，看見利多買進股票卻被套牢；看見利空賣出股票，股價卻馬上反彈揚長而去。

「明明看對大盤上漲，持股卻沒漲甚至還反跌」，這是許多股民常有的辛酸，因此近年來許多人開始使用ETF作為投資工具，只要看對大盤的方向即能享受到同等漲幅的報酬（大盤的波動度相較於大部分的個股都小了許多），更重要的是大盤指數不容易出現資訊不對稱的情形，對於一般上班族、散戶確實是個值得使用的好工具。

透過以下的比較,可了解ETF是相當適合散戶的投資工具。

ETF		股票
千分之一(債券型ETF免證交稅,而槓桿型及反向型ETF仍為千分之一)	證交稅	千分之三
較少	人為因素干擾	較多
不用	須研究個股	要
可,買進槓桿型ETF	槓桿操作	可,但使用融資有條件限制
多數股票型及債券型ETF都有配息,且配息率穩定	配息	視個別公司的獲利狀況而定
ETF屬於信託基金的一種,即便發行的投信公司倒閉,基金資產也不受影響	倒閉風險	視個別公司營運風險以及經營者誠信而定

● 指數型ETF
>> 不被台股侷限,享受全球市場的波段獲利

在所有指數投資的金融商品中,ETF是最適合散戶的投資工具,但許多散戶會認為因為指數的波動度較低,導致ETF的報酬率會比個股缺乏吸引力,其實不一定如此,只要選擇波動度較高的市場,例如陸股,其報酬率也能相當可觀,表現不一定會輸給個股。尤其近年來台灣的各大基金公司發行了許多海外市場的ETF,無論是股票型、債券型還有黃金和石油相

關，以及多種槓桿型及反向型ETF，大大增加了操作的靈活性。

以海外股票型ETF來說，陸股是一個不鳴則已、一鳴驚人的市場，以【圖41-1】的上證指數為例，2014年下半年約從接近2000點起漲，一路大漲至2015年6月12日的5178點，1年內漲幅超過150%，隨後又在短短半年內從5178點跌至2638點，跌幅將近50%，這樣的市場最適合使用ETF作為投資工具。

· 圖41-1　上證指數自2014年1月至2016年3月期間的走勢圖

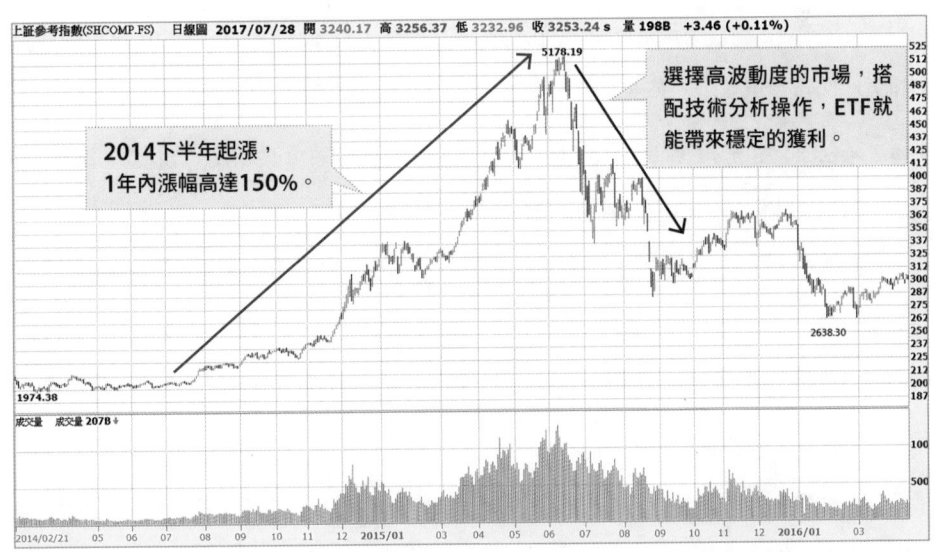

資料來源：XQ操盤高手

同樣一個技術分析高手，如果能夠使用技術分析操作個股獲利，就更能夠在指數相關的ETF穩定獲利，為什麼呢？因為少了資訊不對稱，或特定個股的股價被主力操弄的問題。以安納金為例，2014年操作陸股相關

ETF的年度績效超過60%、2015年則超過70%，這樣的績效顯然並不會輸給操作個股的投資人。更重要的是，操作ETF只需要關注大盤指數相關的資訊即可，可以不用選股，節省了許多追蹤個股基本面、技術面、籌碼面所需的時間，是省時省力的一種投資方式。

● 槓桿型ETF
>> 跟進明確的市場利多、賺取倍數利潤

如果你會關注市場上資訊不對稱的問題，代表你過去可能已經在投資個股上吃過悶虧了，若是你仍希望獲取如同操作個股般那樣大賺的機會，但是又想要排除掉資訊不對稱和個股被主力操弄的風險，那麼「槓桿型ETF」就會是你取代個股交易的好選擇之一。

隨著全世界ETF的蓬勃發展，台灣近幾年的ETF市場也快速崛起，目前已經在台灣證交所掛牌交易的ETF越來越多元，其中許多國際市場的指數皆有發行相對應的槓桿型ETF，在指數波段操作上，若能適當搭配槓桿型ETF則可以大幅提高報酬率。

一般來說，槓桿型ETF適合在短線趨勢明確的盤勢中操作，特別是當重大政策性利多出現、或技術面出現突破型態時最能彰顯其槓桿效果。

然而，並不是說任何時候皆適合買進槓桿型ETF，關鍵在於槓桿型ETF在較長的橫向震盪，或盤整期間會有「淨值持續走低」的現象（主要來自於負的複利效果，以及ETF為了維持其對應部位而不斷使用期貨轉倉所產生的成本），並不適合長期持有。

【圖41-2】以富邦上證正2（00633L）為例，2017年6月21日MSCI宣布要在2018年6月將中國A股納入新興市場指數，此為振奮中國股市的重大利多，圖中箭頭所指的位置，是利多宣布當天（2017年6月21日）富邦上證正2的開盤價37.72元，隨即開啟為期1個月的短線波段上漲行情，以2017年7月25日的收盤價43.62元來看，差不多1個月的時間上漲了15.6%，其報酬率也是相當不錯的。

· 圖41-2　富邦上證正2（00633L）日線走勢圖

資料來源：XQ操盤高手

· 高手的叮嚀 ·

　　指數型的投資，例如ETF，相較於投資個股的優勢在於不必擔心選股問題，只要看對大盤的方向就能賺取相對應的報酬。許多投資人普遍都存在著自己雖然看對大盤方向，買進的個股卻沒有上漲甚至反而下跌的難題，使用ETF做指數投資的確相當適合一般投資人，尤其較無金融及產業知識者更需學習並善用ETF。至於稍有經驗的投資人，亦可選擇進階的槓桿型ETF，當重大政策性利多出現，或技術面出現突破型態時，槓桿型ETF會放大你的報酬率，它是技術分析高手們常用的投資工具之一，但必須留意長期盤整盤對於獲利的侵蝕。

第42道難題

如果台股未來遇到大空頭，「存股族」該繼續存股嗎？

存股的目的是希望透過有紀律的存多一點能夠配息的股票，如果這些來自配息的被動收入，能夠達到滿足一整年的生活所需，那麼就可以提早退休，做自己想做的事情，享受財務自由！不過畢竟「存股」這個概念，也是最近幾年才開始在台灣盛行，多數存股族並沒有經歷過大空頭（例如台股在2000年科技泡沫或2008年金融海嘯，大盤指數跌幅都達到6成），倘若大空頭來臨的話，是否要一如以往的繼續存股？又該如何熬過空頭市場呢？

 解題 Key Points 　　　　　　　　　　　　　　　　　　　　2325

小資存股族在面對
空頭市場時的因應之道：

將資金分散到
不同的資產類別
如債券

堅守
「逢低買進」
的紀律

採用定期定額
微笑曲線投資法

● 當指數在萬點之上

>> 存股＋存債，就是未雨綢繆之道

股票市場只是廣大金融市場的其中一塊，而且是和景氣循環高度正向連動的市場，如果你把所有退休生活的經濟來源都寄託在股票市場的話，恐怕一次景氣大衰退就會讓你相當痛苦煎熬（想退休的人被迫延後退休、已經退休的人發現資產縮水後害怕錢不夠用）。因此，真正富有的人並不會把所有財富或投資獲利來源，單靠股市一根柱子來支撐，而是會同時跨足到和景氣負相關的債券市場，以及能夠相對保值的不動產市場，在三足鼎立的狀態下才會是個非常穩當的面，無論景氣怎麼輪動，也不太需要擔心資產大幅縮水。

如果是尚未有能力買房的小資族，當然會認為投資不動產市場是一件遙不可及的事情，因此，可以先從存股，再加上存債開始。至於「存債」該怎麼存？有什麼債券是小資族可以買得起的呢？過去債券市場主要是以法人為主，而散戶們要投資債券，多半會透過債券型基金來下手，尤其是過去幾年受到不少人青睞的「高收益債券」、「新興市場債券」。不過需留意的是，這兩種債券普遍被視為是「風險性債券」，因為它們的價格也是高度和景氣循環正相關的，也就是說，當全球景氣衰退、股市步入空頭之後，這兩類債券的價格也會下跌，因此也是無法真正達到風險平衡的效果。

多虧台灣主管機關的開放，以及業者的努力，從2017年起已經陸續有「債券型ETF」在台灣證交所掛牌，而且多數的證券商也都有提供定期定額投資ETF的方案，小資族每個月最低3000元或5000元的方式，就可以投

資債券型ETF。

　　即便目前債券ETF的商品選項還不多，但是已經有「美國20年以上長天期公債ETF」可供選擇，年配息率大約在2.6%至3%之間，雖然不高，但是淨值的上漲走勢相對穩定，尤其在全球景氣衰退期間，這種20年以上長天期公債的價格往往會大漲，可藉此平衡你在股票市場的損失。從【圖42-1】可以看出，在每一次的美股大跌期間，20年以上美國公債指數卻是大漲的，因此，當你的整體投資組合是處在比較持穩的狀況下，就不會因股市的下跌感到驚慌，中途停止了存股的紀律。

　　　· 圖42-1　彭博巴克萊20年期（以上）美國公債指數
　　　　　　　　自2001年5月至2011年10月的走勢

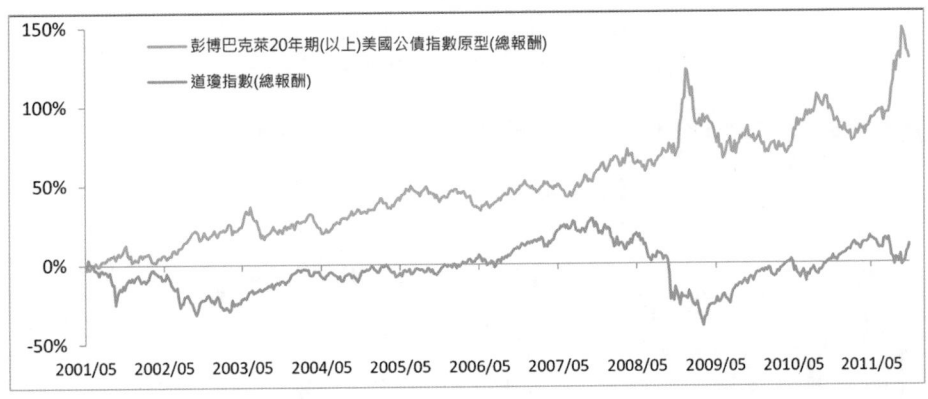

資料來源：彭博資訊

　　除了債券以外，還有其他幾個資產類別，例如：黃金、高信評投資等級的公司債基金、保本基金、固定利率的保單等投資標的，有機會可以在股市的大空頭市場當中逆勢上漲，幫你達到平衡整體投資組合風險的效

果。這部分請參閱《高手的養成：股市新手必須知道的3個祕密》第五章「面對大空頭市場的致勝之道」。

● 存股族必學策略
>> 定期定額的微笑曲線投資法

目前證交所和各家券商合力推出的定期定額投資個股，對散戶來說是一大利多，因為只要最低每個月3000元或5000元，就可以買進單一個股，而且設定好之後，就會在每個月固定的日期自動從你的帳戶扣款，可以免去人為判斷的風險。

· 圖42-2　台股大盤指數自1987年1月
　　　　　 至2017年7月期間的月K線圖

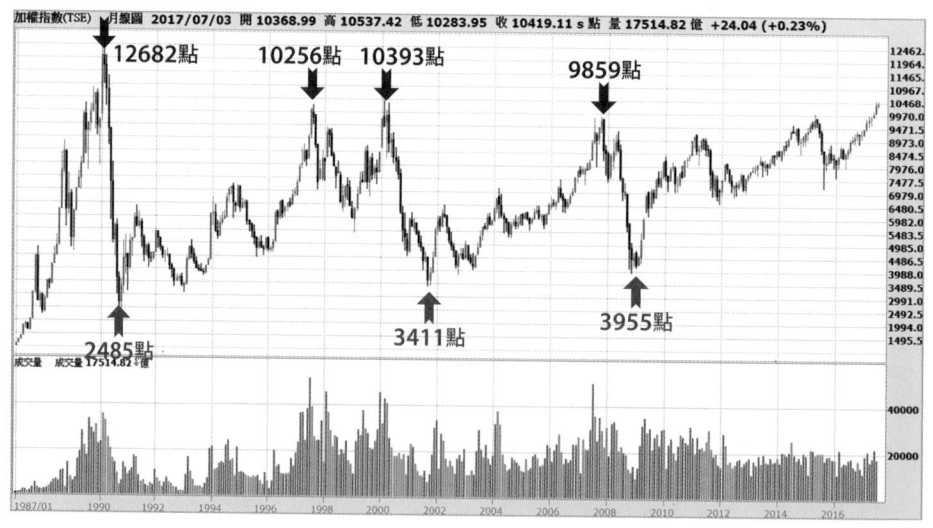

資料來源：XQ操盤高手

事實上，全球股市多頭市場進行的時間都很長，空頭期間則很短。以台股的大盤指數為例，從2001年9月26日低點3411點起漲，漲到2007年10月30日高點9859點，上漲時間超過了6年；之後遇到金融海嘯而大跌，跌到2008年11月21日的低點3955點，只花了13個月，幾乎就把6年多來的上漲全部回吐，如果要用人為判斷的方式來買賣股票，當然是很危險的。然而，若是用定期定額方式做投資，就算是從9859點起跌日開始扣款、每個月扣款一次，在累積扣款達13次之後就落底了，而後又繼續扣上來，其重點在於，指數根本不用回到9859點，而是只要回到7000點左右，你就會全部回本、開始獲利了。

· 圖42-3　定期定額的微笑曲線：損益兩平

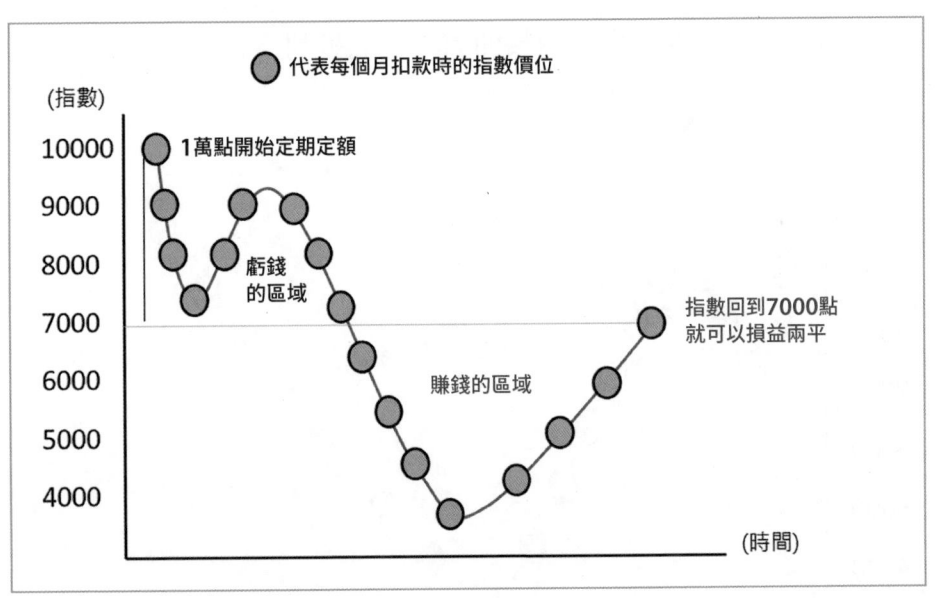

資料來源：安納金

倘若從【圖42-3】來到7000點之後的3個月，指數繼續挑戰8000點、9000點、1萬點呢？那麼神奇的事情就發生了，如【圖42-4】：之前從1萬點扣款下來再扣款上去，一大片累積的區域全部都變成賺錢的區域了！也就是說，雖然指數只是回到一剛開始的1萬點水準，然而對定期定額的投資者來說，卻是全面獲利的狀態。因此，<u>存股族如果能夠謹守此一原則，不要在標的價格下挫時殺出，而是有效率的每個月定期買進，那麼熬過一個空頭，到達下一個多頭高點時，你就會全面獲利</u>！事實上，台股萬點已經來回很多次了，就算萬點出現的時間你無法掌控，但定期定額是你可以控制的，只要初期設定好扣款帳號、投資金額、投資標的，接下來系統就會自動執行了，你也不用看盤。金融市場的現實是：往往股市最後並沒有讓人失望，而是沒有紀律的投資人讓自己失望了！

・圖42-4 定期定額的微笑曲線：全面獲利

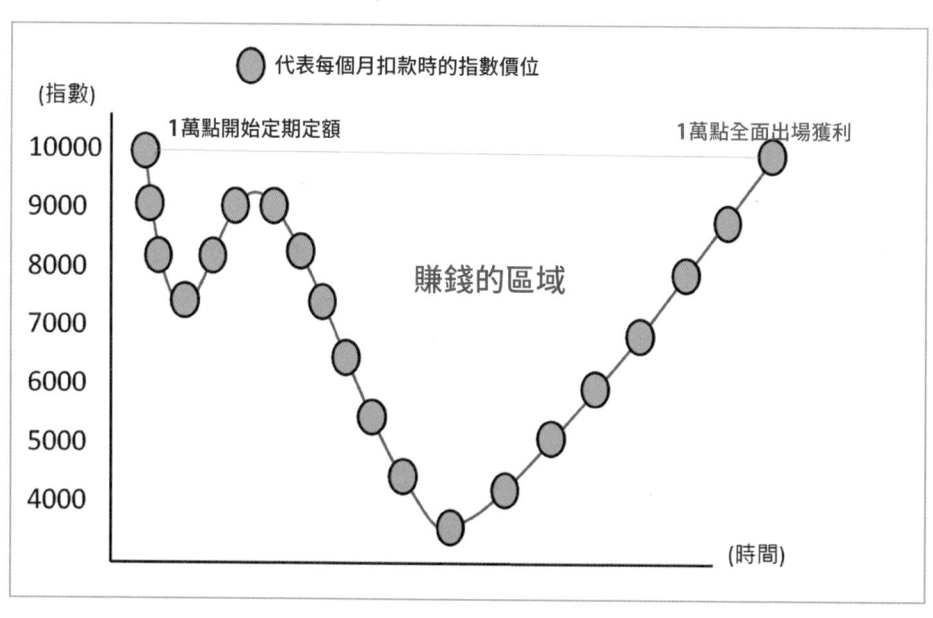

資料來源：安納金

· 高手的叮嚀 ·

　　股票市場只是廣大金融市場的其中一塊市場，如果你把所有退休生活的經濟來源都寄託在股票市場的話，只要遇到一次景氣大衰退就會讓你親身經歷一段痛苦煎熬。根據過去幾次台股從萬點崩盤的經驗來看，能夠熬得過大空頭市場的投資人並不多，存股族務必堅守「逢低買進」的紀律，否則就不宜把所有財產都放在股市，尤其在台股來到萬點以上的水準時，務必好好考慮把一部分的資金分散到股市以外的資產類別，才能夠持盈保泰。

Chapter.6

關於「投資心法」 的難題

為什麼我總是反指標？賣掉的一直飆，抱著的都不漲？

為什麼散戶總是「反指標」呢？由於股市中真正能夠賺大錢的是少數人，因此股市從來就不是多數決，而是少數決，當市場一面倒的看多或看空時，行情後市往往就會跟你想的不一樣。

2016年最經典的兩個案例，就是「英國脫歐」與「川普當選美國總統」，這兩大事件反映在金融市場上，都出現了「反群眾心理」的走勢。在前者的案例中，市場一面倒的認為英國不會脫歐，「英國脫歐會造成股市崩盤」之類的話語幾乎為多數人所共識，然而，當2016年6月24日公投結果出爐後，英國不但脫歐了，而且股市也沒如預測崩盤，反而在兩天之內掀起一波漲勢、走了長達超過一年的多頭，期間也沒有再大幅回檔。

而在後者的案例中，市場普遍認為「希拉蕊會當選美國總統」而「川普若執政，將會是金融市場的大災難」，然而，當2016年11月9日美國大選投票結果出爐，川普出乎市場預期的當選了美國總統，金融市場不但災難沒來，美股反而出現連續的大漲、不斷刷新歷史新高，全球也有不少股市

在美股強勁上漲的帶動下，陸續創下了歷史新高（台股大盤若還原權息的話，也已經創下歷史新高）。

散戶依循以下原則Step by Step擺脫「反指標」的宿命：

Step 1	Step 2	Step 3
了解對手即主力大戶的思維及交易習慣	克服自身弱點，學習認識市場、順勢而為	建立屬於自己的穩定獲利交易模式

● 擺脫反指標的第一步
>> 先透視主力的思維與交易習慣

　　進入股市征戰，每個人都希望自己操作的股票能夠賺錢，如果你只是一個散戶，首先你要了解進場參與的對手是誰？他們又是透過什麼樣的方法賺錢？所謂知己要知彼，百戰才能不殆。

　　股市是「大戶」與「散戶」多空征戰的市場，買賣雙方的力道消長，造就了股價走勢。若再進一步觀察一檔股票的「籌碼結構」，會發現參與者包含了政府官股資金、公司大股東、機構法人、市場有錢人等以主力大戶稱呼，其他的多半就歸類散戶群。主力大戶通常資金較雄厚、交易量大、能夠最快掌握公司相關資訊、具有影響或控制股價漲跌的能力；散戶通常資

金較小、取得資訊的速度較為落後。要知道：籌碼的流向，決定了股價走向。當籌碼流向主力大戶的手中時，股價較易漲；若籌碼從大戶手中出脫給散戶時，那麼股價就容易跌。

既然每個進場參與的人都想贏錢，主力大戶雖各有優勢，屬性也不同，仍需運用不同手法達成獲利目的，而征戰之後的結果通常是：大戶多半為獲利贏錢的一方（贏家），散戶多半為輸錢的一方（輸家）。即使散戶中也有人能夠成為股市的贏家，簡稱為高手，但那也是其中的少數。

正因如此，股市可以說是磨人心性、多空交戰的市場，由於散戶對金融市場的認知普遍不完整，加上沒有一套屬於自己的交易聖杯，不知為何而買？為何而賣？即便大家都想要和股神巴菲特一樣在金融市場獲利，卻忽略了巴菲特所說的：「你必須等待好球才揮棒，這樣才是真正好的打者。」假設你頻頻在壞球帶裡揮棒，即使對的股票，在錯的時機出手，一樣不會有好結果。「賣掉的股票一直飆，抱著的股票都不漲」，像這樣的事情自然會層出不窮。

想知道主力大戶運用什麼手法賺錢，就要先了解他們是如何從控制股價的漲跌開始。一般來說，包括：「進貨、拉升、洗盤、拉升、出貨」或「進貨、拉升、出貨」，以及大家常聽到的「養、套、殺」，這些都是主力慣用的手法，簡稱為主力大戶手法五(三)部曲，請見【圖43-1】。過程中正是利用散戶的人性弱點——貪婪與恐懼，來達成其獲利目的，因為主力大戶知道金融市場瞬息萬變，唯一不變的是人性的「貪婪」與「恐懼」。

明白了主力是利用人性弱點來賺錢之後，我們再來看看，散戶人性面的弱點——貪婪與恐懼，究竟是什麼，你又符合以下的幾項描述？

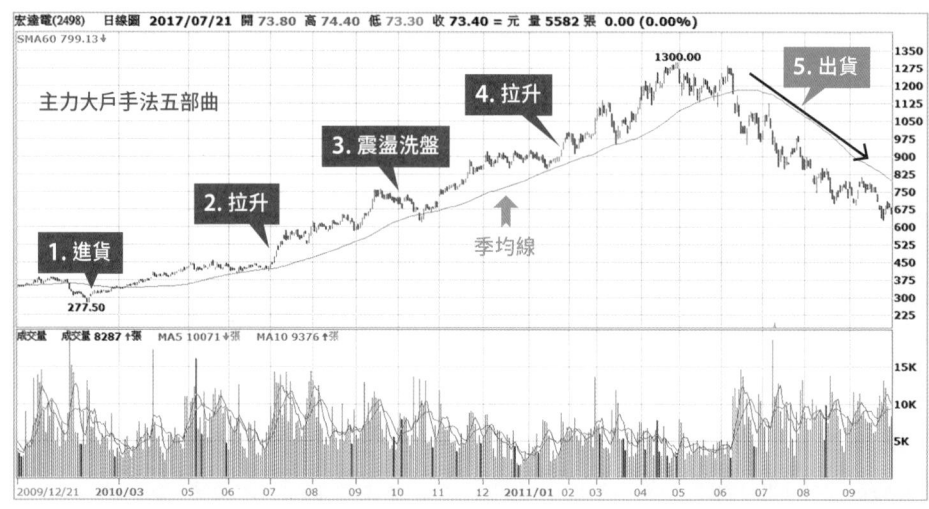

· 圖43-1 宏達電(2498)自2009年12月21日
　　　　至2011年9月30日的股價走勢

資料來源：XQ操盤高手

　　1. 散戶喜歡到處聽明牌：沒有時間或不想花時間研究分析，甚至覺得
「很難懂」時就放棄學習。

　　2. 散戶容易隨盤面起舞：看到利多消息會迫不及待想進場追價，深怕
自己沒賺到；看到利空消息卻想趕快賣出，深怕股價一直跌。

　　3. 散戶賺小錢卻賠大錢：有賺到一些就會想賣出，賠錢時卻總是希望
股價漲回來而捨不得賣，甚至拗單、加碼攤平而愈攤愈平。

　　4. 散戶沒有做好資金配置與風險控管：擴大信用、重押、沒有風險意
識，導致壓力過大而無法以平常心看待，患得患失而影響操作。

　　5. 散戶急於賺錢、害怕賠錢：一進場就想賺錢，偏偏每次進場就賠
錢，不斷的停損，惡性循環，錢也就愈來愈少。

6. 散戶沒有一套屬於自己穩定獲利的交易模式：進出無據、缺乏耐性、沒有紀律、操作盲目，下場通常是很悲慘的。

主力大戶當然相當了解上述散戶們的弱點，並運用自己的優勢，設法賺走散戶的錢。接下來，我們進一步拆解主力大戶是如何「進貨」與「出貨」的。

主力「進貨」的過程，可分為：「壓低進貨」、「震盪洗盤進貨」、「拉高進貨」。成本最低的方式為前兩者，且多半是透過在市場上釋放出利空消息，左手在連續撀壓股價，而右手再接回的兩面手法，或拉長震盪整理時間。由於散戶掌握的資訊較少，而且往往資訊比較落後，因此缺乏信心和耐心，普遍不耐久盤，只要盤整久一點而股價突然下殺，散戶就被嚇得全部殺出了，殊不知，主力利用人性的「恐懼」散佈利空消息，其實是壓低進貨的手法之一，主力大戶因為知道股價後市仍有高點，因此運用此手法讓散戶賣出持股而順利收走籌碼。

至於主力「出貨」的過程，可分為：「拉高出貨」、「反覆震盪出貨」、「壓低出貨」。成本最低的方式同樣是前兩者，手法通常是在市場上釋放出利多消息，左手在連續拉高股價，而右手再賣出的兩面手法，或拉長震盪整理時間，讓散戶誤以為「股價震盪後還會再漲」。過程中散戶受到股價上漲的誘惑，擔心怕賺不到而衝動買進，而買進時往往為相對高點，殊不知，主力正利用人性的「貪婪」發送利多消息，其實是拉高出貨的手法之一，主力大戶因為知道股價後市已無高點，因此運用此手法讓散戶買進而順利出脫籌碼。

從以上主力大戶的操作手法可知：散戶賣掉股票之後股價一直飆，而散戶抱著的股票卻都不漲甚至套牢，成為反指標就一點也不意外了。

散戶投資人必須釐清主力的手法，並了解自己的弱點，透過學習，累積致勝交易經驗，從中建立一套持續獲利的交易模式，強化自己的心理素質來克服人性的脆弱，這就是葉芳常說的「贏在心法、贏在修正、贏在策略、贏在紀律、贏在操作」五贏聖杯，如此就能在股市中趨吉避凶，奠定成為贏家的關鍵。

● 掌握當下的多空趨勢再進場
>> 在對的時機買對的股票

散戶對於金融市場的知識並不完整，更無法掌握股價的多空趨勢循環，這往往是造成決策錯誤的另一個主因。

行情的大小分成很多種不同的層級，包含了潮汐、波浪、漣漪，而潮汐的力量大過波浪，又大過漣漪，這裡所稱的「行情」，就是股價的走勢，包含了長線的多空趨勢、波段的來回游走，以及短線的隨機波動。

倘若在一個多頭趨勢已經結束、進入空頭之後的狀況下，散戶在多頭時因為看著股價一直漲而買不下手，現在終於看到股價有明顯拉回了，以為可趁機撿便宜而買進，殊不知，股價跌落空頭的趨勢當中，買進後不漲反跌、慘遭套牢。誠如德國股神科斯托蘭尼所言：「投資最重要的是掌握趨勢，其次才是選股。」只有尊重趨勢，順勢而為，才能借力使力、輕鬆獲利。

請見【圖43-2】，所謂的「順勢而為」，就是在多頭趨勢當中，只做多不做空；在空頭趨勢當中，只做空不做多。關於趨勢的研判，散戶投資人可先以最簡單易學的「技術面均線」(移動平均線)，當作判定多空的基礎。

通常交易周期為3至6個月的人，適合以季均線（60MA）判別股價的多空走勢。季均線又簡稱「生命線」，季均線之上且季均線走揚，可視為多頭；季均線之下且季均線下彎，可視為空頭。

對於以1、2年為交易周期的長線投資者來說，適合以年均線（240MA）判別股價的多空走勢。年均線之上且年均線走揚，可視為多頭；年均線之下且年均線下彎，可視為空頭。至於交易周期較短的投機交易者，就適合使用5日線、10日線、月線，甚至以分鐘線搭配多空判定的方法也廣泛被運用。

· 圖43-2 彩晶（6116）自2013年4月17日
至2017年9月6日的股價日線圖

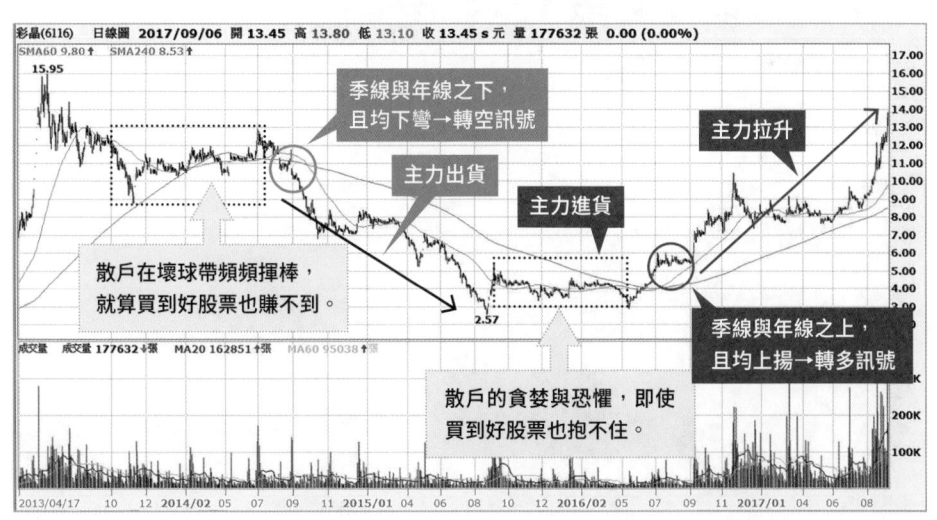

資料來源：XQ操盤高手

· 高手的叮嚀 ·

1. 檢視市場氛圍，是一面倒的看多，還是看空？是利多消息多，還是利空消息多？反群眾心理的獨立思考模式較容易致勝。

2. 利空頻傳而股價不再破低點時，要觀察是否有主力大戶正悄悄進貨；利多消息頻傳而股價不再創高時，要觀察是否有主力大戶在偷偷拉高出貨。

3. 檢視股價在季均線（或年均線）之上還是之下？季／年均線之上且均線上揚再考慮進場；反之，則宜先避開（均線的設定依照自己的交易周期長短而定）。

4. 建立一套屬於自己穩定獲利的交易模式，初期可先從模擬交易開始，確認有穩定獲利後再用真正的資金來操作，或者先由較小金額開始，獲利穩定後再增加投入的本金。

第**44**道難題

現在該抱緊？該停損？傻傻分不清楚怎麼辦？

股神華倫‧巴菲特擅長長期投資、德國股神安德烈‧科斯托蘭尼則被奉為投機交易之神，雖然同樣都是股神，然而其思考邏輯、交易的週期、模式、策略、觀念、資金的配置都截然不同，卻分別為投資、投機世界的典範。

「投資」考驗眼光，進場時須透過長時間等待，著重在長期複利效果而時間會是最好的朋友；「投機」講求效率，隨時將資金投入最具優勢且能以最短時間內獲取最大的利潤之標的。是故，散戶該釐清自己是「投資」？還是「投機」？並建立一套屬於自己的交易模式與進出依據，才能夠清楚判斷該抱緊或該停損。

影響一檔股票的漲跌，主要包含國際總經，對應到台股就是大盤的多空漲跌，其次是產業的趨勢面、企業獲利的基本面、個股籌碼面、消息面、心理面、技術面……等等。

產業趨勢與基本面通常會影響股價較長期的走勢，因此，由基本面出

發的基本分析，是以「價值」為考量，較受長線投資者喜愛，包含：公司的獲利能力、長期發展的競爭力，營運模式等，這類型的個股諸如：台積電、大立光、鴻海等具有國際競爭力的產業龍頭股；再者例如高股息殖利率股、戰勝定存股，這些個股的股價波動性也不大，投資人得以賺取股息、戰勝定存為考量；還有近年發行的指數型ETF也廣受長線投資者的青睞。

籌碼面、消息面、心理面、技術面通常較容易影響股價短期的走勢，較受投機者重視。投機以「價差」為考量，著眼股價短期的波動，講求短時間內的資金效率，任何能影響短期股價波動因素，均為投機操作者所關注，符合投機條件則進場反之則賣出，因此，「停損停利機制」對於投機交易者來講非常重要。

 解題 Key Points   2207

投資者與投機者該抱緊、該停損的心態與時間點大不同。

短線投機	長線投資
若大盤在年線之上為多頭，選擇股本50億元以下個股操作賺價差。	基本面具有成長優勢，則持有；若優勢已衰退，則賣出。
技術面偏多、法人買，則買進；技術面偏空、法人賣，則賣出或放空。	股價站穩年均線之上，則持有；跌破年均線，則賣出。

由以上論述清楚點出投資與投機進出的時間週期長短差異，可在同一檔標的回檔修正時，投資者在分批逢低承接或加碼，而投機者卻先放空然後尋求獲利回補的機會，明顯看出不同操作模式。因此進場前，你一定要先弄清楚自己所依據是中長期的投資價值？還是短線上的價差？切勿把投資和投機混在一起，包括：把長線分析的觀點，誤用當作短線進出的依據；只要把投資或投機分清楚，勿犯本想賺短線卻因套牢而改長線持有的錯誤，該抱、該停損就不會傻傻分不清楚了，當然，只要你能夠有紀律的將投資、投機部位獨立開來，兩者兼得也無不可。

● 投資者的買進／退場參考點
>> 基本面＋年均線

從投資的角度出發，若是市場公認的好公司，這類型的個股，股價通常波動不大，當你進場投資時，就需給予較長的時間等待收割，是以「年」來考慮持有期。而長線投資可以從以下幾個產業基本面的角度著眼，符合投資價值條件即可進場，但是當基本面不再具有優勢時，例如從連續成長轉為連續衰退……確切來說是買進的理由已經轉向或消失時，就該考慮退場。

- 公司經營者為正派經營，倒閉或被掏空的風險甚低。
- 公司具備產業競爭力，獲利能力逐季、逐年成長。
- 擁有高現金股息殖利率，具有戰勝定存的概念。
- 股價太過委屈，偏離基本面的價值被低估(股價淨值比偏低，或本益比相較於同族群來得偏低)。

至於長線投資的進出場時機，除了基本分析，也可搭配技術分析來檢視運用。基本的判斷原則是：股價在年均線之上且年均線走揚就是多頭，續抱即可；反之就是空頭，不宜投資。若無所述兩種情況，則代表趨勢尚未成形，則以較低的持股來因應，等待新趨勢的出現。透過結合基本面與技術面的雙重檢驗方式，就可提高判斷的準確度、提高勝算。

目前「嘉實資訊」提供網路版的「XQ操盤高手」軟體供投資人免費下載使用，這是一套功能齊全，而且數據資料相當即時、可靠的一套系統。下載網址為：https://www.xq.com.tw

· 圖44-1　如何檢視一家公司的獲利能力：以台積電(2330)為例

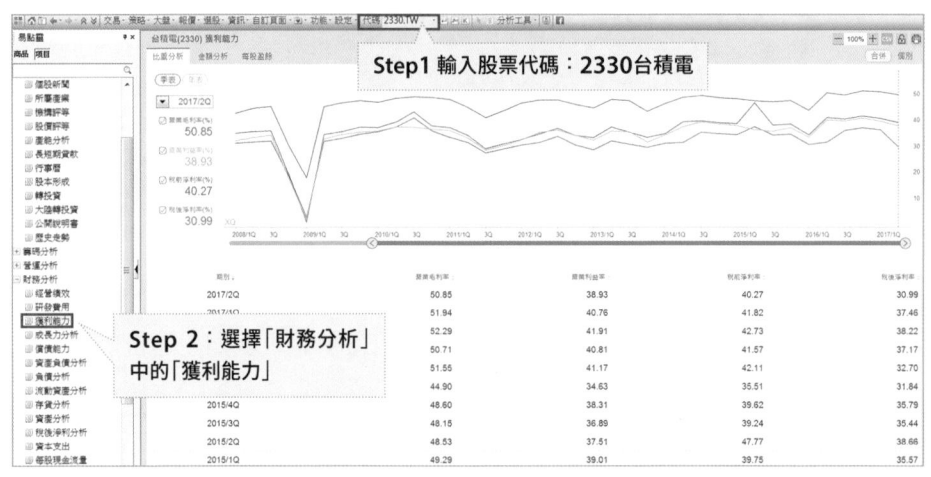

資料來源：XQ操盤高手

我們以台積電(2330)為例利用「XQ操盤高手」來查詢，如【圖44-1】。首先，開啟軟體畫面上方「資訊」鍵點選「台股個股分析」，接著選取左側的「財務分析」，就可以查詢到每一家上市櫃公司財務面相關資訊。

在「獲利能力」選項，你可以觀察到：台積電自2016年第一季到第四季為止，無論在營業毛利率、營業利益率、稅前淨利率、稅後淨利率方面，都不斷的提升，然而卻在2017第一季及第二季稍微下滑。

· 圖44-2　台積電（2330）自2016年1月4日
　　　　　至2017年9月1日的股價走勢

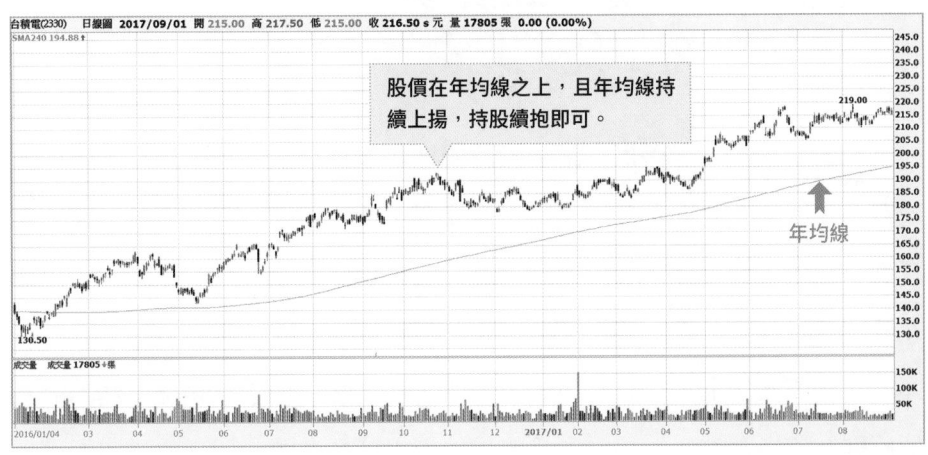

資料來源：XQ操盤高手

　　由於股價往往會領先基本面3至6個月，對照台積電的股價走勢圖，如【圖44-2】，可看到其股價在2016年持續上漲到10月底，達年度的高峰之後，股價進入長達半年的橫盤整理，直到2017年4月，股價才又啟動另一波漲勢。

　　雖然從台積電的獲利能力來看，2017年的前兩季有微幅下滑，但是幅度不大，若從台積電2017年7月13日舉辦法說會時所釋出的未來營運展望來看，「2017年第三季獲利可能稍微下滑、第四季到2018年都偏樂觀」，

對照技術面檢驗，台積電股價自4月份開始再度展開一波多頭行情，而股價持續都在年均線之上，且年均線穩定的上揚提供支撐力道。像這樣透過基本面與技術面交叉比對後，就可得到「後市以持續多頭看待，因此持股續抱即可」的結論。

● 投機者的買進／退場參考點
>> 籌碼面＋短期均線

相對於投資，投機操作講求短時間即可看見效益，著眼短時間賺取價差波動，既然如此，在多頭趨勢下就要盡可能的選擇強勢股做多，在空頭趨勢下則盡可能選擇弱勢股放空（如果不喜歡放空，維持空手即可）。重點在於順勢而為，將資金做最有效率的投機操作。

在實際操作上，首先必須確認大盤目前為多頭或空頭趨勢，基本的判斷原則為：指數在年均線之上且年均線走揚就是多頭，反之就是空頭；如果不是上述兩種狀況，那麼代表趨勢尚未明朗，宜降低持股、等待新的趨勢方向出現。若屬於多頭趨勢，投機操作選股以技術面、籌碼面較佳，其中，又以選擇股本小於50億以下的個股為優，因為股價的波動性較大，較容易實現投機者所追求在短時間內賺取夠大價差的機會。當確認多空的趨勢之後，接下來你就可以依循以下3個投機心法，選擇該做多或放空：

- 技術面：均線之上且均線上揚做多、均線之下且均線下彎不做多。
- 籌碼面：大戶買、散戶賣，則做多；大戶賣、散戶買，則放空。
- 技術面結合籌碼面：當技術面偏向多方，且籌碼面的大戶(法人)站在

買方，則可考慮買進；技術面偏向空方，且籌碼面的大戶(法人)站在賣方，則考慮賣出甚至放空。

上述技術面上的多空的判別，應依個人交易周期的長短及模式，設定適用的均線。包括：5日、10日、20日、60日均線等，皆受投機價差的愛好者使用。其中，運用5日、10日均線者，也被稱為「極短線」投機交易者；運用20日、60日均線者，則被稱為「短線」或「短波段」投機交易者。

需要注意的是，若以技術面的均線當作進出依據，還需要搭配固定的交易模式，例如：頂多以5日均線搭配20日均線，或以10日均線搭配60日均線，當作加減碼的依歸，切忌昨天使用5日均線，覺得不好用今天改換成10日均線，明天又心血來潮改用20日甚至60日均線……因為事實上，沒有任何一種技術指標或分析方法可以百分之百準確，需調整的可能僅是自己的資金配置、策略或心態，而非漫無紀律的更換參數。只要建立正確的心態觀念(心法)，加上掌握技術分析固定使用一段時間後再從中微調改良，反而更能感受到其中的奧妙，實力也將因此精進而不是原地打轉。

至於透過籌碼面來選股，最簡單的方式，可以查詢三大法人每天的買賣超作為選股參考(每個交易日的下午5點，證交所網站上都會公布此資料，查詢網址：http://www.twse.com.tw/zh/page/trading/fund/TWT38U.html)。此外，在Facebook「葉芳的贏家世界」(不公開的社團)，每天都會彙整分享「投信買超金額占股本的前15名個股」(簡稱「投本比」)，以及「外資買超金額占股本的前15名個股」(簡稱「外本比」)，這是籌碼面選股的進階版應用，資料源自免費網站GOOD INFO。

由於傳統的「投信買超前15名個股」、「外資買超前15名個股」是以股

票買賣的張數來計算的，忽略了股價高低，也不管每家公司股本的大小，代表性不足。例如股價10元的低價股被買超1萬張，所需的金額還小於股價6000元的大立光被買超20張，因此，單以股票被買超的張數來排名，容易扭曲。而股本只有5億元的小型股若被買超1千萬元，股價就會大漲；但對於大型權值股來說，被買超1千萬元根本沒有影響力。由於「投本比」、「外本比」已經進一步解決了上述的問題，且投信或外資於短期買賣股本比率增加也代表股價隨時有機會於短時間內表態，因此參考價值較高。

· 圖44-3　「葉芳的贏家世界」中關於「投本比」、「外本比」的統計

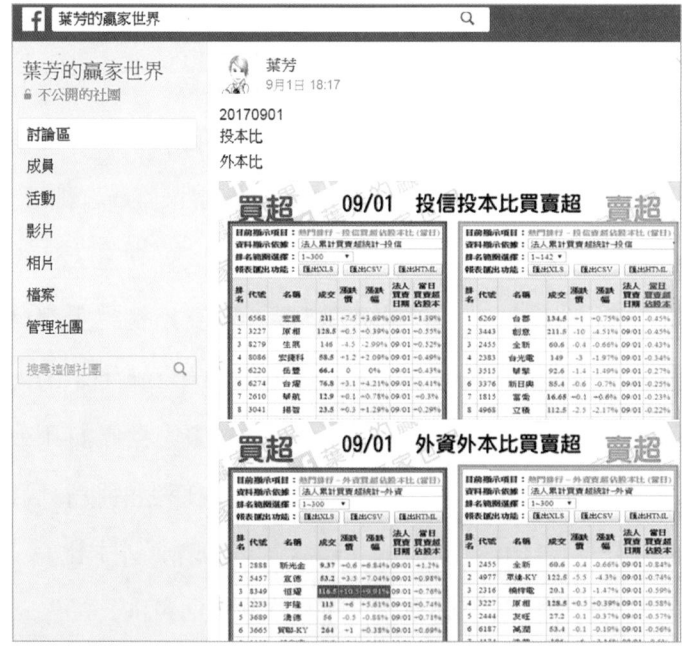

資料來源：葉芳的贏家世界（Facebook社團）

我們以雙鴻（3324）這檔個股為例來說明籌碼分析的應用，從【圖44-4】可以觀察到，自2015年9月開始，雙鴻的股價已經站穩季線之上，而且季線持續上揚提供支撐，可視為多頭。在2015年11月23日①開始投信的大舉買超，股價因此上揚，顯示出另一波多頭趨勢可能發動，此時進場買進是安全的。

若在11月23日投信出現大舉買超的隔天開盤時買進（股價28.35元），或保守一點在投信連續大幅買超的第三天之後，也就是第四天開盤買進（股價31.7元），隨著股價持續上揚、季線上揚也提供支撐，在沒有跌破季線之前持股續抱，最高股價一度來到91.5元，最大漲幅約200%。

· 圖44-4　雙鴻（3324）自2015年8月3日
　　　　　至2017年4月30日的股價走勢

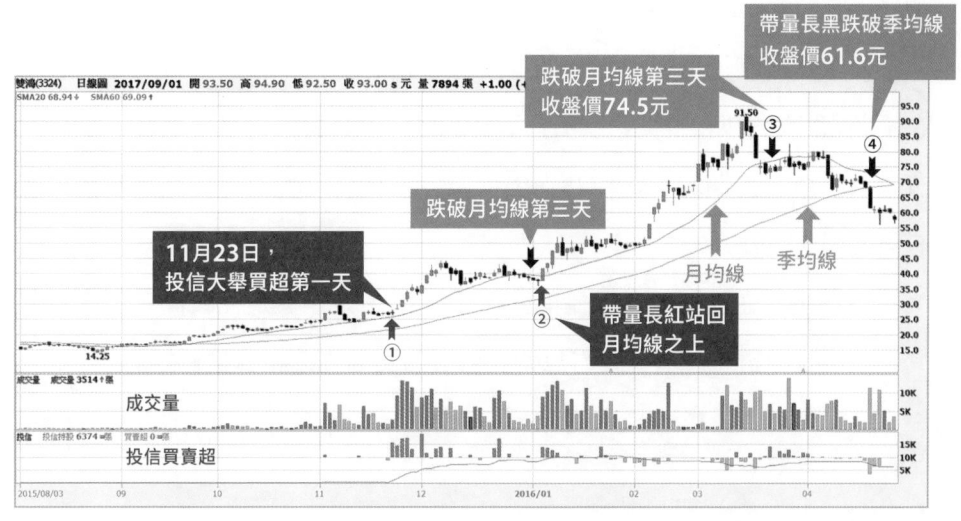

資料來源：XQ操盤高手

至於出場的時機點怎麼看呢？在【圖44-4】中可以看到，雙鴻的股價在2016年4月22日，出現帶量長黑而且跌破季均線，這就是是強烈的賣出訊號，倘若以當天收盤價賣出（61.6元），前述買在成本約30元左右的人，還是可以賺到1倍的獲利。

　　倘若是操作周期比較短的投機交易者，可能會使用20日均線（月均線）做為進出的參考依據，那麼在2016年1月4日，當雙鴻股價跌落月均線之下的第三天，就可能會做出場動作，不過在兩天後，當②股價以帶量長紅站回月均線之上，就必須再次買回（事後來看，在1月4日賣出似乎會是一個錯誤決定）。

　　但是後來當③2016年3月22日，股價再度跌破月均線第三天時做賣出動作，可以賣在74.5元；若是以季均線為多空判斷依據的人，會等到④2016年4月22日，出現帶量長黑且跌破季均線時才做賣出動作（收盤價61.6元），會少賺不少。

　　從上述的例子可以看出，若採用較短期的均線作為進出依據，較容易在不該賣（或買）時，卻賣（買）了，頻繁的交易次數也會平白浪費不少手續費；若採用較長期的均線作為進出依據，則往往太晚進場、又太晚出場，有可能因此少賺。

　　不過後者在趨勢較為明確的狀況下進出，往往穩定性較高、不容易誤判。並沒有絕對的好壞，要看每個人習慣的交易周期和風險偏好而定。

·高手的叮嚀·

1. 確認自己是要投資還是投機？遵守各自的交易思維邏輯及規則。

2. 當投資的理由與依據仍然存在時，即使股價有所震盪，都無需隨之起舞，要靠時間來感受投資的價值；反之，就該退場賣出。

3. 當投機的理由與依據仍然存在時，即使股價有所震盪，也無需隨之起舞；反之，就該退場賣出(停損)。

4. 極少數的交易高手，可以兼具投資與投機，除了要有很清晰的思維邏輯，透過資金分配不同的投資／投機交易帳戶(兩者之間的資金配置多寡，可參閱本書的第37道難題)，同時了解各自的交易規則，嚴格遵守紀律，才能享受兩種交易境界的美好。

為什麼我在做停損，高手們反而在買進？

許多散戶都覺得很納悶，常常自己所買的股票已經跌了一陣子、達到停損的界線，於是按照紀律停損出場，偏偏卻看到高手們說他們正在買進？能不能改變這種散戶的宿命呢？停損的紀律有錯嗎？錯在哪裡？為什麼自己都不知道？

知名暢銷書《有錢人想的和你不一樣》闡述當改變想法，行為自然就跟著改變，進而創造財富，因此，你只需要做一件事，就是去「模仿有錢人的思考方式」。而在市場上則要去模仿大戶、主力、法人的思考模式，一般將之稱為「贏家思維」。

所有進入市場交易的人，不管進場背後的原因為何，最後為的就是要贏，然而最殘酷的現實就是市場上可能80%的交易者都是輸家，而剩下20%的贏家裡頭，可能也只有2%至3%的交易者是真正的大贏家，其餘的只賺取到蠅頭小利。

要成為這些極少數的贏家，你必須要有贏家思維，而要能達到贏家思

維，你則必須練就正確的投資或是投機心法。市場上大多數的交易者，他們在意的是交易技巧，卻忽略了心法才是最關鍵的根本之道，少了心法，再絢麗的技巧充其量也不過只是花拳繡腿罷了。

解題 Key Points

4904

擺脫散戶心態，學習贏家思維，才能讓自己的思考邏輯和動作愈來愈接近高手。

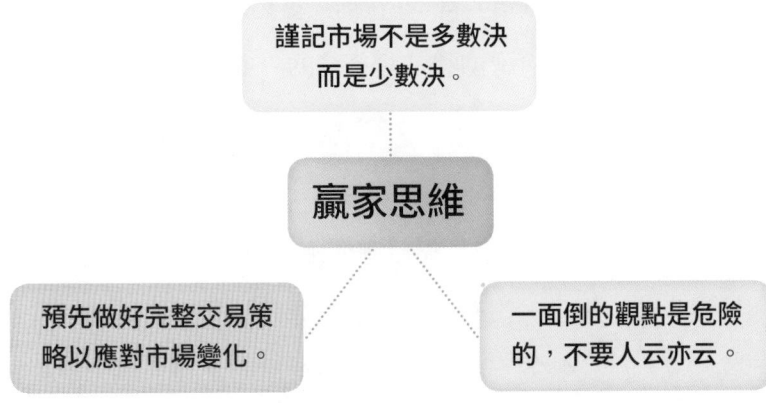

謹記市場不是多數決
而是少數決。

贏家思維

預先做好完整交易策
略以應對市場變化。

一面倒的觀點是危險
的，不要人云亦云。

● 翻轉散戶人生的第一步
>> 請先改變自己的思維

從上文所述即可知道，要擺脫散戶心態，練就贏家思維，你才有可能走向財富自由，你才有可能擺脫一買進，股價就下殺，一賣出，股價就上漲的命運。或許你不相信，但僅僅只是思維的轉變就能掀起滔天巨浪，讓你從輸家變成贏家。以下先介紹幾個比較重要的贏家思維模式：

1.市場總是少數決

永遠都要謹記：市場上的贏家總是少數，因此，市場並非多數決而為少數決，這也造就了市場的行情以及股價的走勢往往跟你想的不一樣，所以切莫人云亦云，培養自己永遠能保持平靜的心，隨時做出客觀的判斷。華爾街有句諺語形容得很貼切：「行情總在絕望中誕生、在半信半疑中成長、在歡欣鼓舞中結束。」等到多數人都發現行情很好時，實則已來到行情末端了。又如同股神巴菲特的一句名言：「在別人貪婪時恐懼，在別人恐懼時貪婪。」觀察市場氛圍即為高手們判斷市場行情的一項關鍵而實用的指標。

2.未雨綢繆的交易策略

一般散戶容易誤以為「贏家是靠預測準確」而獲利，其實並非如此，在這彷彿隨機漫步的市場上，沒有人可以永遠準確預測行情走勢，贏家靠的是在事前就建立一套完整的交易策略來應變行情的走勢，事先模擬好幾種可能的情境分析，因此往往可以在行情改變時快速做出正確調整。天下武功，無堅不摧，唯快不破，只要動作夠快，你的勝算就會大很多。而動作要快，祕訣就在於當市場還沒發生該走勢前，你就已經把各種可能走勢的路徑，都先模擬過也懂得應對的方式。

【圖45-1】是台灣加權指數2016下半年至2017年7月21日的走勢圖，圖中編號①的框框為英國脫歐時的下殺，而編號②的框框為川普當選美國總統時的下殺。相信各位投資人都對當時的市場氛圍記憶猶新，英國脫歐時壟罩著歐盟會瓦解的恐慌氣氛；而川普當選美國總統時更出現「這將

會是美國史上最後一任總統」的荒謬言論，事後證明皆不是市場多數人所想的那樣，且指數皆持續大漲創下新高。由此可見，人云亦云是危險的，尤其市場上一面倒的觀點最危險，培養上述的贏家思維，才能解決自己老是成為反指標之苦。

· 圖45-1　台灣加權指數2016下半年
　　　　　至2017年7月21日的走勢圖

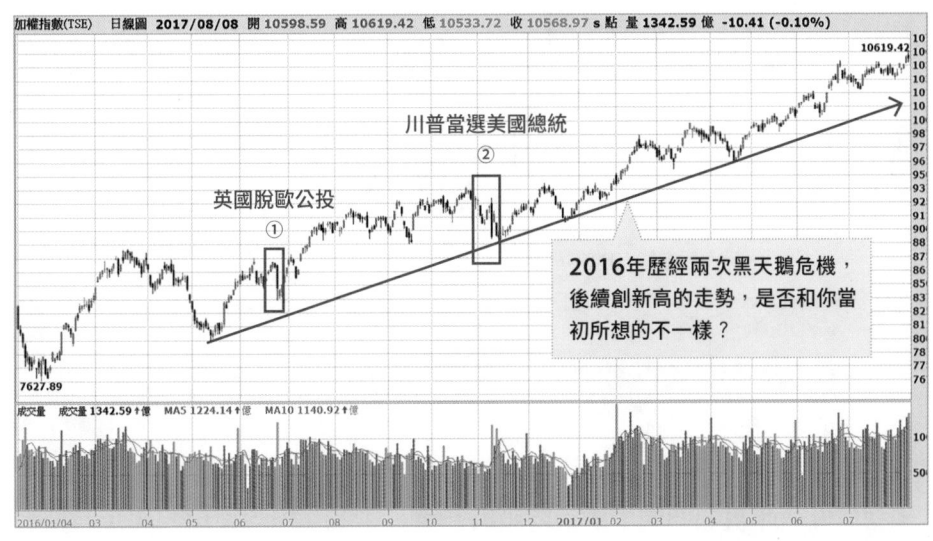

資料來源：XQ操盤高手

● 以2017年的陸股為例
>> 為什麼贏家敢買？你不敢買？

之所以散戶在停損，而贏家在買進，無論原因如何，有一點是可以確定的——贏家手上有資金可以買進。這代表著：贏家目前的持股不是滿

檔，所以有錢可以撿便宜，而散戶往往在股價最高的那一刻持股滿檔，以致於下跌的時候百分之百承擔了損失，卻沒能力在下跌之後加碼買進，而通常更殘酷的是：散戶才剛買進而已，就跌下來了。

- 圖45-2　上證指數2017年1月
　　　　　至8月14日的走勢及KD指標變化

上証參考指數(SHCOMP.FS)　日線圖　2017/08/14　開 3206.04　高 3240.05　低 3206.04　收 3237.36 s　量 209B　+28.82 (+0.90%)

美國與北韓關係緊張

2017年6月21日，MSCI宣布未來將把A股納入其指數成分。

高手眼中的KD指標背離。

KD指標

資料來源：XQ操盤高手

　　以2017年很熱門的中國大陸股市為例，在2017年5月11日，上證指數盤中跌破3050點，市場一面倒地悲觀認為：恐怕要回測3000點、恐怕要轉為空頭市場了。當時網路上不少分析師或部落客也建議對於陸股需要相當謹慎地停看聽，甚至建議要停損出場。然而，事實上陸股在那一天見到盤中低點之後，就一路震盪走高，一直到本文截稿的8月14日來看，幾乎已是過去3個月以來全世界表現最好的股市之一。如果你真的在2017年5月11日停損出場，就恰恰好賣在了最低點、起漲點。

在2017年5月11日，上證指數盤中跌破3050點當下，會做出買進動作，可能是之前在更低點（例如3000點以下）已經有買進部位的人，不管高檔有沒有先獲利了結，而現在好不容易又拉回到便宜的價位、接近之前便宜買到而獲利的價位，此時不買更待何時？所以他們此時敢買的關鍵，就是建立在目前帳上已經有獲利的部位作為保護，或者已經有稍早獲利的經驗讓他們敢於此價位再買一次。這種人，普遍是投機交易的高手。當然，這些投機交易高手往往都有建立幾個他們認為最重要的參考指標，以做為進出的依據，例如在2017年5月11日就出現了高手眼中的「KD指標背離」（股價創新低，然而KD指標卻沒有創新低），還有強勢族群中國A50指數已經率先在2017年5月8日出現長下影線，且連續4個交易日帶頭上攻，因此他們認為上證指數也跟著向上走的機率很高，於是勇於大膽買進。

高手的叮嚀

　　你必須把「市場從來不是多數決、而是少數決」這句話放在心裡，去揣摩、模仿投資或投機領域佼佼者們的心理狀態，努力的刻意練習，去達到在每一次市場有重大事件或重大變化時，讓自己的思維邏輯和出手動作距離贏家們愈來愈接近。

第46道難題

為什麼散戶總會在「行情即將下跌」時，勇敢買進？

市場真正考驗一個人的，往往不是艱深的操作技巧，也不是豐富的財經知識，而是人性。為什麼多數人在市場上都當不了贏家？最根本的原因在於克服不了自己的心魔，其中，人性的貪婪與恐懼正是最大的心魔，它會在每個人的人生中不斷干擾著你的決策，當然，在投資方面也不例外。隨著股價的上漲與下跌，人性的弱點就會被放大。

華爾街有一句諺語：「行情總在絕望中誕生，在半信半疑中成長，在歡欣鼓舞中結束。」如果細細去體會這句名言，你就能明白為什麼如果散戶的心態不改，永遠都會是輸家。當行情在絕望中誕生時，散戶的心態若非不敢買進就是根本不知不覺；當行情在半信半疑中成長時，散戶的心態多半處於不敢追價，或是認為漲勢只會曇花一現；當行情在歡欣鼓舞時，散戶終於發現了這段行情的美好，於是紛紛跳進場成為主力倒貨的對象，殊不知行情也將曲終人散。而最可悲的莫過於這樣的模式，數百年來不斷地循環上演，或許演員都換人了，但劇本還是同一套。

散戶要擺脫在行情反轉時才進場的輪迴，要先學會判斷市場氛圍的方法。

判斷
市場氛圍

該貪婪？

該恐懼？

- 成交量是放大還是萎縮？
- 媒體放送的訊息是樂觀還是悲觀？
- 身邊的人在進場還是離場？

● 學會觀察市場氛圍
>> 成交量是熱絡？冷清？還是狂熱？

　　若想擺脫這樣的散戶輪迴，你必須學會觀察市場氛圍，在本書其他難題當中也會提到，該貪婪？還是該恐懼？必須觀察市場氛圍作為判斷的指標。所謂的「市場氛圍」，即為目前市場上的交易狀況，是熱絡還是冷清？是狂熱還是乏人問津？如果是熱絡，則需觀察有多熱絡？以及是否達到狂熱的狀態？若是到了過於狂熱的地步，通常意謂著行情走到了末端。若發現市場是冷清的，則需進一步去觀察冷清的程度，若是市場過於冷清到了乏人問津的地步，則可能將有機會誕生新一波的行情。

　　在觀察市場氛圍時，成交量、媒體、生活周遭都是觀察的好指標，成交量連續放大顯示交易的熱絡，而成交量的萎縮則顯示交易較為清淡。各位讀者可以自行回顧每次景氣循環的開始與結束時，台灣加權指數的成交量分別是什麼樣貌（建議以月K線觀察較為明顯）。

而媒體及生活周遭的輿論則是另一個可以觀察的指標，當媒體每天都在放送行情有多好時，往往處於交易熱絡；當媒體上的那些名嘴們紛紛表示絕望，甚至許多財經專家消失在螢光幕時，則可能處於交易冷清。

　　此外，觀察生活周遭時，若你發現身邊特別是平常沒有在交易的人都紛紛想跳進市場時，則代表市場的熱絡；反之，若你身邊平常有在交易的人都紛紛離場時，則行情可能處於清淡。

· 圖46-1　台灣加權指數月線走勢圖

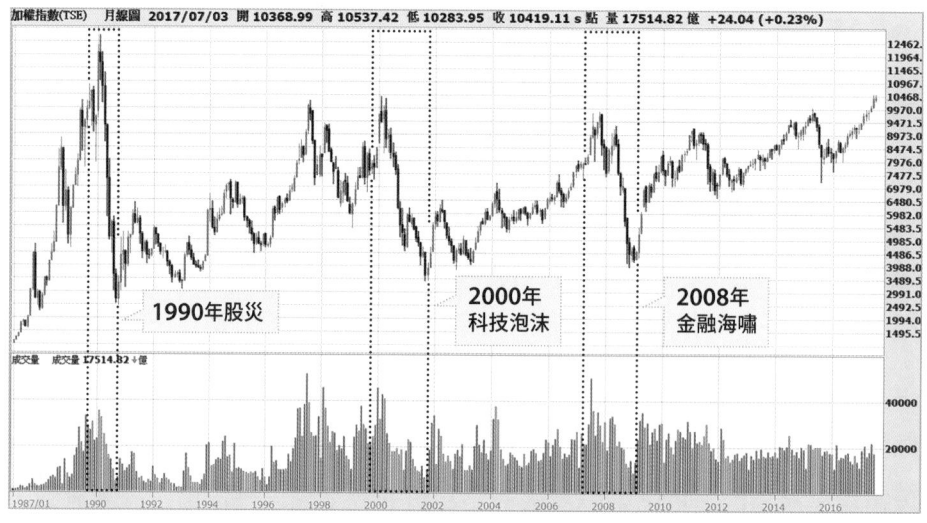

　　【圖46-1】為台灣加權指數的月線走勢圖，我們仔細觀察前三次景氣循環時的成交量變化，從圖中顯示無論在1990年的股災，還是2000年的科技泡沫，亦或2008年的金融海嘯，行情走到末端時的成交量總是非常巨大，而指數崩跌後直至谷底時，成交量則一路縮小至乏人問津。若是曾經

歷過任何一次前述事件的讀者，則可回想當多頭行情結束前的市場氛圍如何？而當行情崩跌至谷底時的市場氛圍又是如何？然後再去思考，未來當市場熱絡時你該貪婪還是恐懼？而當市場冷清時你該買進還是賣出？

● 在多頭循環的尾聲
>> 技術面往往會領先基本面

散戶最常遇到的一種狀況，就是明明公司營收和獲利在創新高，買進之後股價卻頻頻下跌，難道營收和獲利創新高不是基本面很好的依據嗎？挑基本面好的公司買進難道有錯嗎？

基本上，在多頭循環當中，你只要按照基本面選股並有耐心的投資，通常股價的趨勢會和基本面同方向，雖然未必完全貼合，但至少也會是以亦步亦趨的方式交叉保護前進。

但是，在多頭循環的尾聲則是例外，因為股價是反映該公司未來的營運展望，而營收和獲利數據都是比較晚公布的，所以股價的高點通常會領先基本面3至6個月左右先到頂，之後雖然營收還在成長，但是股價卻會先開始跌了。

為什麼會這樣呢？因為訂單總是比營收早出現好幾個月（視不同產業、不同產品的供應鏈而定），例如蘋果的iPhone8預計2017年9月發表，然而，蘋果新機的訂單一定是在好幾個月前，甚至半年前就要下單給上游的相關供應商，這樣才來得及訂購機台、布建生產線、備齊材料和零組件、開始試產量產，最後包裝、出貨和物流運送。因此，在2017年第二季期

間，iPhone8概念股包括台積電(2330)、大立光(3008)、鴻海(2317)等股票輪流大漲、創下波段新高，把大盤指數推過了1萬點大關、見回不回，已然在反應「iPhone8預計最快要在9月上市」的這個消息。

同理，倘若之後新接訂單不如預期的好，那麼負責接單的人、還有公司的高層應該都很清楚，「現在的訂單很少」代表的是未來3個月到6個月後的營收要下滑，不意外的，這些人和周遭的親朋好友自然也容易知道營收修正的訊息，就會先趁股價還在高檔時，先行出脫持股。

· 圖46-2 大立光(3008)自2013年12月
　　　　　至2017年7月的月營收及股價走勢

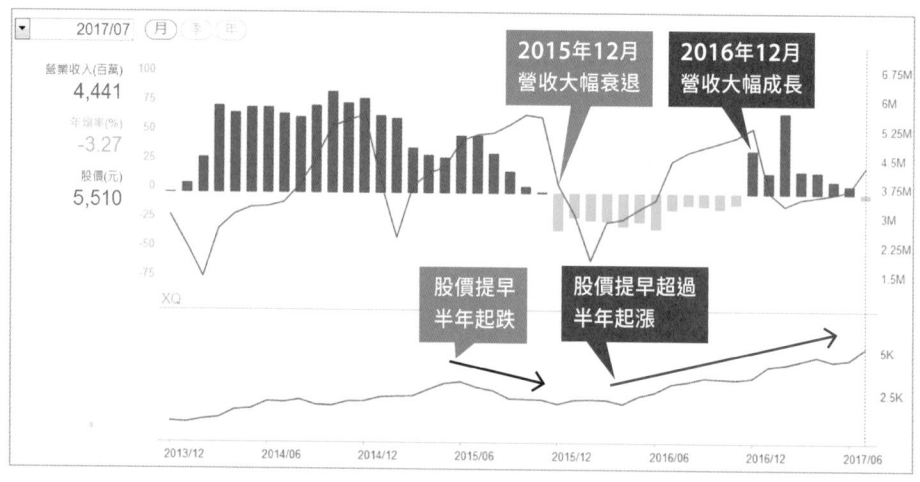

資料來源：XQ操盤高手

【圖46-2】為大立光自2013年12月至2017年7月期間的月營收及股價走勢，上方的紅色柱狀圖，代表月營收和去年同期相比為正成長，而綠

色柱狀圖則是負成長。

可以發現2015年12月出現月營收的年增率明顯下滑，超過負25%，也就是綠色柱狀圖最長的那一個月份，然而大立光的股價卻在2015年6月份已經領先基本面長達6個月，先見到高點了。

同樣的，之後到了2016年12月出現月營收大幅跳升超過30%，接著連續6個月也都是呈現營收年增率的正成長（總共有7根連續紅色柱狀），然而其股價早在2016年5月就開始一路上漲，顯示這次的股價起漲領先了基本面長達7個月。

預計在2017年10月至11月期間，當本書問世時，可能有些公司的股價還在創新高，那麼代表著這些公司可能一直到2018年第一季的營收和獲利仍會繼續創高，但是2018年第二季就不一定了。

因此，越是接近全球股市多頭行情的末段，你就要越謹慎的看待「月營收」這個基本面資訊（因為當你看到月營收明顯的連續下滑時，股價可能已經下跌好幾個月了），此時你該重視的是上市櫃公司舉辦法人說明會時，他們對未來半年的營運展望，這些資訊比較具有前瞻性，以及領先性，這正是為什麼每次重量級公司舉辦法說會時，外資、投信等法人機構一定會前往參加的緣故。

· 高手的叮嚀 ·

　　判斷盤勢時，大家都知道基本分析、技術分析、籌碼分析3種工具，但往往最容易被忽略的就是判讀市場氛圍，會上漲多少？會下跌多少？會盤整多久？這些都跟市場氛圍有關。如果你還沒有足夠的經驗或能力去判斷市場目前的氛圍到底是過熱了沒？還是過冷了呢？成交量往往就是最簡單的人氣指標。至於上市櫃公司的營收數據，往往會落後股價3至6個月才公布，以全球股市已經連漲8年（2009年至2017年）的此時，你要留意的可能不再是現在的月營收，而是上市櫃公司法說會當中所釋出的未來營運展望。

第47道難題

為什麼散戶都是「小賺就跑、虧錢死抱」，如何改變？

一般散戶常見的現象就是——想要短期投機，結果被套牢索性當自己是波段投資，然而隨著時間經過許久之後才驚覺愈套愈深，因此被迫做長期投資……這樣的例子在生活周遭的親朋好友之間不勝枚舉，最大的問題出在一般散戶在執行交易時，並沒有擬定交易策略，而是跟隨著喜好、缺乏紀律進行著交易，有時候甚至只是聽從旁人或是電視台老師的建議而買進，更誇張的是有人買了股票後，連那家公司是做什麼的都不知道。

高手在進場之前一定會先擬定好完整的交易策略，而一般散戶往往只注意到進場，而忽略了退場機制。退場機制的策略擬定，包含了停損及停利，在進場時你就該知道什麼狀況發生時你就必須要停損，停損的原因，有可能是因為你設定的價格被跌破，也有可能是行情不如預期，一般的交易高手並不會預設停利點，而是隨著盤勢的變化，觀察是否需要停利退場。因此，贏家會讓自己的下檔風險有限，而上檔獲利的空間無限，輸家的交易行為則是全然相反。

扭轉虧錢抱牢、小賺停利的宿命不難，只要謹記以下**2**個要點：

紀律	停損
● 認識自己，建立專屬的交易模式。 ● 從每次實戰中，不斷地改良精進。	● 利用技術分析的季線、月線，設立停損點。 ● 確實執行，當行情不如預期時果斷出場。

● 培養好紀律
>> 建立一套專屬自己的交易模式

　　許多散戶喜歡觀察市場上成功的贏家，並模仿其交易方法，但現實卻是——沒有人能夠完全複製他人的成功。許多人覺得股神巴菲特很厲害，爭相模仿其價值投資方法，但現實是只要大盤下跌1000點就把你洗出場外了。許多人也崇尚投機大師傑西・李佛摩放空股票的技巧，但往往在股價真正下跌前就被多頭反噬而損傷慘重。

　　建立一套專屬於自己的交易模式絕對是必要的，畢竟每個人所能承擔的風險、適合操作的資產類別、交易的工具皆有不同，例如以指數交易來說，可以使用的工具有ETF、期貨、選擇權，有的人操作ETF就能得心應手，但操作期貨時會因為其超大的槓桿而影響決策，因此，認識自己並透

過交易經驗的累積去發展適合自己、屬於自己的一套交易模式，再從實戰中不斷改良精進，這樣的過程被稱為「尋找交易的聖杯」。

● 善設停損點
>> 利用兩條線、一根K棒，讓你的錢定錨

若要翻轉大賠小賺的散戶宿命，則必須善設停損點並嚴格執行。以做多為例，唯有控制住下檔風險才不至於大賠，而一般投資人對於停損點的設立往往不知所措，以下提供利用兩種技術分析設立停損點的方法供讀者參考：

1.利用「移動平均線」設立停損點

當你想買進一檔股票時，盡量選擇「均線多頭排列」的標的，而未來則可利用「特定均線收盤時依然被跌破」作為停損點，最常用的特定均線為月線（20日均線）與季線（60日均線）兩種。

筆者建議，若你想買進的個股股價與季線乖離率較大時，則可將停損點設在月線，否則，等到跌破季線時已經損失（或少賺）太多，至於季線可作為一般多數個股在判斷多方強弱分界的重要分水嶺是最常見的。

以第一金（2892）為例，它的股性比較溫和，在多頭時期通常會沿著季均線緩步上揚，不會活蹦亂跳讓你追不到，也不會牛皮到完全動也不動。從【圖47-1】可以觀察到它的股價從2016年1月起漲至2017年8月14日期間，季均線成為了最好的多空分水嶺。倘若以「正式突破季均線」（站上季

均線連續3個交易日才算正式突破）作為買進點、「正式跌破季均線」（跌落季均線之下連續3個交易日才算正式跌破）作為賣出點，當趨勢沒有改變時就一直抱，都不要動，這樣有紀律的進出，就可以抵禦「小賺就跑、虧錢抱牢」的心魔。

· 圖47-1　第一金（2892）2016年1月
　　　　　至2017年8月14日的股價與季均線走勢圖

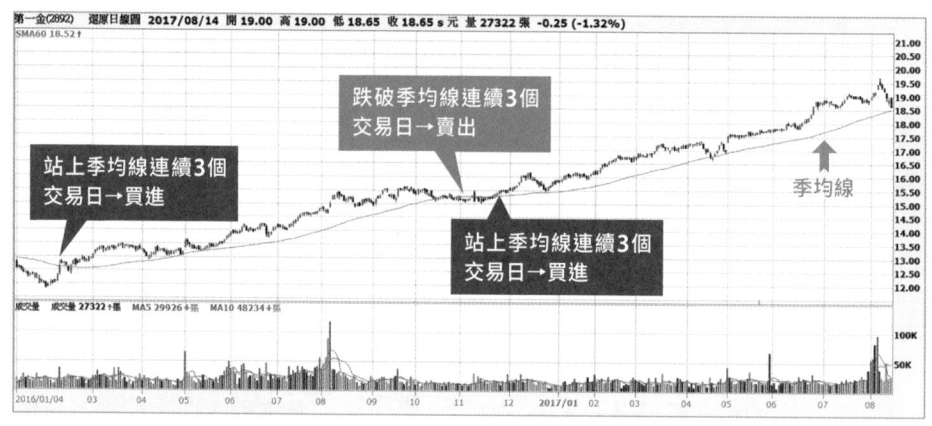

資料來源：XQ操盤高手

2.利用「關鍵K棒」設立停損點

一檔股票或是指數在經過修正整理後，準備展開一波攻勢時，常見的發動型態即為帶量長紅K棒突破修正整理型態，我們稱之為「關鍵帶量K棒」，此一K棒具有多方攻擊的重要象徵意義，故未來我們可以將之視為多方防守的底線，此關鍵K棒的最低點即可設為停損點。

【圖47-2】為江興鍛（4528）日線走勢圖，從圖中可以看到每一波上漲攻勢的發動，都從第一根關鍵帶量K棒開始，而後關鍵K棒的低點從未被跌

破,股價則是慢慢盤堅向上而不斷創新高。

· 圖47-2 　江興鍛(4528)在2016年11月
　　　　　至2017年8月14日期間的走勢圖

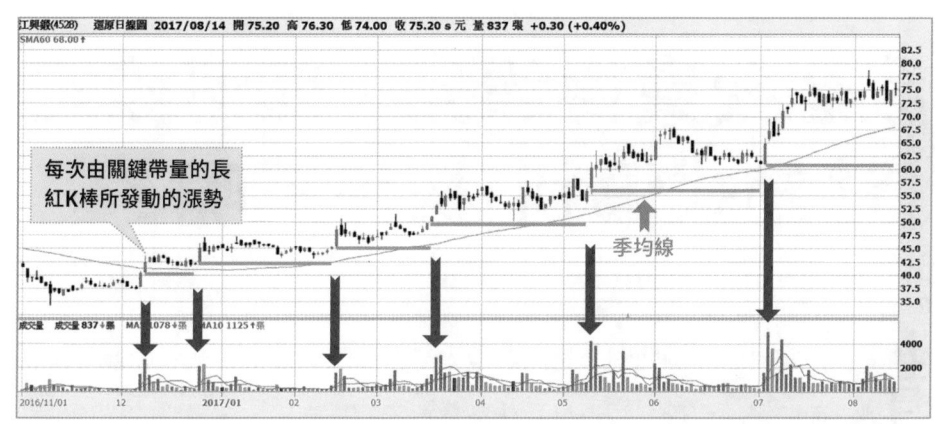

資料來源:XQ操盤高手

高手的叮嚀

　　要成為贏家,必須培養紀律,市場上的財富總是從躁動者的口袋流
向紀律者的口袋。虧錢抱牢而小賺停利的行為,最根本的原因就是缺乏
紀律,贏家總是贏在調整,遇到行情不如預期時果斷出場,絕對不會任
由部位在自己不能掌控的狀態中持續失控。

第48道難題

我想要賣得漂亮，如何設定「移動式停利」與停損呢？

散戶常見的一個問題，是股票賣太早而少賺一大段，或者股票不願賣而賠了一大段。這也是為什麼會買股的是高手，會賣股的是頂尖高手。買股票是錢在外，賣股票是錢放入口袋，顯然賣股票的時機比買股票更為重要，散戶最大的挑戰常常不在於買股票，而是在何時該賣股票？賣股時機是實現真正獲利的一刻，也是守住財富的動作，而能夠賣得漂亮是一門學問，更是一種藝術。

解題 Key Points

2308

移動式停利		
	基本面	以目標價為停利點，目標價上調，停利也上調
	技術面	以均線、型態滿足點或黃金切割率計算股價滿足點
	籌碼面	以主力大戶成本價的漲幅30%至1倍為停利點

● 設定移動式停利 >> 搭配停損就能大賺小賠

停利，可簡單將之解讀為「股票已經獲利，把獲利實現而將錢放入口袋」。最讓散戶遺憾的是，明明買到一檔飆股，卻賣在起漲點附近，即使賣出股票有賺錢，結果股價一路大漲了5成卻只賺到5%，明明能賺1倍價差卻只賺10%，更遑論在股票賣掉後股價翻了多少倍都跟自己毫無關聯。

股票上漲或下跌的趨勢，是由市場的供需所造成，而影響供需最大的關鍵，就是資金(籌碼流向)與市場心理。若以做多股票來觀察，這種情形最常發生在底部型態初完成且趨勢轉強的個股上，也就是股價剛剛展開強勢的多頭走勢，散戶要如何掌握一個波段行情，避免賣太早的遺憾再現，透過「移動停利」的方式就能降低少賺的疑慮。首先，掌握趨勢、順勢而為是基本原則，股價分為多頭趨勢與空頭趨勢的行進走勢，以下我們就以散戶最愛的多頭趨勢股價行進的方式來舉例：

* 以基本面的價值走勢，設定移動停利：注重基本分析的投資者，選股的條件以體質好的公司及業績成長為首選。當股票出現買進的理由依據時，包含：從公司的營收及獲利成長、產業發展趨勢、經營者誠信與公司治理品質……等等，再檢視、審酌國際趨勢、大盤多空、公司股東會與法說會釋出的公司／產業風向球、每月／季／年公布的財報是否符合成長預期……等等，評估確立買進的理由，或調整最終目標價。由於體質好的業績成長股，會隨著時間的延續而營收獲利不斷成長，很容易出現目標價逐年上調的狀況，這是常態，因此只要該公司持續符合基本面選股買進的條件，或目標價位還沒到，就不要輕易地賣出股票，以目標價當作停利點，

當目標價上調時，停利點隨之調整就是一種「移動式停利」的做法。

• 以技術面的行進走勢，設定移動停利：技術分析能反映股價短線、波段、長線的走勢。不只投資操作可以用技術分析輔助基本分析的盲點，透過技術分析也能計算出目標價。運用技術面的操作更廣受投機操作者的喜愛，秉持行情不等人、資金有效率、多頭行情強者恆強，專門鎖定「強勢股」的操作模式，賺到股價最甜蜜的一段上漲行情，若加上善用移動停利的方式，往往能在短時間賺取股價的飆漲獲利。技術面的移動式停利的原理以及方法如下：

強勢股的特色	· 股價創新高後，繼續高點有高的走勢。 · 股價走勢強於大盤且沿著5日均線、10日均線走強，即使洗盤也不輕易跌破月線。 · 股價走勢呈現上漲、整理、上漲、整理、再上漲，高點有更高的階梯式上漲循環。
強勢股的 移動停利設定	· 若股價收盤跌破5日或10日均線時，往往會陷入整理，此時可做減碼（部分停利）；若跌破月均線則抽出資金（完全停利出場）。 · 若股價走勢慣性改變，從高點有高的階梯式上漲，轉為高點不過高、跌破整理平台低點，當高點不再過高時要做減碼（部分停利）；跌破平台整理低點時要抽出資金（完全停利出場）。
以技術面型態 滿足點計算目標價	· 底部或頭部型態確立之後，股價漲幅或跌幅達到該型態所測量出的滿足點。 · 常見的就是以W底（或M頭）、頭肩底（或頭肩頂）的型態滿足點做為停利的目標價。

以黃金切割率 計算股價滿足點	· 透過黃金切割率漲跌幅計算支撐（回檔滿足）與壓力（反彈滿足）的方式，一波行情的高點與低點計算0.618或0.382倍的幅度，做為支撐與壓力。 · 結合黃金切割率、費波南希係數、波浪理論來計算股價、大盤指數目標價的方式，也廣受到技術分析學派採用，只是在小型股背後往往有主力作手而產生「騙線」誤導投資人，因此對小型股較不適用，僅在大盤指數才較具有其參考價值。

• 以籌碼流向的行進走勢，設定移動停利：籌碼流向主力大戶手中時，股價易漲；籌碼流向散戶手中時，股價易跌。籌碼會在主力大戶手中的關鍵原因為：主力大戶領先掌握到公司未來有利的資訊，這些資訊對於股價後市有正面的助益；或是中小型股因為股本小，籌碼容易被掌握，主力大戶進場買進後往往都有一段不小的漲勢。因此，主力大戶色彩濃厚的中小型股，可以透過主力大戶進場的成本來換算股價上漲的滿足點，至少以漲幅3成至1倍做為設定移動停利點的參考。方法如下：

主力大戶 成本計算方式	· 股價技術線型整理一段時間後，出現長紅K線向上突破且帶攻擊量，那麼「整理期間的平均股價」可視為主力大戶的平均成本，或以「帶量突破的長紅K線中間價」視為主力大戶成本。 · 若股價技術線型並沒有明顯的整理型態，而是突然有一天出現關鍵大量（大於5日均量、或月均量的1.5倍）之後股價續漲，則以此「關鍵大量出現的K線中間價」視為主力大戶成本。 · 亦可從主力大戶或法人買賣超查詢當中，觀察主力大戶（或特定法人）連續買進後而股價續漲，那麼就以其「連續買進的期間平均股價」視為主力大戶成本。

主力大戶 成本計算方式	· 以前述的主力大戶（或特定法人）成本價位起算的漲幅30%，作為基本停利目標。 · 若主力大戶（或特定法人）在股價上漲過程當中持續再出現買超，那麼他們的成本均價自然會隨著新買進的部位而逐漸上移，投資人可以最新、上移過後的成本均價重新計算30%獲利目標，就是一種移動式停利的方法。

關於主力成本的追蹤應用，亦可參考本書的第24道難題〈如何得知主力的「進場成本」大約落在什麼價位？〉

· 圖48-1　大同（2371）自2016年8月1日
　　　　　至2017年8月29日的日線圖

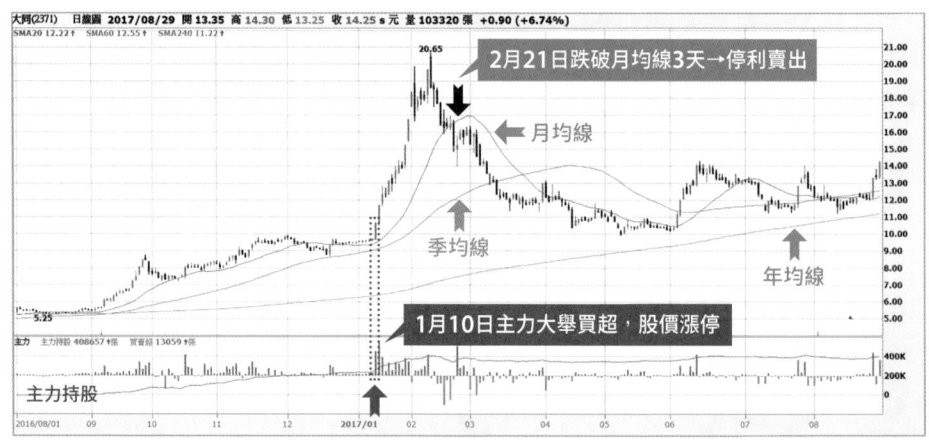

資料來源：XQ操盤高手

　　這裡我們舉大同（2371）的例子，進一步說明以籌碼流向來設定移動停利的方式，請見【圖48-1】。大同是主力色彩濃厚的一檔個股，主力不是大買就是大賣，股價反應若不是大漲就是大跌。在2017年1月10日，突然出現主力大舉買超20211張，股價漲停鎖住；隔天（1月11日）主力再度大

舉買超29009張,股價再度漲停鎖住。而股價就從1月10日的漲勢發動日均價10元,漲到了2月10日的最高點20.65元,短短1個月大漲超過1倍。

然而,在短線急漲的狂飆走勢下,股價通常是沿著5日均線往上衝的,若跌破5日均線通常就會陷入整理或回檔、跌破月均線則往往代表主力已經撤退了。在2017年2月中旬,可以觀察到主力的大舉賣超大同,致使股價重挫,到了5月份的股價已經跌回了10元。

- 圖48-2 大同(2371)自2017年1月3日
  至2017年8月29日的主力買賣超

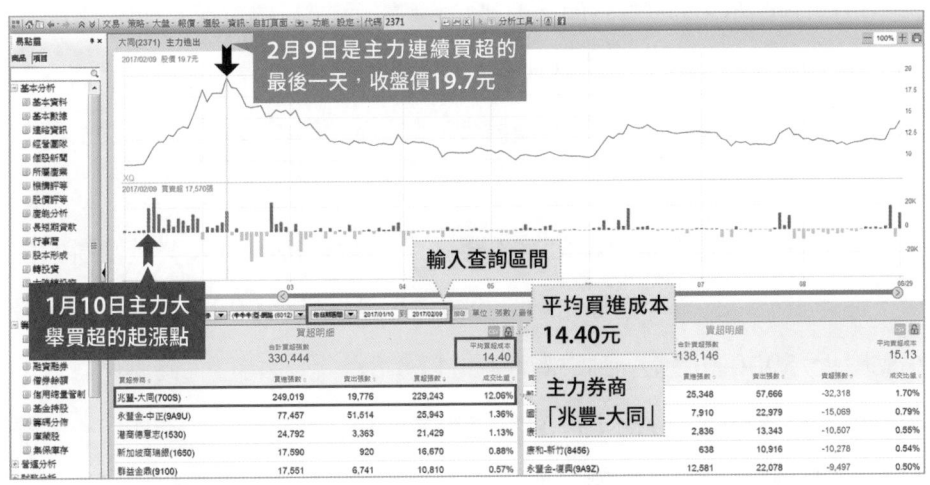

資料來源:XQ操盤高手

請見【圖48-2】,透過「XQ操盤高手」輸入查詢大同的「資訊」→「台股個股分析」→「籌碼分析」→「主力進出」,設定日期區間「2017年1月10日至2月9日」(上述的主力買超期間)後,可以發現其主力券商「兆豐-大同」在這段期間大舉買超229,243張,占了整段期間買家比重的12.06%,而

成本均價在14.4元。若以前述的「以籌碼流向的行進走勢，設定移動停利」的方式，計算獲利30%的目標價就是14.4元乘以1.3倍，也就是18.72元。因此，如果你在這個目標價附近賣出的話，事後來看是非常漂亮的停利動作，之後就算股價跌回10元也就完全傷不到你。

● 設定停損 >> 以技術面搭配籌碼面為原則

投資與投機，買賣依據大不同、賣出時機也不同。投資首重基本分析、投機注重技術面與籌碼面，但無論是哪一面，只要買進的理由消失(不存在)就該賣出，哪怕賣出會造成虧損都要執行停損。停損，可簡單將之解讀為「股票已經虧損，停止讓虧損擴大」；然而，停損還有更積極的解讀，就是「停止失去創造財富的機會」。

偏偏散戶的習性是：賠錢捨不得賣，讓虧損持續擴大，最後斷頭出場。從過去被視為散戶指標的融資餘額，從最高峰(2000年第一季的台股萬點附近)5900多億元，到現階段(2017年8月)台股再度上萬點而融資餘額僅剩下1500億元左右水準，就知道很多散戶在過去幾次大空頭中不知停損而拗單，結果慘賠、斷頭出場，存活到現在的散戶人數已經大幅減少。在學會停損的技巧之前，你必須先了解為什麼要停損？

• 停損是停止財富繼續虧損，當手中持股持續虧損時，易有情緒干擾而失去理性操作。停損也是抽出資金，活化資金效率，是把機會留給下一次、下一檔會賺錢股票的開始。

- 停損又區分為「消極的停損」與「積極的停損」。

  消極的停損：買錯了要賣出、放空錯了要回補。通常發生在操作方向與趨勢反向時。股票買了一直跌→嚴設停損；股票放空一直漲→嚴設停損。

  積極的停損：賣錯了要追買回、回補錯了要再追空。通常發生在趨勢已形成的股票。股票賣了一直漲→要找機會追買回來；股票回補後一直跌→要找機會追空。

如果你是長線投資，或是以基本分析為主的投資人	· 當原本買進的理由已經消失（不再符合當初所設定的選股條件與標準）就應該要賣出，至於賣出時是賺錢還是賠錢並不是重點，關鍵在於該股票繼續持有的理由已經不存在了，若及時出場或許還有賺，等到賠錢才停損已經太慢。 · 遵守此原則和紀律，可以避免把股票抱上、又抱下，原本過程有賺，結果卻以賠錢狀態出場。因此，對於此類型的投資者來說，重點在於「賣出的紀律」而非「停損」。
如果你是短線投機與價差操作者	· 應以技術分析搭配籌碼分析設立停損點。股票做多當跌破技術面支撐點，例如正式跌破重要均線支撐，就要斷然離場。所謂的「正式跌破」，是指連續三天無法站回，或者雖然只有跌破一天，卻是以大量長黑去跌破，此時就要馬上出場。 · 均線的設定，應依照該標的過去的股性為主，通常大盤指數或大型權值股會以季均線作為多方的防線，而最後一道防線是年均線；小型飆股漲幅往往較陡峭，若跌破月均線可能會轉弱甚至翻空，因此最好以跌破月線當作停損點。 · 除了均線支撐之外，要留意若跌破關鍵大量低點支撐，跌破主力大戶成本等，都需要即刻離場。

依你能承受的資金 風險來設定停損	· 由於多頭市場有「緩漲急跌」的特性，往往個股一波大漲30%，甚至50%以上會很容易突然因為獲利回吐賣壓，而出現一日的跌停（10%）；之後股價又繼續緩步向上攻堅。因此，若停損設在10%（或低於10%），可能會常常停損出場而賺不到大波段利潤。 · 停損最好不要設超過20%幅度，因為股價跌幅超過20%，即代表若投入100萬已經賠掉了20萬剩下80萬，要讓80萬回復到100萬，需要賺25%報酬才能回本。因此，對於個股的停損標準，通常會設在12%至15%之間。

　　這裡我們舉鴻海（2317）的例子，進一步說明「移動式停利」與「停損」要如何達成。由【圖48-3】可以看出鴻海自2017年以來呈現出一個持續向上震盪走高的多頭趨勢，而這段時間的季均線（SMA60），扮演了極佳的「移動式停利」與「停損」參考。

　　· 圖48-3　鴻海（2317）自2017年1月4日
　　　　　　至2017年9月25日的日線圖

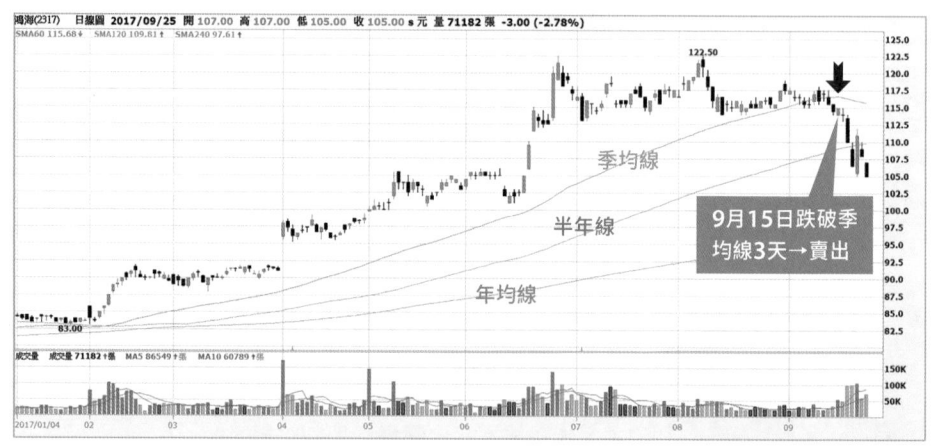

資料來源：XQ操盤高手

操作方式為：只要季均線持續走揚、股價持續在季均線之上就可一直續抱，直到季均線被有效跌破才出場，例如2017年9月15日正式跌破季均線（連續3個交易日收在季均線之下）時出場，這就是操作類似於鴻海這樣的大型權值股時，極佳的參考模式。

高手的叮嚀

　　以基本分析為主的長線投資者來說，出場的關鍵在於讓「賣出的紀律」跟「買進的標準」相呼應，至於出場時的價格到底算是「停利」還是「停損」並不是重點。而靠技術面或籌碼面為主，進行短線投機交易的人來說，停利停損則至關重要。採用「移動式停利」搭配「停損」，才容易達到大賺小賠的結果，多加練習這樣的操作紀律，那麼你的對帳單所顯示出的獲利出場平均報酬率、虧損出場平均損失率，還有勝率（獲利出場次數占整體出場次數的比率）都會和贏家們愈來愈接近。

第49道難題

常常看錯方向、做錯行情，
該如何判斷多頭或空頭呢？

綜觀台股近30年的多空循環：歷經了12682點（1990年）、10256點（1997年）、10393點（2000年）、10014點（2015年）、10619點（2017年8月）等多頭行情高峰，與2485點（1990年）、3411點（2001年）、3955點（2008年）、7203點（2015年）等空頭行情谷底，每一次的多空循環，都創造了每一次的財富重分配機會。

被譽為德國股神的安德烈·科斯托蘭尼也說過：「投資最重要的是觀察普遍的趨勢，其次才是選股。在指數上漲過程中，即使最差的投機人士也能賺到錢；而在指數下跌的過程中，即便挑到好的股票也賺不到錢。」所以，判斷與掌握多空趨勢是很重要的。

多頭做多與空頭放空看似簡單，然而超過80%的散戶常常做不到而成為股市輸家，關鍵原因就是缺乏判斷的能力，在多頭行情一直去放空、在空頭行情時卻一直去做多。

要判斷金融市場的多空消長，有以下4種方式：

判斷金融市場多空以下有4種方法：

景氣循環	國際股市
● 景氣擴張→股市走多 ● 景氣收縮→股市走空	● 美股走多→台股偏多 ● 美股走空→台股偏空

技術面	交易模式
● 均線上揚→走多 ● 均線下彎→走空	● 投資者與投機者對 　多空判定邏輯不同

• 從景氣循環判斷多空：景氣循環（又稱經濟循環、經濟周期）是指一個國家的總體經濟呈現周期性循環變動的情況，過程可分為擴張與收縮階段，周期長短則沒有定論，景氣由谷底走向高峰為景氣的擴張期，通常股市也會呈現多頭的走勢；當景氣由高峰走向谷底，則為景氣的收縮期，股市通常會呈現空頭走勢。

• 從國際股市判斷多空：台灣經濟發展是以出口為導向，出口占GDP比重高達三分之二，也因此國際股市的漲跌更與台股密不可分。美國經濟處於主導全球經濟的地位，股市及市值占比也為全球最大市場，尤其是費城半導體與那斯達克科技股的走勢，長期與台股中電子股的走勢連動密

切。就過去的歷史機率來看，美股走多頭時，台股很難會走空頭；美股走向空頭時，台股也很難會獨自走多頭。

• 從技術面判斷多空：多頭時，每一個頭的高點都會愈來愈高，每一個底的低點都會一底比一底還高；在一段行情的走勢中，高點有更高、低點則無低。在技術線型上，股價會在所有均線（季線、半年線、年線）之上，且均線上揚形成支撐。相反的，空頭時，每一個頭的高點都愈來愈低，每一個底的低點都一底比一底還低；在一段行情的走勢中，高點無高、低點有更低；在技術線型上，股價在所有均線之下，且均線下彎形成反壓。

• 從交易模式判斷多空：投資者與投機者處在兩種截然不同的世界，包含交易周期／模式，還有對多空的判定思維與邏輯也有所不同。因此會造成在同一個時間點上，投機者可能要放空，投資者卻是要逢低買進，所以在判斷多空前，要先了解自己是在做投資或投機。

● 觀察融資餘額 >> 逆勢操作，慘賠居多

回顧過去幾次在台股的空頭行情中，散戶因做多而慘賠的例子比比皆是。「融資餘額」是最能彰顯散戶的指標，由【圖49-1】可以觀察到，在①2000年2月18日台股大盤指數來到10393點高峰時，融資餘額為5616億元，雖然在短短一個月內急殺超過2000點（3月16日大盤指數下殺到8250點）時，融資餘額卻僅有小幅下降到5199億元（融資減幅為7.4%，遠不及大盤跌幅的20.6%），通常這種「融資減幅小於大盤跌幅」的狀況，就代表籌

碼沒有洗乾淨、尚未落底的訊號。緊接著②大盤指數出現一個V型反彈，③2000年4月6日來到另一個高點10328點，指數沒有創新高，然而融資餘額卻突破了之前高點，來到5721億元，甚至在一周之後的④4月13日還創下新高的5956億元。

· 圖49-1　台股大盤指數自1999年9月1日
　　　　　 至2001年12月31日的走勢與融資餘額

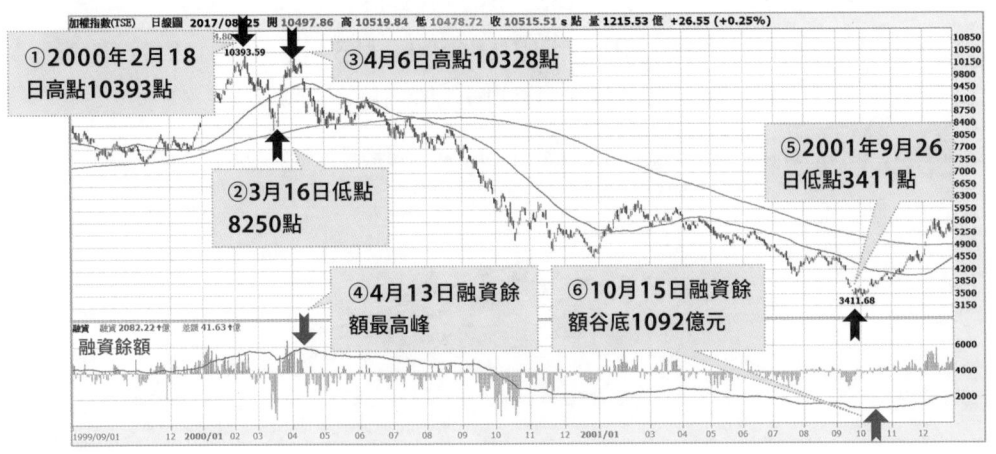

資料來源：XQ操盤高手

　　從這個例子可以歸納出兩個重點：第一，散戶往往是後知後覺的，大盤最高點在2000年2月18日的10393點已經過了，然而融資餘額的高點卻在4月13日才出現。第二，在股市由多頭轉為空頭的初期，散戶渾然不知道已經轉空，而在下跌的過程當中再次加碼使得部位更重，這也使得當股市崩盤來臨，散戶因此傷得慘不忍言（因為之前上漲時部位還沒那麼多，下跌時部位反而更多了）。

　　在這一次的空頭市場當中，大盤指數一直跌到⑤2001年9月26日的低

點3411點落底，然而代表散戶的融資餘額，卻直到10月15日才來到最低的1092億元，從這個落底經驗也可以驗證到散戶後知後覺的狀況（股價最低點已經過了、開始起漲，散戶卻仍持續在賣出持股），而且原本5956億元的融資高峰，降到僅剩下1092億元，融資減幅達81.7%，已經遠大於大盤指數跌幅的67.2%，籌碼清洗的乾乾淨淨，也造就了後來撥雲見日巨龍再起的大多頭行情。

- 圖**49-2** 元大台灣50反1自2014年10月31日
至2017年9月11日的走勢與融資餘額

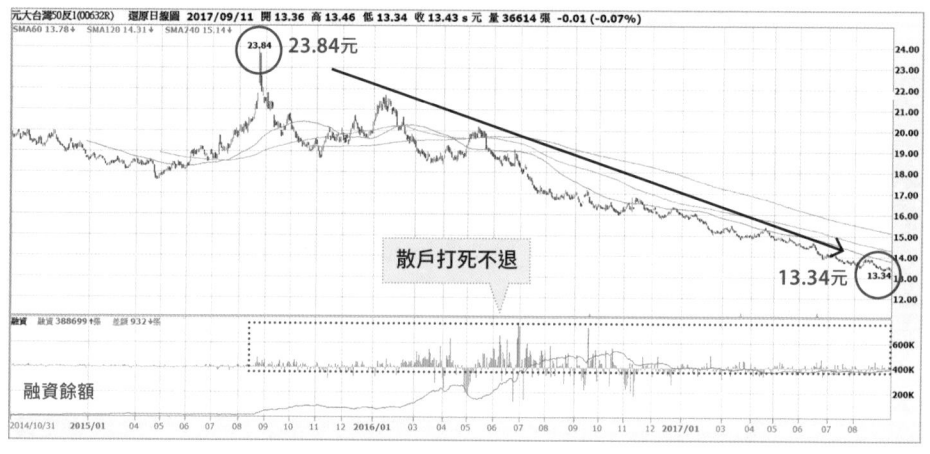

資料來源：XQ操盤高手

在多頭行情裡頻頻摸頭、猜高點放空，慘遭軋空造成口袋空空，最經典的例子就是台股從2015年8月24日低點7203點，一路上漲到2017年第二季突破萬點的多頭行情，看空台股的反向型ETF「元大台灣50反1」（簡稱T50反1，股票代號00632R）規模卻暴增。

台灣市場2014年才開放槓桿型及反向型ETF，全球截至2017年6月底約有956檔槓桿反向ETF單一商品，其中，「元大台灣50反1」竟然以超過23億美金的規模，排行全球第一名！這代表在多頭行情卻頻頻放空，若以指數從2015年8月的7203點上漲至2017年9月11日的10656點來看，「元大台灣50反1」的市價從23.84元跌到13.34元，跌幅高達44%，若中途沒有停損的投資人，一方面看著別的股民賺錢、自己大虧，真的會很痛苦。若再從代表散戶的融資餘額來觀察，散戶不僅沒有停損，反而是在過程中持續以融資買入、打死不退！

● 觀察技術面 >> 均線是最簡單的判斷法

前面提到，多頭會在技術面上呈現出：每一個頭的高點都愈來愈高，每一個底的低點都一底比一底還高；在一段行情的走勢中，高點有高、低點無低。另一個常用的判斷方法，則是股價在所有均線（季線、半年線、年線）之上，且均線上揚形成支撐即為多頭。我們用台郡（6269）的例子來做驗證，請參考【圖49-3】。台郡自2016年12月20日起，股價陸續站上年線、半年線、季線，呈現「高點還有更高點」的多頭走勢，而季均線（SMA60）成為股價的重要支撐。

至於空頭在技術面上會呈現出：每一個頭的高點都愈來愈低，每一個底的低點都跌破前低；在一段行情的走勢中，高點無高、低點破低。另一個常用的判斷方法，則是股價在所有均線（季線、半年線、年線）之下，且均線下彎形成蓋頭反壓。可參考【圖49-4】碩禾（3691）自2016年1月之後

股價陸續跌破季線、半年線、年線，呈現高點不過前高，低點愈來愈低的空頭走勢，而季均線（SMA60）、半年線（SMA120）成為重要壓力。

· 圖49-3 台郡（6269）自2016年10月3日至2017年9月11日的股價走勢與均線

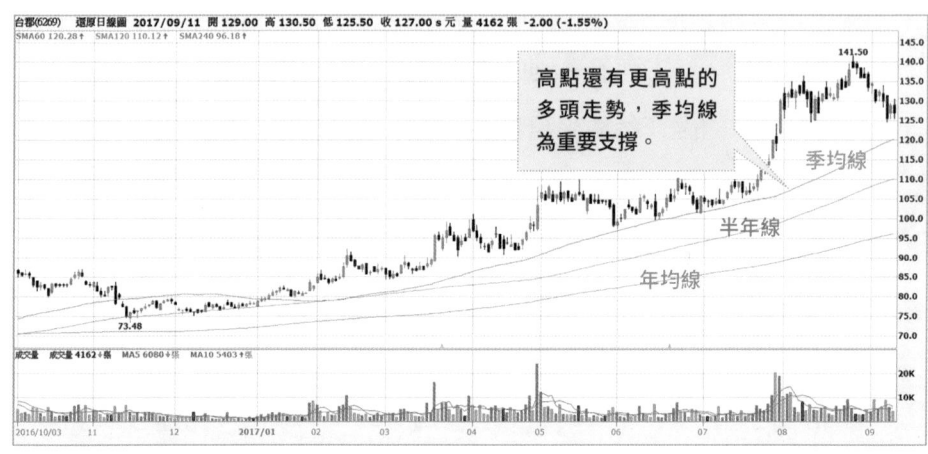

資料來源：XQ操盤高手

· 圖49-4 碩禾（3691）自2015年11月2日至2017年9月11日的股價走勢與均線

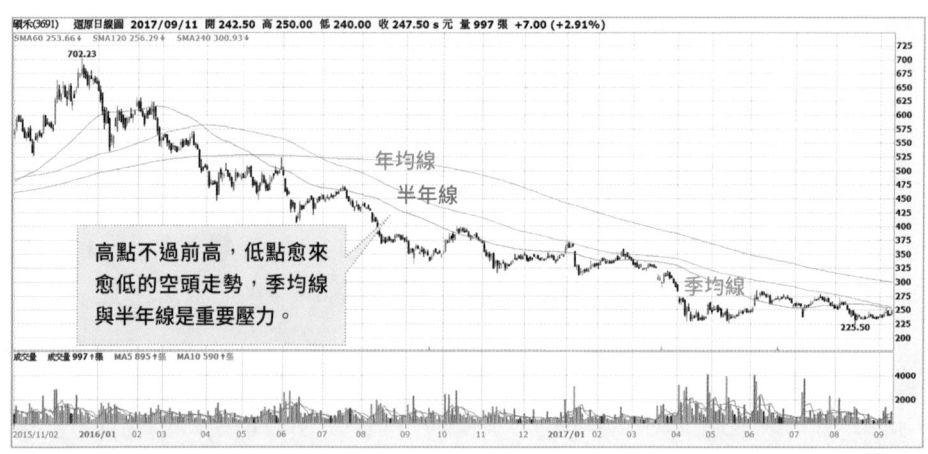

資料來源：XQ操盤高手

· 高手的叮嚀 ·

　　雖然往往要在事後，才能得知一個完整多頭行情結束的正確時間點，但透過市場的各種面向進行判讀是可以盡早發現的，而散戶往往判斷出來的時間已經落後好幾週、甚至幾個月之久，奉勸散戶們在多頭行情還沒結束前，不需要頻頻摸頭、猜高點而造成自我傷害。另外，投資者與投機者是截然不同的兩種世界，包含交易周期、交易模式、思維邏輯，以及對多空的判定也不同，有時候在同一個時間點上投機者可能要放空，投資者卻是要逢低買進，所以要判斷是多頭或空頭前，要先了解自己是在做投資還是在投機交易，不能人云亦云。

在股市「大空頭」期間可以做空嗎？怎麼操作最好？

一般而言，趨勢交易的原則就是跟隨盤勢的方向進行交易，理論上在大多頭時做多、在大空頭時放空就對了。然而，現實的問題是：多數人在當下不易判斷是否還在多頭？或者已經轉空？否則怎麼會有這麼多人從2016年開始買進元大T50反一（00632R），甚至後來虧損超過20%以上都沒有停損，讓損失持續擴大呢？許多人在市場還沒真正進入空頭以前，就因為太早做空而損失慘重，而當真的進入空頭之後，又太早結束空頭部位反手做多、或太晚結束空頭部位而被軋空，皆是因判斷上的失誤而造成虧損或者讓獲利大幅縮減。

此外，做空要獲取財富的難度要比做多高出許多，無論是內心的煎熬或是操作的技巧，均有相當的難度。在大空頭期間由於波動度大幅上升，大盤走勢亦非一路下跌，而是途中充滿著多次強力反彈，當每一次反彈出現，投資人往往誤認為空頭已經結束，或者因為被軋空到觸及停損界線，導致最後認賠出場的案例時有所聞。

放空的難度比做多高,切記不是把多頭時期的方法「反過來做」就好。

| 放空指數 | 心法:學會空頭的研判方式與不看盤的波段操作。 | 工具:透過期貨、選擇權、指數認售權證、反向型ETF。 |
| 放空個股 | 心法:在中小型股當中尋找絕對弱勢的個股操作。 | 三不一沒有選股原則:不要有被併購、援救、減資的消息,沒有富爸爸當靠山。 |

● 做空大盤 >> 利用反向ETF放空指數

　　事後來看,每一次的大空頭都相當慘烈,以台股而言,2000年2月跌到2001年9月,大盤指數從10393點跌到3411點,跌幅高達67%;而2007年10月跌到2008年11月,大盤指數從9859點跌到3955點,也跌了將近60%。這是以指數「頭尾相減」來比較,事實上,過程當中許多散戶都是持有的個股先慘賠30%至50%痛到受不了,認賠殺出,暫時不玩了,後來在某一次大盤強力反彈過程中「以為空頭已經結束了」,重新買進股票的結果就是又再次慘賠30%至50%……有些散戶在一次大空頭當中甚至可以慘賠4、5次,難怪明明指數跌幅沒有超過7成,但是許多散戶卻賠光老本、甚至負債。

　　理論上,在大空頭期間若能一路持有反向ETF,確實能累積不少獲利,卻極少有人可以做到。原因除了前述的問題之外,另一個很重要的癥

結點在於：空頭市場的操作邏輯和選股方式，與多頭市場是截然不同的，也就是說，並不是把你在多頭市場當中所學的方法倒過來做，就可以在空頭市場贏錢。事實上，多數人在空頭市場慘賠，就是因為將多頭市場養成的習慣和方法，套用於空頭市場中，在「越是相信自己、就越是固執」下因而損傷慘重。這部分的Know-How，可參考《高手的養成》一書的第五章「面對大空頭市場的致勝之道」。

倘若你已經學會《高手的養成》第五章所指導的空頭市場研判方式，你還需建立「不看盤的波段操作心法」，才有辦法在反反覆覆、上沖下洗的過程當中，不被貪婪或恐懼所影響，把空頭部位一路抱到底部型態完成（所謂「底」的判斷方式，主要可用成交量萎縮到原本最大量的3成以下，或者看到300億元以下的窒息量之後，出現帶量的長紅月K棒，才能夠確認此時為底部）。

當以上的條件都具備之後，你就可以開始選定操作工具。目前台灣可以買到的大盤指數反向ETF有兩種，第一種是大家最為熟知，也是交易量最大的「元大台灣50反向1倍ETF」（簡稱為T50反1，股票代碼00632R）；第二種則是「台灣加權指數反向1倍ETF」（簡稱加權反1），在台股集中市場就有3、4檔標的可以選擇。

其中，「T50反1」所放空對應的指數為台灣50指數，意即當你買進T50反1時，等同於你放空了全台灣最大、最優質的50檔個股。放空當以選擇弱勢股為原則卻買進T50反1？似乎不太合乎邏輯；而「加權反1」放空對應的指數就是大盤指數，也就是不管好股爛股全部組合在一起做空，勝算機率應該會比只做空台灣最優質的50家公司更高一些。

· 圖50-1　元大台灣50反1（00632R）自2016年1月
　　　　至2017年8月15日的價格走勢圖

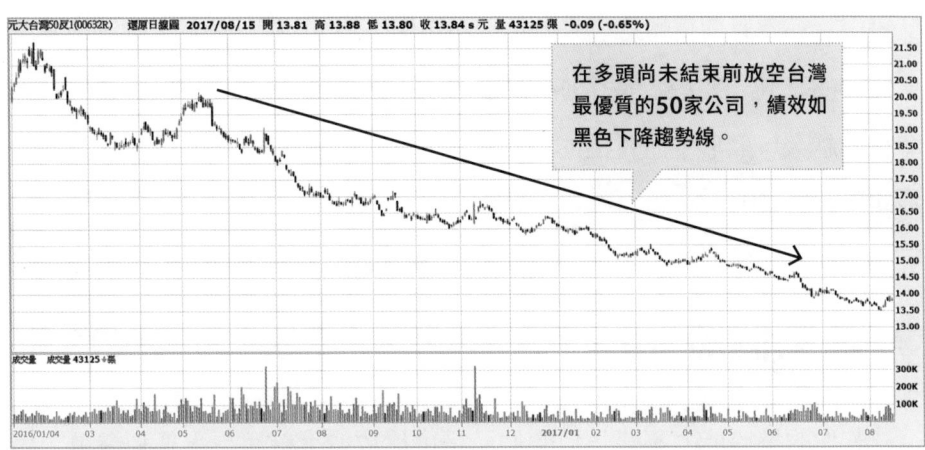

在多頭尚未結束前放空台灣最優質的50家公司，績效如黑色下降趨勢線。

資料來源：XQ操盤高手

· 圖50-2　台股大盤指數自2016年1月
　　　　至2017年8月15日的價格走勢圖

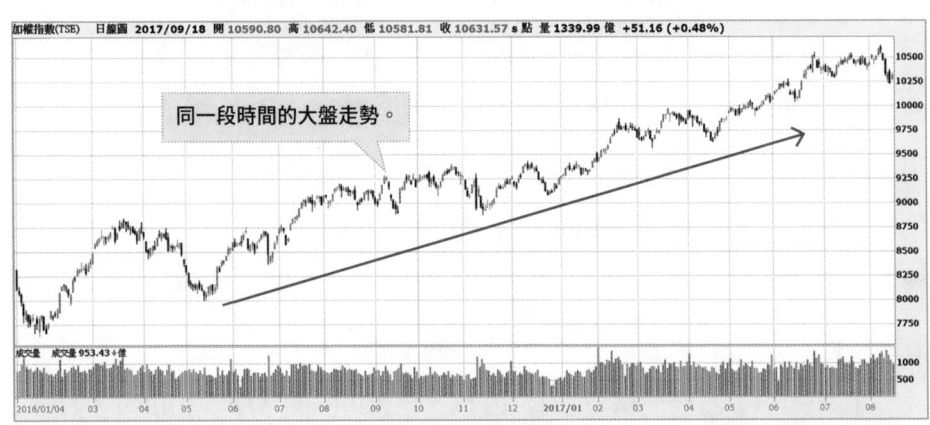

同一段時間的大盤走勢。

資料來源：XQ操盤高手

另外要提醒的是，任何槓桿型及反向型ETF所持有的標的均以期貨為主，以台灣加權指數反向ETF為例，它所持有的標的是「台指期空單」，因此每個月都會有期貨轉倉成本內扣在淨值中，意即每隔1個月，你的成本都會無形的墊高一些些，還需加上每天從淨值扣收的經理費和保管費，導致持有的越久，無形中所付出的成本就越多，這也是為什麼這類ETF不適合長期持有的原因。

● 做空個股 >> 在中小型股中挑選弱勢股放空

若你的選股能力不錯，放空個股是會比放空大盤有更大獲利機會，因為在大空頭期間，大盤指數的跌幅大概是6、7成左右，然而同期間許多中小型股的跌幅都在8、9成左右，原因就在於「水能載舟，亦能覆舟」，主力大戶喜歡操作中小型股票，在多頭時期威風八面，漲幅可以達好幾倍，然而在空頭時期，這些中小型股也會因為主力大戶的拋售而崩跌，既然沒有什麼基本面支撐，當股價隨著大盤修正時也就變得毫無支撐依據，正如市場上的老話「怎麼上去就會怎麼下去」，說的就是這般寫照。

更慘的是，有些體質差的公司在大空頭期間會被傳出「可能有倒閉危機」，不論真實與否，只需聽聞市場傳言（通常是謠傳，所謂的股市禿鷹最愛做這種事），股價就會崩跌超過9成，甚至被打入全額交割股。

【圖50-3】為台灣櫃買指數（OTC）自2006年12月至2008年12月期間的走勢圖，當時的台灣加權指數從高點9859點跌至3955點，跌幅接近6成；而以中小型個股居多的櫃買指數則是從高點的238點跌至低點53點，

跌幅接近8成，這突顯出中小型個股在大空頭期間的跌幅，遠比大盤指數的更為慘烈。

．圖50-3 台灣櫃買指數（OTC）自2006年12月 至2008年12月的走勢圖

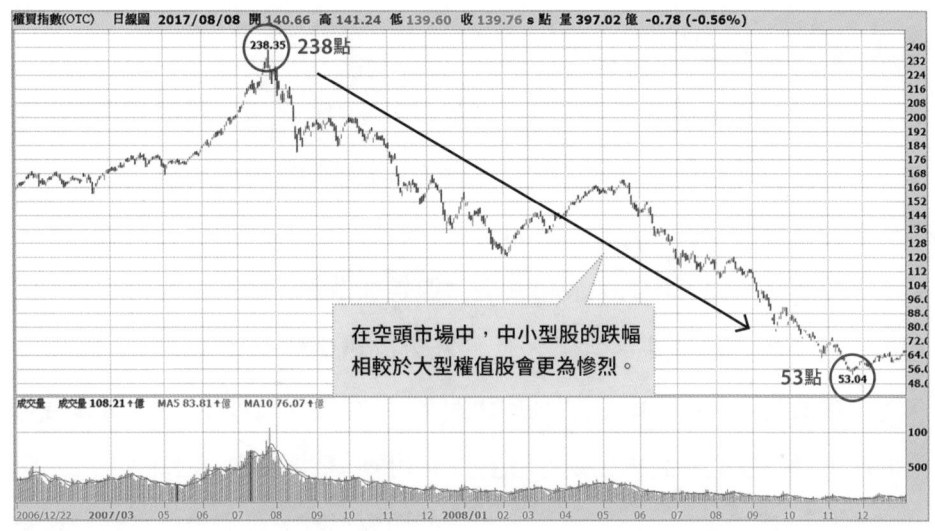

在空頭市場中，中小型股的跌幅相較於大型權值股會更為慘烈。

資料來源：XQ操盤高手

至於在大空頭中要如何挑選個別的放空標的呢？可以掌握以下「三不，一沒有」的原則：

• 一不：不要有被併購的消息。一旦傳出某公司「可能會被併購」，不管事後到底有沒有真的被收購？實際收購價格多少？只要傳言出現，股價往往會先大漲2、3成。就如同華爾街的諺語：「買在耳語時，賣在確認時。」如果你放空的個股開始有傳言要被其他大廠收購了，那麼不要猶豫，馬上回補空單！

- 二不：不要有被政府援救的機會。例如2008年金融海嘯之後，台灣的DRAM產業慘不忍睹，整條DRAM供應鏈幾乎全面瀕臨倒閉，政府為了協助這個曾經是台灣「兩兆雙星」計畫其中的1兆元重要產業，透過經濟部整合產業界資源，加以挽救瀕臨危機的DRAM公司，後來順利透過整併，以及大型財團入主，有幾家公司起死回生，股價大漲好幾倍。有政府當靠山的行業，當然不適合做空！

- 三不：不要有減資的消息。在空頭市場中，若有中小型公司傳出要減資的消息，通常會在減資之後，接續重新辦理增資用來引進策略性大股東，或者是被「借殼」，這種狀況肯定是「轉機」的出現，股價會大漲一波。姑且不論事後到底有沒有大股東入主、還是被借殼，基本上，只要透過減資，把股本退還給股東，等於是流通在外的籌碼變少了，浮額也相對減少，後續若公司派或市場主力要拉抬股價，將很容易被炒作上去(可參考本書的第9道難題〈減資股會比較容易上漲／下跌嗎？那麼增資股呢？〉)。

- 一沒有：沒有大財團當靠山。例如鴻海集團，有台灣首富郭台銘先生在背後支撐，不可能眼睜睜看著自己旗下的事業失敗而放任不救，因為錢根本不是問題，集團的形象和國際名聲才是重點，所以不要去放空這種大型集團股。要空就要去空沒有富爸爸加持的小公司，成為弱勢股沒人要的機會比較高，股價就可以一跌再跌，跌到成為雞蛋水餃股(股價低於5元以下)再獲利出場即可。

·高手的叮嚀·

　　「在大多頭做多而在大空頭放空」是相當符合邏輯的順勢操作，但放空的難度較做多高出許多，「空手的勇氣」是我建議各位讀者的另一個觀點，在一次景氣循環週期中，多頭占了約8成的時間而空頭僅占約2成，在操作難度如此高的大空頭中，或許空手觀望什麼都不做，你就能打敗市場上大多數投資人的績效了。當然，高手不會完全空手，他們在股市大空頭當中會買進高信用評級的政府公債，因為往往在股市大空頭中，政府公債正值大多頭時期。

國家圖書館出版品預行編目 (CIP) 資料

散戶的 50 道難題 / 安納金、葉芳、金律著. ── 初
版. ── 臺北市：法意資產管理，2017.11
面；公分
ISBN 978-986-93820-5-2（平裝）
1. 股票投資 2. 投資技術 3. 投資分析

563.53   106014248

50 PUZZLES OF RETAIL INVESTORS

散戶的50道難題

作者───安納金、葉芳、金律
主編───郭峰吾
版面構成─霧室
封面設計─霧室

出版───法意 PHIGROUP
初版八刷─2020 年 2 月

官方網站─http://www.phigroup.com.tw
聯絡信箱─service@phigroup.com.tw
　　　　　團體訂購或異業合作歡迎來信洽談

總經銷───聯合發行股份有限公司
電話───(02)2917-8022
傳真───(02)2915-8614

定價───新臺幣 500 元

Join us